DAS CHINESISCHE KOCHBUCH

von Yan-kit So

DAS CHINESISCHE KOCHBUCH

von Yan-kit So

Aus dem Englischen übersetzt und bearbeitet von Sim Siok Mei

Für meinen Sohn, Hugo E. Martin

Redaktion der deutschsprachigen Ausgabe: Ulla Dornberg
Korrekturen, Register: Irmgard Perkounigg
Umschlagmotiv: Jahreszeiten – Verlag, Hamburg

Die von Dorling Kindersley Ltd., London, konzipierte und realisierte Originalausgabe wurde 1984 von Verlag gleichen Namens unter dem Titel *Yan-kit's Classical Chinese Cookbook* veröffentlicht.

Lizenzausgabe 1990 für
Manfred Pawlak Verlagsgesellschaft mbH
Herrsching

ISBN 3-88199-743-1

INHALT

Anmerkung: Aus Gründen der Allgemeinverständlichkeit wurde in diesem Buch für chinesische Ortsnamen die eingedeutschte Wade-Giles-Umschrift verwendet.

EINFÜHRUNG

Mein Interesse für die Küche habe ich von meinem Vater geerbt. Obwohl er selbst nicht kochte, achtete er doch immer darauf, daß alles, was auf den Tisch kam, bis ins letzte Detail perfekt war: Pfannengerührte Gerichte mußten den typischen »Wok-Duft« haben, Zukker für die Marinade sparsam verwendet werden, Geflügel durfte nicht zu lange gekocht sein, da sonst das Fleisch zäh wird. Fisch zum Dämpfen mußte frisch und lebend vom Markt geholt werden und Abalone gut mit Austernsauce gewürzt sein. Wie alle anderen Kinder in chinesischen Familien, aßen meine Geschwister und ich schon im Alter von drei Jahren mit den Erwachsenen am Tisch, nahmen uns mit den Stäbchen von den aufgetragenen Gerichten und achteten auf die wenigen Grundregeln der Tischsitten, die Mutter uns beibrachte. Es ist keine monotone Hausmannskost, an die ich mich erinnere, sondern es sind köstliche, nach Vaters Geschmack zubereitete Gerichte, die serviert wurden.

Eine gute Küche war für mich wie für viele andere Chinesen eine Selbstverständlichkeit, über die man sich wenig Gedanken machte. Erst als ich mein Studium an der Universität in London aufnahm, änderte sich das, als ich nämlich – knapp an Geld, hungrig und verfolgt von der Erinnerung an meine köstliche heimische Küche – selbst zu kochen begann. Zu meiner Freude mit Erfolg: ein Gericht führte zum andern, und bald entwickelte sich eine Begeisterung am genußreichen Kochen, das nicht nur meinen Gaumen, sondern auch den meiner Freunde befriedigte.

Diese amateurhafte Annäherung an die Kunst des Kochens nahm eine markante Wende, als ich einen ganzen Sommer lang mit meinem kleinen Sohn in Waterford, Connecticut (USA), verbrachte. Dort pflegte ich meine amerikanische Gastgeberfamilie und Freunde mit chinesischen Gerichten zu erfreuen. Ich erinnere mich an ihre Überraschung, daß einfach pfannengerührte, winzige Muscheln so saftig und zart sein konnten. Meine Freunde waren ebenso begeistert von den Schweinefleischstreifen, nur geröstet und mit Honig bepinselt, wie von der langsam geschmorten Rinderzunge in Sojasauce und Sherry. Ich meinerseits fand das Kochen beruhigend, entspannend und lohnend. Die Saat zu diesem Buch war damit gelegt.

Seit ich professionell koche, habe ich mit verschiedenen Chefs in Hongkong, London und Taiwan gearbeitet. Ich war in China, um die verschiedenen regionalen Küchen zu vergleichen, ich habe gelehrt, demonstriert und gekocht, zu Hause und öffentlich. Dabei mußte ich feststellen, daß viele von der chinesischen Küche Begeisterte sich scheuen, chinesisch zu kochen, weil sie meinen, es sei zeitraubend, kompliziert und unverständlich. Da nun aber jede Art des Kochens Zeit kostet, ist der erste Punkt irrelevant.

Zum zweiten und dritten Argument ist zu sagen: Ich bin überzeugt, daß die chinesische Küche so einfach und verständlich sein kann wie jede andere, es kommt nur auf die klare Beschreibung an. In meinem Buch geschieht dies durch die Schritt-für-Schritt-Gliederung der Rezepte und durch präzise Erläuterungen (häufig gestützt durch Illustrationen) der spezifisch chinesischen Garmethoden und Schneidetechniken. Die Abbildungen der einzelnen Gerichte zeigen, wie das fertige Gericht aussehen sollte, und durch die Beschreibung und Abbildung der chinesischen Zutaten erfährt man, nach welchen Kriterien sie auszuwählen sind. Darüber hinaus wollte ich es durch die Auswahl bestimmter klassischer Gerichte dem Koch ermöglichen, ein authentisches Resultat zu erzielen.

WAS MACHT EIN GERICHT »CHINESISCH«?

Was auch immer die Argumentation über die Qualitäten der chinesischen Küche sein mag, Tatsache ist, daß gewisse Merkmale wie Aussehen, Geruch und Geschmack ein bestimmtes Gericht »chinesisch« erscheinen lassen.

Eine einzigartige Gartechnik in der chinesischen Küche ist das Pfannenbraten oder Pfannenrühren. Dabei wird wenig Öl in die stark erhitzte Wok gegeben und ein paar Würzzutaten unter Rühren angebraten, um die Wok zu »erwecken« und den Hauptzutaten Aroma zu verleihen, die schnell gerührt und in kürzester Zeit gegart werden. Diese schnelle Kochtechnik erfordert besonders vorbereitete Zutaten. Sie werden in der chinesischen Küche in relativ kleine Stücke geschnitten, damit sie das Aroma der Marinade absorbieren können und durch die kurze Garzeit bei starker Hitze ihre Frische, den Saft und die knusprige Struktur behalten.

Eine weitere Besonderheit der chinesischen Küche ist die Verwendung getrockneter Produkte. Vor der Erfindung von Dosen und Tiefkühlung war das Trocknen in China eine der Hauptmethoden, Nahrungsmittel zu konservieren. Obwohl die Herstellung von Konserven Teil der heutigen chinesischen Industrie geworden ist und Tiefkühlprodukte exportiert werden, sind getrocknete Nahrungsmittel noch weit verbreitet und häufig sogar teurer als frische. Getrocknete Lebensmittel sind aromareicher und weisen eine besondere Geschmacksdimension auf. Würze und Aroma getrockneter chinesischer Pilze zum Beispiel, die sie so wunderbar auf andere Zutaten übertragen, sind viel intensiver als die von frischen Pilzen. Das gleiche trifft auf getrocknete Muscheln und Austern, getrocknete Shrimps und Abalone zu.

In keiner anderen Küche wird so großer Wert auf Struktur gelegt. Ungewöhnliche Zutaten wie Haifischflossen, Schwalbennester, eßbare Quallen oder Entenfüße und alltägliche, wie Wolkenohren, Bambussprossen oder Glasnudeln, haben oft wenig Eigengeschmack, einige sogar einen fast unangenehmen Geruch, und doch scheuen die Chinesen keine Mühe, um sie zuzubereiten und sie mit Zutaten zu kombinieren, die wenig Eigengeschmack besitzen. Warum wohl? Abgesehen vom Nährwert ist es ihre Struktur – knusprig, elastisch oder glatt –, die ihren Wert für ein Gericht bestimmt. Blattgemüse, gekocht oder pfannengerührt, muß immer knackig bleiben, Nudeln müssen *al dente* serviert werden.

DIE CHINESISCHE REGIONALKÜCHE

China ist ein riesiges Land mit extremen regionalen Klimaunterschieden. Entsprechend unterschiedlich ist auch der Anbau landwirtschaftlicher Produkte. Kein Wunder also, daß auch die Küche von Provinz zu Provinz variiert. Viele chinesische Kochbücher teilen die chinesische Küche deshalb immer noch in acht Hauptrichtungen ein: Peking, Schantung, Kiangsu, Anhwei, Kwangtung, Fukien, Szetschuan und Hunan. Andere differenzieren noch innerhalb dieser Regionen. Ich habe die gastronomische Landkarte Chinas in vier Hauptregionen eingeteilt: Peking oder die nördliche Regionalküche, Schanghai oder die östliche, Kanton oder die südliche und Szetschuan oder die westliche Küche.

Man mag fragen, worin eigentlich die Unterschiede in den verschiedenen Regionen liegen, da doch das Wesentliche der China-Küche Bestandteil aller regionalen Küchen ist. Die hauptsächlichen Garmethoden – Kochen, Dämpfen, Schmoren und Braten, Fritieren und Pfannenrühren – werden überall angewendet, die Wok ist die in ganz China verbreitete Pfanne, und Sojasauce ist eine unverzichtbare Würze. Der Unterschied ist sehr fein und abhängig von lokal verfügbaren Produkten, von der Vorliebe für bestimmte Gartechniken, Gewürze und der Art der Präsentation.

DIE PEKING- ODER NÖRDLICHE KÜCHE

Sie umfaßt das größte Gebiet mit den Provinzen Innere Mongolei, Hopeh, Honan, Schantung, Schansi und Schensi. Mit Ausnahme von Schantung mit seinem milden Meeresklima ist es in den übrigen Gebieten ausgesprochen rauh. Peking selbst hat sehr heiße Sommer, gefolgt von eisig kalten Wintern. Im Frühjahr fegen die Sandstürme aus der Wüste Gobi über die Stadt und ihre Umgebung, es ist die Zeit des berüchtigten Pekingstaubs. Weizen, Gerste, Mais und Sojabohnen sind die wichtigsten Getreide, Tientsin- oder Chinakohl, Gurken und Sellerie die hauptsächlichen Gemüsesorten. Nudeln und gedämpfte Brötchen anstelle von Reis sind oft die Hauptnahrung. Während die Südchinesen ihre Nudeln gewöhnlich in der Brühe essen, verzehrt man sie in Nordchina mit einer Sauce.

Gerichte aus der Mongolei und Schantung bilden den Hintergrund der nördlichen Regionalküche. Der mongolische Einfluß manifestiert sich in den berühmten Hammel- und Lammgerichten wie dem mongolischen Feuertopf und den gegrillten köstlichen Lammfleischscheibchen. Hier wird Lamm vielfältiger zubereitet als in irgendeiner anderen Region Chinas. Meisterköche aus Schantung trugen nicht nur zur Verfeinerung der Peking-Küche bei, sie drückten ihr auch durch die Vorliebe für Knoblauch und andere Zwiebelgewächse ihren Stempel auf. Die Peking-Küche mag vielleicht einfach und robust erscheinen, aber immerhin hat sie ein Gericht hervorgebracht, das weltbekannt wurde: die Peking-Ente. Die Ente wird speziell für dieses Gericht gemästet, in einem besonders hierfür entwickelten Ofen geröstet und mit einer Art Pfannkuchen und einer Sauce serviert. In Peking kann die Ente ein ganzes Mahl darstellen, wo Kopf, Zunge und Füße mit der knusprigen Haut und dem Fleisch gereicht werden.

DIE SCHANGHAI- ODER ÖSTLICHE KÜCHE

Diese gastronomische Region liegt am Yangtze-Delta, das sich über die Provinzen Kiangsu, Tschekiang und Anhwei erstreckt. Das fruchtbare Land hat gemäßigtes Klima, wo sowohl Weizen als auch Reis gedeiht. Es wird von zahlreichen Flüssen und Kanälen durchzogen, die neben den Küstengewässern Fisch im Überfluß liefern.

Im ganzen gesehen ist die östliche Küche schwer, dekorativ und tendiert nach der süßen Seite. Im Gegensatz zu Peking wird Knoblauch – wenn überhaupt – nur ganz spärlich verwendet.

Mit Schanghai wird zwar die östliche kulinarische Schule bezeichnet, tatsächlich gibt es jedoch verschiedene, durch die jeweiligen Gebietshauptstädte repräsentierte Richtungen, wie zum Beispiel Hangtschou, Yangtschou, Sutschou und Wuhsi.

Das Gebiet als Ganzes rühmt sich einiger unvergleichlicher Produkte, von denen nur der Chin-hua-Schinken mit seinem köstlichen rosafarbenen Fleisch, der dunkle aromatische Chinkiang-Essig und der bernsteinfarbene Shaoxing-Reiswein erwähnt sein sollen.

Die Schanghai-Küche ist bekannt durch ihre knusprig gebratenen Shrimps, den Aal in Öl gekocht, durch den gebratenen Yangtschou-Reis, Löwenköpfe und durch die Fische aus dem Westsee, die man gerne in süß-saurer Sauce zubereitet. Eine Kochtechnik dortigen Ursprungs hat sich in ganz China eingebürgert, das »Hung-shao« oder »Rotkochen«. Fleisch, Geflügel oder Fisch werden in dunkler, mit Reiswein angereicherter Sojasauce langsam geköchelt.

Die Schanghai-Küche ist die außerhalb von China am wenigsten bekannte. Sie ist sehr dekorativ und daher arbeitsintensiv. Die zur Süße neigenden und öligen Gerichte finden bei Europäern vielleicht auch weniger Anklang. Vor allem aber sind für diese Küche die frischen lokalen Produkte äußerst wichtig.

DIE SZETSCHUAN- ODER WESTLICHE KÜCHE

Die westliche Küche wird von den Provinzen Szetschuan, Hunan und Yünnan repräsentiert, wobei der hauptsächliche Einfluß von Szetschuan kommt. Mit steil aufragenden Gebirgen, den Yangtze-Schluchten und der Heimat der Pandabären ist Szetschuan die bevölkerungsreichste Provinz Chinas und zugleich die Reiskammer des Landes. Das feuchtheiße, regnerische Klima im Sommer und die milden Winter liefern landwirtschaftliche Produkte das ganze Jahr hindurch. Im ausgezeichnet bewässerten Szetschuanbecken im Osten der Provinz wird nicht nur Reis, Weizen, Raps und Mais angebaut, es gedeihen dort auch Bambussprossen, Zitrusfrüchte und sehr viele Pilzarten. Szetschuanpfeffer und eingelegtes Senfgemüse sind bekannte Spezialitäten der Provinz.

Viele, die die Szetschuan-Küche zum erstenmal probieren, finden sie sehr gewürzt und scharf. Frische und getrocknete rote Chilis sind allgegenwärtig und verhelfen zu diesem feurigen Resultat. Der feine Reiz dieser Küche liegt jedoch nicht in dieser scheinbaren Schärfe. Vielmehr erlebt man oft in einem einzigen Gericht das volle Spektrum aller Geschmacksrichtungen: salzig, süß, sauer und scharf. Chili regt die Geschmacksnerven eher an, als daß er sie überfordert, behaupten die Szetschuaner. Spezialitäten dieser Küche sind die bekannte scharf-saure Suppe, die knusprige Szetschuan-Ente, zweifach gekochtes Schweinefleisch und viele andere Köstlichkeiten. Was die Kochtechnik betrifft, wendet man gerne mehrere Garmethoden an, wie zum Beispiel bei der geräucherten Ente, die nach dem Marinieren

Ein kleiner chinesischer Straßenmarkt, wo man täglich sein frisches Gemüse einkauft. Angeboten werden hier chinesischer Blätterkohl, Gemüseherz bzw. Blütenkohl und Broccoli.

zuerst angeräuchert, dann gedämpft und schließlich noch fritiert wird.

DIE KANTON- ODER SÜDLICHE KÜCHE

Die südliche Küche ist beheimatet in den Provinzen Fukien und Kwangtung. Das Klima in Südchina ist subtropisch, mit ergiebigen Regenfällen zwischen Mai und September, wobei die Küstengebiete noch von Taifunen heimgesucht werden. Das Perlflußdelta bei Kanton und die Küstenebenen Fukiens sind fruchtbares Ackerland. Reis wird zweimal im Jahr geerntet. Süßkartoffeln, Mais, Taro und Weizen werden ebenfalls angebaut. Es gibt sehr viele Schweine- und Geflügelfarmen, auch zahlreiche Fischzuchten. Gemüse, vor allem Blattgemüse, gibt es im Überfluß, und tropische Früchte wie Orangen, Bananen, Pfirsiche, Ananas und Lychees gedeihen ebenfalls. Der Tee Fukiens gehört zu den Spitzenprodukten Chinas. Die Küste liefert reichlich Fisch und Meeresfrüchte. Dieser Reichtum hat dazu beigetragen, die Kanton-Küche zur vielseitigsten und abwechslungsreichsten Chinas zu machen.

Die Gerichte der Kanton-Küche sind nicht stark gewürzt. Eine harmonische Mischung der natürlichen Aromen wird angestrebt, um das Beste aus den Zutaten zu machen. Das setzt allerdings meist die Verwendung frischer Produkte voraus. Die kantonesischen Köche sind Meister im Pfannenrühren. Wenn die östliche Küche das »Rotkochen« zur kulinarischen Technik Chinas beigesteuert hat, so ist der Beitrag der Kantonesen das Pfannenrühren. Ihr »Wok-Duft«, ein Ausdruck, der das spezifische Aroma pfannengerührter Gerichte bezeichnen soll, ist unübertroffen.

»Dim-sum«, eine Art *Hors d'oeuvre* oder Imbiß aus Teigtaschen, gefüllt mit Schweine-, Rind- oder Fischfleisch, Bambussprossen oder Pilzen, gedämpft, geschmort oder fritiert, sind eine typisch kantonesische Spezialität. Man kennt sie auch in anderen Regionen, nirgends aber in dieser Vielfalt wie im Süden. Da die Zubereitung der Dim-sum viel Zeit, Erfahrung und Fertigkeit erfordert, werden sie öfter in guten Restaurants als zu Hause gegessen.

WAS IST EINE TYPISCH CHINESISCHE MAHLZEIT?

Für den Chinesen besteht eine Mahlzeit aus Reis oder Teigwaren mit ein paar Beigerichten. Die Anzahl der Beigerichte zum Reis richtet sich nach der Zahl der am Mahl teilnehmenden Personen. Eine Familie von sechs Personen hat gewöhnlich zum Abendessen drei oder vier Gerichte, mittags eines weniger. Je größer die Teilnehmerzahl und je festlicher der Anlaß, desto mehr Gerichte werden aufgetragen. Die Gerichte selber sollten so ausgeglichen sein, daß eine Mahlzeit sich aus möglichst vielerlei Zutaten und Garmethoden zusammensetzt.

DAS GEDECK

Da die Mahlzeiten in China vorwiegend eine Gemeinschaftsangelegenheit sind, benutzt man gewöhnlich einen runden Tisch, denn man kann sich daran besser von den in der Mitte stehenden Gerichten nehmen. Auf jeden Platz kommt eine Reisschale, ein Unterteller und ein paar Stäbchen. Wie schon der Name sagt, ist die Schale für den Reis, das Tellerchen darunter für die Stückchen, die man sich aus den Schüsseln in der Mitte des Tisches nimmt; auch kann man darin die Knochen deponieren. Die Stäbchen liegen rechts von der Schale (die Chinesen machen keine Zugeständnisse an Linkshänder).

Zum Gedeck gehören eine Reisschale, ein Unterteller und Eßstäbchen, gelegentlich auch ein Löffel für die Suppe und ein Schälchen für Saucen.

WIE WIRD EINE MAHLZEIT SERVIERT?

Beim alltäglichen Essen werden Reis und die anderen Gerichte zusammen in Tischmitte aufgetragen (mit weiterem warmgehaltenem Reis zum Nachreichen). Es gibt keine Regel für die Speisenfolge – man nimmt einen Bissen Fleisch, ein Stückchen Fisch, einen Happen Geflügel und so weiter. Bei formellen Anlässen werden die Gerichte nacheinander serviert. Die Menüfolge ist örtlich verschieden, gewöhnlich wird mit ein paar lokalen Delikatessen begonnen, dann folgen Fleisch- und Geflügelgerichte, dazwischen Suppen und am Ende Fisch. »Fisch essen« wird im Chinesischen genauso ausgesprochen wie »Wohlstand und Segen haben«, sowohl in Kantonesisch als auch in Mandarin, deshalb wird Fisch oft als letztes der Hauptgerichte serviert. Am Schluß werden noch gebratener Reis oder gebratene Nudeln aufgetragen. Damit will der chinesische Gastgeber in traditioneller Bescheidenheit ausdrücken: »Entschuldigt mein bescheidenes Menü, wenn es nicht genug war, sättigt euch bitte vollends mit Reis.«

WIE ISST MAN DEN REIS AUS DER SCHALE?

Auf korrekte Art hält man die Schale an die Unterlippe und schiebt mit den Stäbchen etwas Reis in den Mund, ohne dabei Körnchen auf den Tisch oder Boden fallenzulassen. Reis symbolisiert für den Chinesen Segen, und es ist besser, diesen Segen in den Mund zu schaufeln, als ihn vom Tisch aufzupicken.

In China betrachtet man es als gute Tischmanier, die Reisschale an die Unterlippe zu halten und den Reis in den Mund zu schaufeln.

WIE ISST MAN DIE ANDEREN GERICHTE?

Es ist durchaus Sitte, mit den Stäbchen Stücke von den Platten in Tischmitte zu nehmen, auch wenn sich gleichzeitig eine weitere Person daraus bedient; es darf nur nicht in einen rivalisierenden Kampf ausarten. Wenn Sie ein Stückchen genommen haben, vergessen Sie nicht, damit mindestens mit einer Geste den Reis in Ihrer Schale zu berühren.

Wenn ein Stück etwas groß ist, mit oder ohne Knochen, ist es gesitteter, davon abzubeißen, als es auf einmal in den Mund zu schieben. Knochen sollte man möglichst geräuscharm abnagen und sie dann auf das Untertellerchen legen. Wenn Sie Gastgeber sind, versäumen Sie nicht, Ihrem Gast immer wieder ein gutes Stück auf den Teller zu legen.

WAS TRINKT MAN?

Wie bei den Tischmanieren, kennt der Chinese auch bei den Getränken kaum einen Zwang. Traditionsgemäß trinkt er warmen Reiswein zum Essen und danach Tee. In manchen Restaurants wird zu den Mahlzeiten Tee serviert, auch finden einige Wein als passend zu chinesischen Mahlzeiten, besonders in westlichen Ländern. Die meisten trinken jedoch nichts zum Essen, sie sind dann um so wählerischer, wenn es um den Tee nach der Mahlzeit geht. Hier gibt es eine große Auswahl an Teesorten: Jasmin, Göttin der Barmherzigkeit, Puerh aus Yünnan, Chrysanthemen-Tee, um nur einige zu nennen. Jasmin ist ein grüner Tee, aromatisiert mit Jasminblütenknospen, ursprünglich aus der Gegend von Schanghai stammend, aber heute über ganz China verbreitet. Der Tit-koon-yum aus Fukien entfaltet sein feines Aroma erst einige Minuten nach dem Aufgießen. Der dunkle Pu-erh (oft zu Kuchen gepreßt), dem man auch medizinische Eigenschaften zuschreibt, ist nach einem üppigen Mahl angebracht.

WIE MAN DIE STÄBCHEN HÄLT

Krümmen Sie Ihre Finger und den Daumen, als wollten Sie ein Ei halten. Nehmen Sie die Stäbchen in der Mitte und halten Sie eines mit dem ersten Knöchel des Mittelfingers und das andere mit dem Ringfinger. Nun bewegen Sie das Stäbchen am Mittelfinger mit dem Daumen (das am Ringfinger bewegt sich dabei kaum) und handhaben beide Stäbchen wie eine Pinzette.

Bohnen und Bohnenprodukte

Bohnen und Bohnenprodukte spielen in der chinesischen Küche eine wichtige Rolle, vergleichbar mit den Milchprodukten der westlichen Welt. Die Sojabohne ist unvergleichbar reich an Protein. Da sie jedoch als Bohne schwer verdaulich ist, wird sie zu Saucen, Pasten und hauptsächlich zu Bohnenquark (Tofu) verarbeitet. Viele Gerichte orthodoxer Buddhisten, die eine Mahlzeit mit Fleisch vortäuschen sollen, basieren auf der Verwendung von Bohnenquark. Fermentierte Bohnenprodukte sind wichtig für die Zubereitung würziger Gerichte, während die rote Adzukibohne meist für Süßspeisen verwendet wird.

豆腐 **Bohnenquark (Tofu), frisch**
Hergestellt aus gemahlenen Sojabohnen und Wasser – eine wichtige Zutat der Chinaküche.

豆腐泡 **Bohnenquark, gebraten**
Fritierte Würfel frischen Quarks, verwendet zum Absorbieren von Geschmack und Flüssigkeit.

三邊腐竹 **Bohnenquark-Blätter**
Dünne, getrocknete Blätter aus Bohnenquark, die vor Verwendung eingeweicht werden müssen.

豆豉 **Schwarze Bohnen, fermentiert**
Ganze Sojabohnen, konserviert mit Salz und Ingwer.

紅豆 **Rote Bohnen**
Stark proteinhaltige Adzuki-Bohnen, die häufig für Puddings verwendet werden.

紅豆沙 **Rote-Bohnen-Paste**
Dicke, gesüßte Paste aus pürierten roten Bohnen, viel als süße Füllung verwendet.

南乳 **Bohnenquark, rot, fermentiert**
Frischer Bohnenquark, fermentiert mit Salz und Reiswein.

辣椒腐乳 **Bohnenquark, weiß, fermentiert**
Fermentierter frischer Bohnenquark, mit oder ohne Chili.

磨豉醬 **Gelbe-Bohnen-Sauce**
Püree aus gelben Sojabohnen, Weizenmehl, Salz und Wasser.

四川辣椒醬 **Szetschuan-Chilipaste**
Scharfe Paste aus Gelbe-Bohnen-Sauce und getrockneten Chilis.

豆瓣醬 **Sojabohnenpaste**
Paste aus pürierten Sojabohnen, Chili, Salz und Zucker.

麵豉 **Gelbe Bohnen in salziger Sauce**
Ganze gelbe Sojabohnen mit Salz, Zucker und Weizenmehl.

Getreide und Nudeln

Langkornreis ist das wichtigste Nahrungsmittel Chinas und wird zu fast jeder Mahlzeit gegessen. Nudeln haben sekundäre Bedeutung, mit Ausnahme des Nordens, wo hauptsächlich Weizen angebaut wird. Symbolisch bedeutet Reis Segen und Nudeln langes Leben. Daher sind Nudelgerichte bei Geburtstagsfeiern obligatorischer Bestandteil der Menüs.

春卷皮 **Teighüllen für Frühlingsrollen**
Papierdünne Teigblätter aus Weizenmehl und Wasser.

雲吞皮 **Won-tan-Teighüllen**
Aus Weizenmehl, Eiern und Wasser, speziell hergestellt für Won-tans.

糯米 **Weißer Klebreis**
Dieser Rundkornreis wird sowohl für würzige Gerichte als auch für Süßspeisen verwendet.

占米 **Langkornreis**
Die geschälten und polierten Körner dieser Reisart stellen die Hauptnahrung Chinas dar.

沙河粉 **Reis-Bandnudeln**
Teigblätter aus Reis und Wasser, die gedämpft und dann zu Nudeln geschnitten werden.

米粉 **Getrocknete Reisnudeln**
Helle spröde Nudeln, hergestellt aus Reismehl und Wasser.

蛋麵

Eiernudeln
Hergestellt aus Weizenmehl, Eiern und Wasser, ist es die gebräuchlichste Nudelsorte; wird frisch oder getrocknet verwendet.

天津粉皮

Tientsin Fen-pai
Aus gemahlenen Mungobohnen und Wasser hergestellt, werden sie als Kreuzung zwischen Glas- und Reisnudeln gegessen.

蕎麥麵

Buchweizennudeln
Dünne Nudeln aus Buchweizenmehl und Wasser.

日本麵

U-dong-Nudeln
Hergestellt aus Weizenmehl und Wasser und auch in Japan und Korea verbreitet.

粉絲

Glasnudeln
Die aus gemahlenen Mungobohnen hergestellten Nudeln sind eher Gemüse als *Pasta*.

Getrocknete Produkte

Ohne diese Art von Zutaten ist die chinesische Küche nicht denkbar. Nicht nur wegen ihrer Struktur, sondern auch wegen ihres ausgeprägten Geschmacks werden Trockenprodukte gern verwendet; sie verleihen oft auch einfachen Gerichten einen überraschenden Reiz. Pilze beispielsweise haben nicht nur einen ungewöhnlichen Eigengeschmack, manche nehmen auch das Aroma anderer Zutaten an. Wolkenohren und Goldnadeln bzw. Lilienknospen verleihen pfannengebratenen Schweinefleisch- und Rindfleischgerichten Struktur; Holzohren dagegen müssen länger gekocht werden und sind am besten in Suppen.

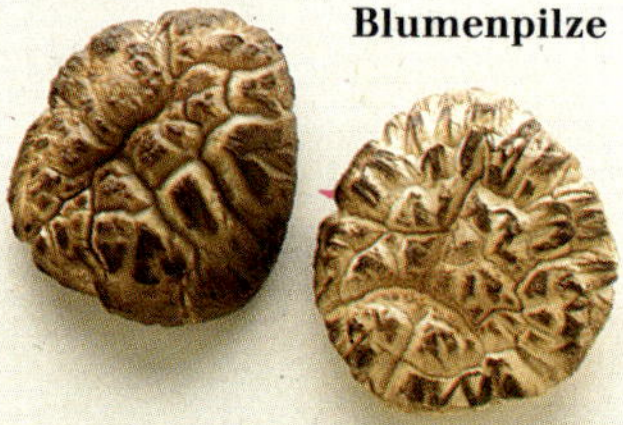

Blumenpilze

冬菇 **Chinesische Pilze, getrocknet und eingeweicht**
Diese eßbaren Baumpilze sind sehr unterschiedlich in Qualität und Preis. Die teuersten sind die Blumenpilze (oben rechts). Für die Rezepte dieses Buches werden hauptsächlich die mittelgroßen Pilze verwendet.

Strohpilze (aus der Dose)

木耳 **Holzohren**
Werden in Westchina in großen Mengen kultiviert.

草菇 **Strohpilze**
Sie werden auf Reisstroh gezüchtet und eher wegen ihrer Struktur als ihres Geschmacks verwendet.

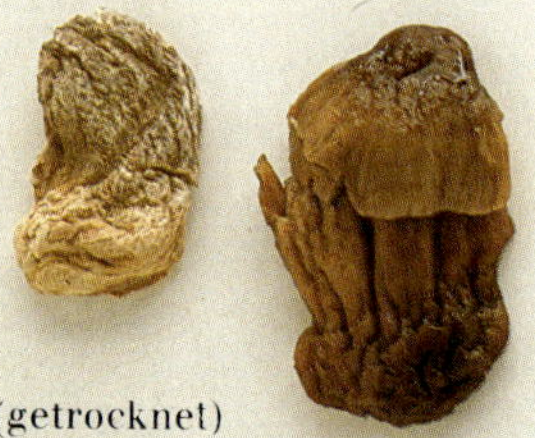

Strohpilze (getrocknet)

雲耳 **Wolkenohren**
Sie werden ebenfalls in Westchina gezüchtet, sind im Geschmack aber besser als Holzohren.

金針 **Goldnadeln**
Die getrockneten Blütenknospen der Tigerlilie werden vorwiegend wegen ihrer Struktur verwendet.

陳皮 **Tangerinenschale**
Die getrockneten Schalen werden oft zusammen mit Sternanis und Szetschuanpfeffer verwendet.

紅棗 **Getrocknete rote Datteln**
Die süßen, pflaumenartigen Früchte des Jujube-Baums.

椰油 **Kokosnußcreme**
Konzentrierte Kokosnußmilch in fester Form.

粟米粉 **Maisstärke**
Ohne Eigengeschmack; sie wird zum Binden von Suppen und Saucen sowie zum Marinieren verwendet.

生粉淀粉 **Kartoffelmehl**
Dieses Bindemittel verleiht Saucen eine gelatineartige Konsistenz.

馬蹄粉 **Wasserkastanienmehl**
Das aus Wasserkastanien gemahlene Mehl wird für leichtere Saucen verwendet.

冰糖 **Kandiszucker**
Kristallisierter Rohrzucker.

大菜 **Agar-Agar**
Dieser Meeresalgenextrakt wird wie Gelatine verwendet.

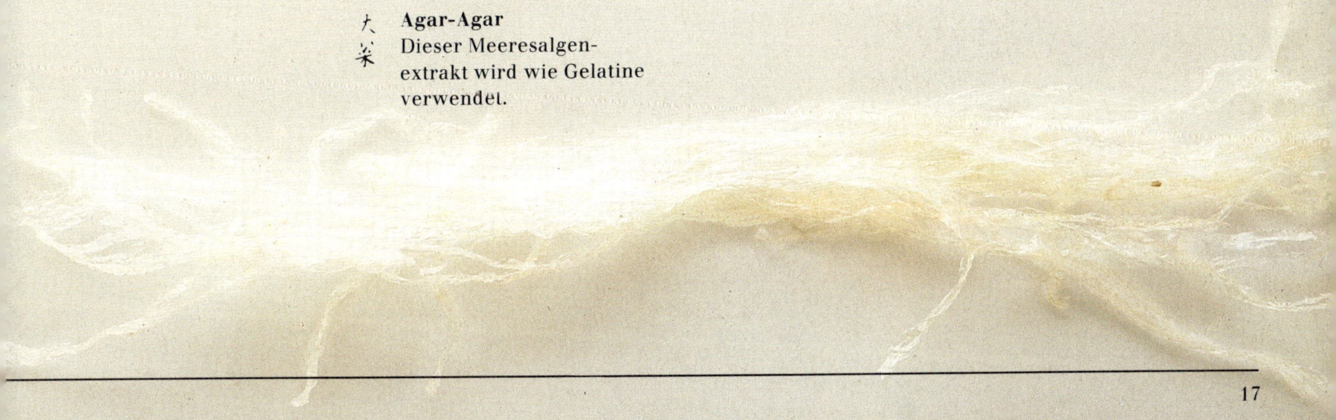

Getrocknete Produkte

Chinesische Trockenprodukte – als eigenständige Gerichte gekocht oder als würzende Bestandteile von geschmacksneutraleren Speisen verwendet – gelten als unvergleichlich. Getrocknete Meerestiere sind meist geschmacksintensiver als Frischware, und bestimmte Spezialitäten wie Schwalbennester, Haifischflossen und Geleefisch kommen überhaupt nur getrocknet auf den Markt. Sie müssen vor Verwendung eingeweicht werden.

燕窩 **Schwalbennester**
Produzent ist eine Seeschwalbenart, die ihre Nester aus halbverdautem Seegras in Felsspalten baut. Das Sammeln der getrockenten Nester ist sehr schwierig, daher der hohe Preis.

臘腸 **Chinesische Würste**
Luftgetrocknete Würste aus Schweinefleisch und einer Mischung aus Schweine- und Entenleber, die vor Verwendung gekocht werden müssen.

海蜇皮 **Geleefisch**
Eine Quallen- bzw. Medusenart, die nur in dünnen Scheiben, getrocknet und gesalzen auf dem Markt ist.

魚翅 **Haifischflossen**
Die Flossen verschiedener Haifischarten, wobei die vorbehandelten (rechts) sparsamer in der Verwendung sind.

罐頭鮑魚 **Abalone**
Eine fleischige Tiefseemuschel, die es getrocknet und in Dosen gibt. Der Saft ist wichtig für Saucen.

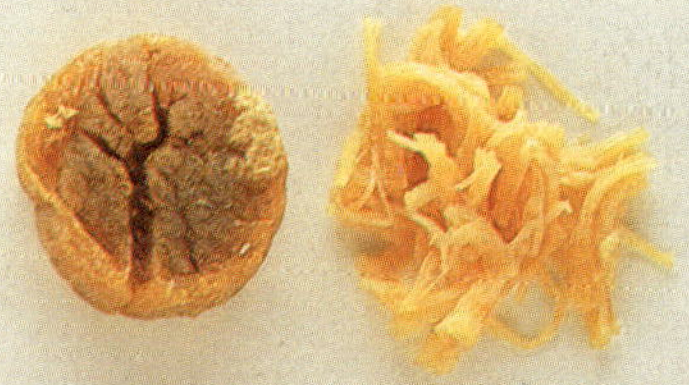

干貝 **Getrocknete Kammuscheln**
Diese der Jakobsmuschel ähnliche Art ist von delikatem, fein-süßem Geschmack.

蠔豉 **Getrocknete Austern**
Die gesalzenen und getrockneten Muscheln verleihen den Speisen ein »gräuchertes« Aroma.

蝦米 **Getrocknete Shrimps**
Diese Shrimps verschiedener Größe werden hauptsächlich zum Würzen verwendet.

siehe auch Seite 232

Kräuter und Gewürze

In der raffiniert einfachen chinesischen Küche werden verhältnismäßig wenig Kräuter und Gewürzarten verwendet. In der Hauptsache sind es Ingwer, Frühlingszwiebeln und Knoblauch, speziell für die pfannengebratenen Gerichte. Sternanis, Zimt und Szetschuanpfeffer werden für langsam gegarte Speisen genommen. Chilis sind typisch für die westchinesische Regionalküche, und Koriander ist in Nordchina sehr beliebt.

葱 **Frühlingszwiebeln**
Eine unentbehrliche Zutat in der Chinaküche. Es werden die grünen und weißen Teile verwendet.

蒜 **Knoblauch**
Wird im Norden üppig, im Süden sparsamer verwendet.

乾葱頭 **Schalotten**
Im Geschmack etwas milder als Zwiebeln.

香菜 **Koriander**
Auch als *Cilantro* oder chinesische Petersilie bekannt, geschmacklich jedoch nicht mit der hiesigen Petersilie zu vergleichen. Das scharf-aromatische Kraut wird als Würze und zum Garnieren verwendet.

卤水料 **Gewürzmischung**
Ist in zahlreichen Varianten auf dem Markt, besteht aber hauptsächlich aus Sternanis, Szetschuanpfeffer, Zimt, Ingwer, Fenchel, Nelken, Lakritze und Kardamom.

五香粉 **Fünfgewürzpulver**
Wird sparsam und meist für Marinaden verwendet.

花椒粉 **Gerösteter Szetschuanpfeffer**
Trocken geröstete und dann gemahlene Pfefferkörner mit einem feinen Aroma.

花椒 **Szetschuanpfeffer**
Nicht so würzig-scharf wie normaler Pfeffer, dafür aber intensiver.

辣椒 乾辣椒 **Chilischoten**
Unentbehrliche scharfe Würze in der Szetschuan-Küche.

白芝麻 **Weiße Sesamsamen**
Ausgangsprodukt für Speiseöl und Sesampaste.

八角 **Sternanis**
Lakritzenähnliches Aroma, wird für Fleisch- und Geflügelgerichte verwendet.

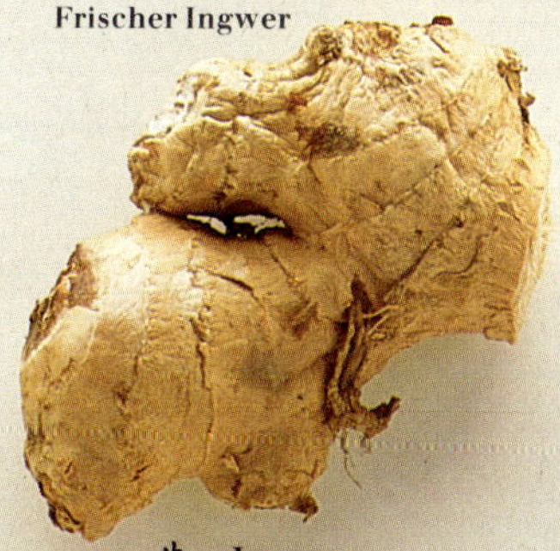

Frischer Ingwer

Getrockneter Ingwer

Gemahlener Ingwer

生薑 **Ingwer**
Eine der drei wichtigsten Würzzutaten der chinesischen Küche; u.a. nimmt Ingwer bestimmten Fischgerichten auch das penetrante Aroma.

Stangenzimt

桂皮 **Kassiarinde**
Die getrocknete zimtähnliche Innenrinde des Kassiastrauchs; sie kann durch den aromatischen Stangenzimt (links) ersetzt werden.

Gemüse

Die Chinesen essen sehr viel Gemüse, insbesondere Blattgemüse. Ein Menü ohne ein Gemüsegericht ist undenkbar. Es wird auf verschiedenste Weise gegart, darf jedoch nicht zerkocht sein. Den Chinesen ist längst bekannt, daß durch Kochen Nähr- und Wirkstoffe verlorengehen. Die abgebildeten Gemüsesorten werden im Sommer in guten Ostasiengeschäften (aus Holland importiert) angeboten. Sind sie nicht verfügbar, können Mangold, Wurzelspinat, Porree, Stangensellerie, Endivien, Römischer Salat und junge Kohlblätter oder ein ähnliches Blattgemüse als Ersatz genommen werden.

菜心 **Chinesischer Blütenkohl, Gemüseherz**
Diese nur in chinesischen Gemüsegeschäften erhältliche Kohlart, die meist pfannengebraten oder nur blanchiert gegessen wird, ist bei uns gut durch Mangold, Wurzelspinat oder Broccoli zu ersetzen.

芥菜 **Senfgrün**
Es gibt mehrere Sorten, alle schmecken leicht bitter. Sie werden vorwiegend pfannengerührt und können durch Endivien ersetzt werden.

芽菜 **Bohnensprossen**
Die zarten Keimlinge der Mungobohne. Die der Sojabohne sind größer und weniger zart.

雪豆 **Zucker- oder Schnee-Erbsen**
Die jungen Schoten mit den winzigen Erbsen werden blanchiert oder pfannengebraten.

紹菜 **Chinakohl**
Mild schmeckende Kohlart, die meist pfannengerührt oder geschmort serviert wird.

白菜 **Chinesischer Blätterkohl**
Ein sehr mild schmeckendes Gemüse, das durch junge Weißkohlblätter oder Stangensellerie ersetzt werden kann.

芥菜 **Senfgrün**
Diese Sorte wird hauptsächlich für Suppen, Pickles und eingelegtes Gemüse verwendet und kann durch Römischen Salat ersetzt werden.

韭菜 **Chinesischer Schnittlauch**
Er ist faseriger und schärfer als der hiesige, die Verwendung ist die gleiche.

Gemüse

Außer dem Blattgemüse werden in der chinesischen Küche noch zahlreiche andere Gemüsearten verwendet. Sie bereichern nicht nur den abwechslungsreichen Geschmack der Menüs, sondern auch die kontrastreiche Struktur der einzelnen Gerichte. So sorgt z.B. das Haarseegras für Struktur und saugt sich wie ein Schwamm mit der Sauce voll; Wasserkastanien und Bambussprossen liefern vorwiegend Struktur. Gingkonüsse und Zuckermaiskölbchen sorgen für zartes Aroma und Farbe, während die eingelegten Gemüse beliebte Würzzutaten für Suppen, Fleisch- und Gemüsegerichte darstellen.

冬瓜 **Wintermelone**
Das Fruchtfleisch wird beim Kochen glasig. Es wird in Suppen mit Schweinefleisch und Geflügel verwendet; Gemüsekürbis ist ein brauchbarer Ersatz.

馬蹄 **Wasserkastanien**
Walnußgroße Knollen einer Wasserpflanze mit brauner Schale und nußartiger Struktur. Sie werden auch zu Mehl verarbeitet.

芋頭 **Taro**
Eine braune Wurzelknolle von der Größe einer Roten Rübe. Wird häufig mit Ente oder fettem Schweinefleisch verkocht.

竹笋 **Bambussprossen**
Die jungen Triebe einer Bambusart. Hier nur in Dosen erhältlich.

髮菜 **Haarseegras**
Ein Produkt der Provinzen Hopeh und Schensi. Es ist ohne Eigengeschmack und wird wegen der Struktur verwendet.

白果 **Gingkonüsse**
Die frischen Nüsse müssen blanchiert und geschält werden. Hier meist nur in Dosen erhältlich.

咸酸菜 **Eingelegtes Senfgrün**
In Salzlake eingelegtes Gemüse.

珍珠笋 **Babymais**
Junge Zuckermaiskölbchen, die als Gemüse und in Fleischgerichten verwendet werden.

雪菜 **Schneegemüse, Rot-im-Schnee**
Eine in Dosen angebotene Senfgrün-Art mit rötlichen Wurzeln und Stielen, die bereits im Vorfrühling durch den Schnee sprießt.

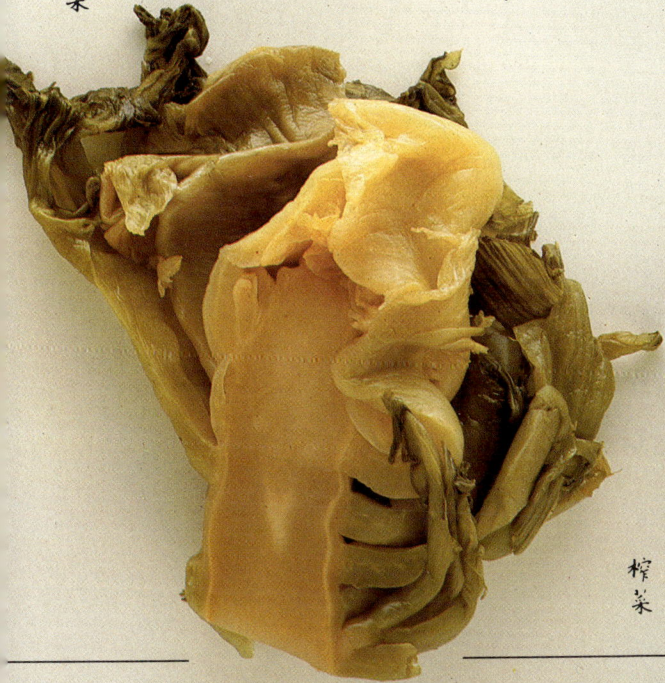

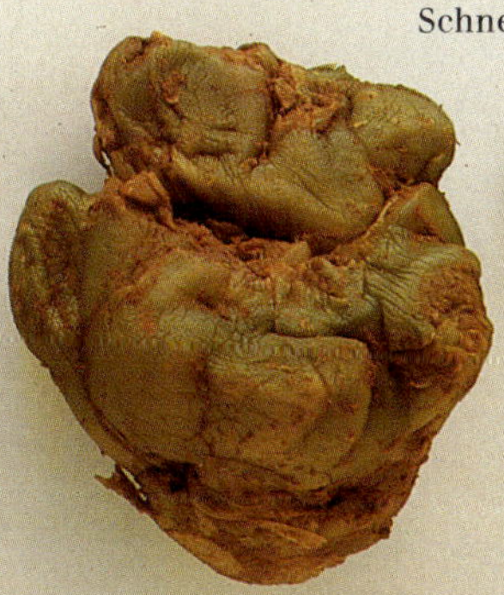

榨菜 **Szetschuan-Gemüsepickles**
In Salz und Chili eingelegtes Senfgrün.

Öl, Saucen, Wein und Essig

Nicht nur, weil viele Gerichte fritiert oder gebraten werden, ist Öl in der chinesischen Küche so wichtig. Manche Öle verleihen auch Marinaden ein besonderes Aroma. Bestimmte Saucen werden hauptsächlich zum Marinieren verwendet. Die Sojasauce zählt zu den wichtigsten Geschmacksverbesserungen der chinesischen Küche.

SAUCEN

Dunkle Sojasauce

Helle Sojasauce

醬油 **Sojasauce**
Wird aus fermentierten Sojabohnen mit Weizen oder Gerste, Salz, Zucker und Hefe hergestellt. Es gibt helle und dunkle, salzige und süße Varianten.

蠔油 **Austernsauce**
Hergestellt aus dem Fleischextrakt von Austern sowie Stärke, Klebreis, Salz und Zucker.

辣椒醬 **Chilisauce**
Besteht aus pürierten Chilis, Essig, Salz und Pflaumen.

海鮮醬 **Hoisin-Sauce**
Besteht aus Sojabohnen, Stärke, Salz, Zucker, Knoblauch, Essig, Chili und Sesamöl.

甜麵醬 **Süße Bohnensauce**
Wird aus pürierten gelben Bohnen und Zucker hergestellt.

蝦醬 **Shrimpspaste**
Getrocknete, gemahlene Shrimps, in einer Sole fermentiert.

魚露 **Fischsauce**
Eine Mischung aus Fischextrakt und Salzwasser.

芝麻醬 **Sesampaste**
Gemahlener Sesamsamen; Tahini-Paste ist kein Ersatz.

ÖLE

粟米油 **Maiskeimöl**
Aus Zuckermais, mit mehrfach ungesättigten Fettsäuren.

芝麻油 **Sesamöl**
Ein dunkles, aromatisches Öl aus gerösteten Sesamsamen.

花生油 **Erdnußöl**
Schweres Öl aus Erdnüssen, mit einfach ungesättigten Fettsäuren.

FETTE

辣油 **Chiliöl**
Ein Öl mit Zusatz von grobgemahlenen Chilis.

雞油 **Hühnerfett**
Wird durch Erhitzen aus dem Fettgewebe ausgeschmolzen.

猪油 **Schweineschmalz**
Wird durch Erhitzen aus dem Fettgewebe herausgeschmolzen.

WEIN UND ESSIG

高粱酒 **Kao-Liang**
Ein starker Schnaps aus einer Hirseart.

茅台酒 **Mao-Tai**
Eine Schnapsspezialität aus Hirse und Weizen.

紹興酒 **Shaohsing-Wein**
Einer der ältesten und berühmtesten Reisweine.

玫瑰露酒 **Mei-Kuei-Lu**
Basiert auf Branntwein und Rosenblüten.

鎮江香醋 **Chinkiang-Essig**
Dicke, aromatische Flüssigkeit mit wenig Essigsäure.

江浙醋 **Roter Essig**
Milder Essig aus Reis, der oft als Dip serviert wird.

米醋 **Reisweinessig**
Er wird zum Kochen und für Pickles verwendet.

Küchengeräte

Die Wok (– Pfanne) mit Deckel ist ein Universalgerät der chinesischen Küche. Die gewölbte Form und das Material ermöglichen eine schnelle und gleichmäßige Verteilung der Hitze. Man benutzt die Wok zum Pfannenbraten, Fritieren, Dämpfen und Kochen.

竹擦 **Wok-Bürste**
Eine harte Bürste zum Reinigen der Wok.

鑊 **Die Wokpfanne**
Die meist gußeisernen Woks verteilen die Hitze sehr rasch und gleichmäßig – sehr wichtig für die Technik des Pfannenbratens. Bei Gasherden läßt sich die Temperatur schnell regulieren, deshalb eignen sie sich am besten für die Wok. Bei Elektroherden kann man einen Trick anwenden, indem man mit zwei Platten arbeitet: die eine auf niedrige, die andere auf hohe Temperatur eingestellt.

蒸籠 **Bambusdämpfer**
Aus Bambus gefertigter, mehrstöckiger Behälter (meist mit Deckel).

Stäbchen
Die Chinesen benutzen die Holzstäbchen nicht nur zum Essen, sondern auch zum Kochen, denn sie werden nicht heiß.

Die Vorbehandlung der Wok
Eine neue, eiserne Wok wird vor Gebrauch erhitzt und mit Öl eingepinselt, mit Küchenkrepp ausgerieben und ausgespült. Der Vorgang wird noch zweimal wiederholt, bis das Fett eingedrungen ist. Wenn sie längere Zeit nicht benutzt wird, muß sie auf dieselbe Weise wieder eingefettet werden. Heute gibt es auch Woks aus Edelstahl.

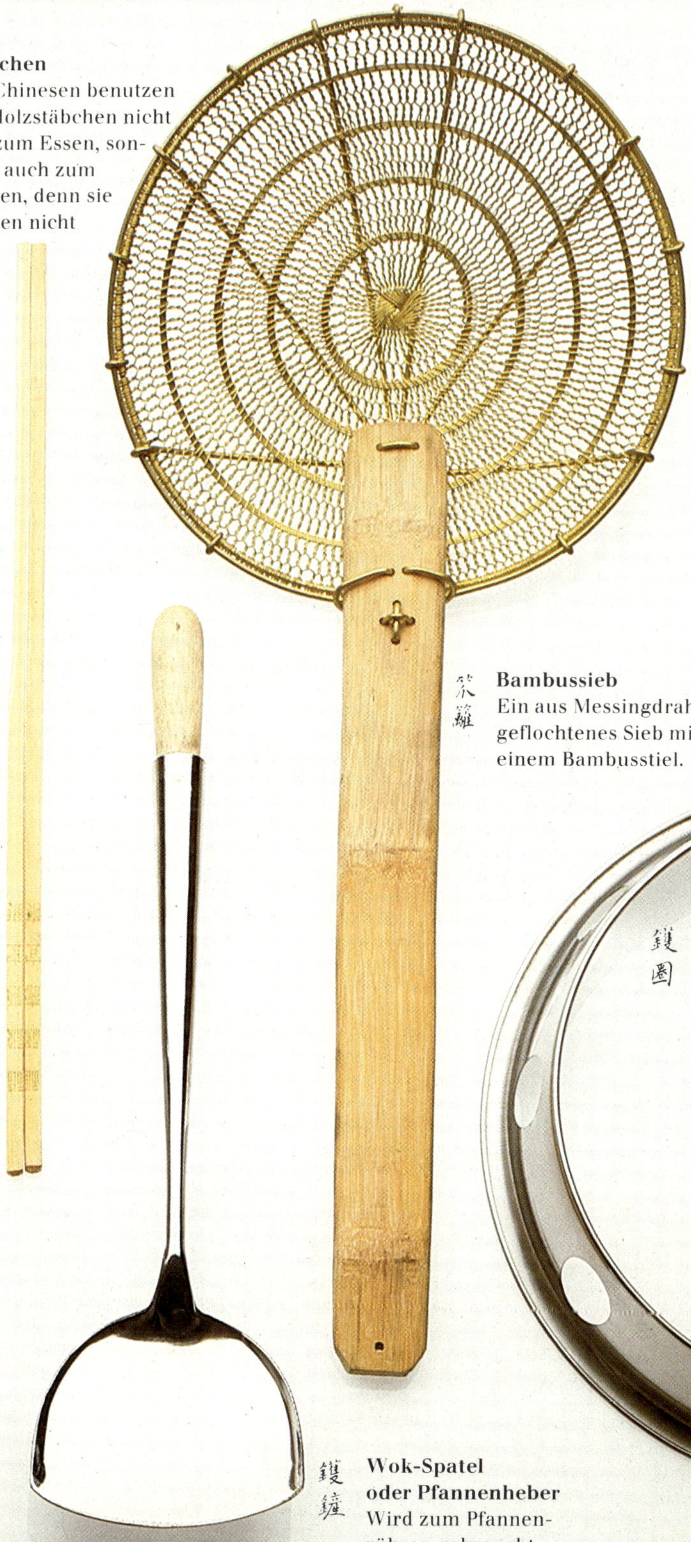

笊籬 **Bambussieb**
Ein aus Messingdraht geflochtenes Sieb mit einem Bambusstiel.

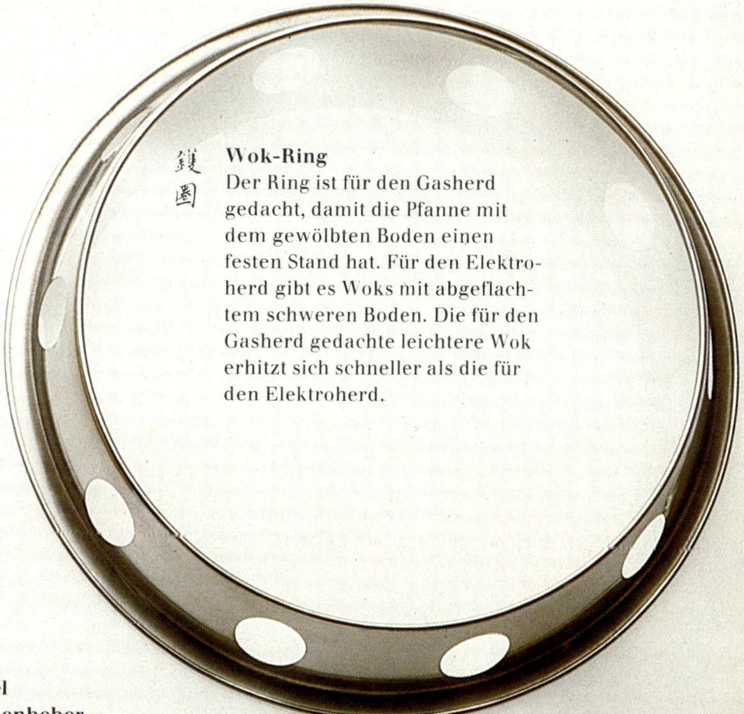

鑊圈 **Wok-Ring**
Der Ring ist für den Gasherd gedacht, damit die Pfanne mit dem gewölbten Boden einen festen Stand hat. Für den Elektroherd gibt es Woks mit abgeflachtem schweren Boden. Die für den Gasherd gedachte leichtere Wok erhitzt sich schneller als die für den Elektroherd.

鑊鏟 **Wok-Spatel oder Pfannenheber**
Wird zum Pfannenrühren gebraucht.

Dämpfer und Küchenbeil

Es gibt zwei Arten von Dämpfern, die aus Metall und die traditionellen Bambusdämpfer. Der in verschiedenen Größen erhältliche runde Bambuskorb (s. Seite 28) wird in die Wok gestellt. Der Raum zwischen der unteren Wok-Wölbung und dem ebenen Boden des Dämpfers wird mit Wasser angefüllt. Der Dampf steigt durch den siebartigen Boden des Bambuskorbs hoch. Es können mehrere Körbe übereinandergesetzt werden, ein dazugehöriger Deckel schließt den obersten Korb. Bei der anderen Dämpfmethode (s. Seite 45) wird das Gericht in eine feuerfeste Schüssel gegeben, die auf einem Metalleinsatz in der Wok steht; der nach oben steigende Dampf wird durch den Wok-Deckel gehalten. Zum Schneiden braucht man ein mittelgroßes Küchenbeil und ein schweres Holzbrett.

Dämpfer

蒸籠

Der Metalldämpfer besteht aus einem Behälter für das Wasser, auf dem ein oder zwei perforierte Behälter für das Kochgut sitzen. Die Zutaten werden auf eine feuerfeste Platte oder ein Musselintuch gelegt, der Behälter mit einem fest schließenden Deckel verschlossen.

Zusammengesetzter Metalldämpfer
Der Dampf wird hier durch die Löcher des fest schließenden Aufsatzes getrieben und gart die Speisen. Der Wasserbehälter steht auf der Herdplatte bzw. dem Gasring.

Bambusdämpfer in der Wok
Hier wird der ein- oder mehrteilige Bambusdämpfer auf einen Untersatz in die teilweise mit Wasser gefüllte Wok gestellt und mit dem Wok-Deckel verschlossen.

菜刀

Küchenbeil

Das Küchenbeil wird in China als universelles Schneide- und Hackwerkzeug in der Küche verwendet und in verschiedenen Größen angeboten. Eine gute Stahlqualität ist sehr wichtig, die Größe ist Sache des Arbeitsstils.

竹墊

Bambusmatte

In China legt man eine solche Matte in den Kochtopf und darauf das Fleisch, damit es bei langem Garprozeß nicht anbackt.

砧板

Hackbrett

Für die chinesische Küche, bei der alle Zutaten vor dem Garen oder Anrichten zerkleinert werden, ist ein solches Hackbrett unentbehrlich. Vor Gebrauch sollte es gut gewaschen und eingeölt werden, damit es nicht splittert.

Gemüse schneiden

In der China-Küche wird alles Gemüse in gleich große, mundgerechte Stücke geschnitten. Dies erlaubt ein schnelles Garen, und das Gemüse bleibt schön knackig. Auch die Aromen von Saucen und Marinaden werden dadurch besser aufgenommen. Einige Gemüsesorten werden ihrer Wuchsform entsprechend zerkleinert (z.B. Broccoli, Blumenkohl), andere werden grobgehackt, in Scheiben oder Streifen geschnitten oder je nach Gericht und Kochart rollgeschnitten. So wird Chinakohl zum Pfannenrühren grobgehackt, zum Schmoren in größere Stücke geschnitten. Schmort man Bambussprossen, schneidet man sie keilförmig, werden sie pfannengerührt, in dünne Scheiben. Pilze schneidet man in Scheiben oder Würfel. Wurzelgemüse wird meist rollgeschnitten (z.B. Karotten), damit man eine große Schnittfläche bekommt. Bleichsellerie schneidet man diagonal in kurze Stücke, dies aber mehr aus optischen Gründen.

WIE MAN DAS KÜCHENBEIL HÄLT

Methode 1 *Die Finger umschließen fest den Griff des Beils. Die Klinge schneidet fast nur mit ihrem Eigengewicht durch die Zutat.*

Methode 2 *Man hält das Beil wie links abgebildet und legt den Zeigefinger seitlich an. So kann man das Küchenbeil besser führen.*

GRUNDREGEL

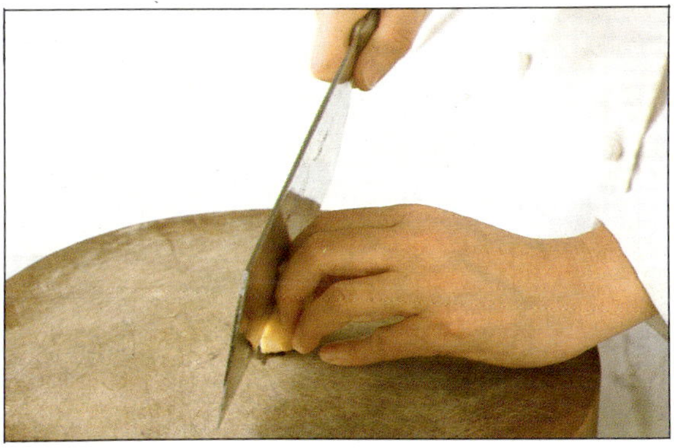

Das Material mit den gekrümmten Fingerspitzen halten und das Beil an den Knöcheln entlangführen. Das Beil niemals über die Knöchel anheben.

SCHEIBEN SCHNEIDEN

Das Beil leicht anheben, das Material entsprechend der gewünschten Dicke vorschieben und die Klinge nach unten drücken.

WÜRFELN, HACKEN

Die Zutaten erst einmal in Scheiben oder Streifen schneiden, dann bündelweise (soweit möglich) querschneiden.

DIAGONAL SCHNEIDEN

Das Gemüse mit gekrümmten Fingern gut festhalten, schräg zur Klinge legen und je nach gewünschter Dicke vorschieben und schneiden.

ROLLSCHNEIDEN

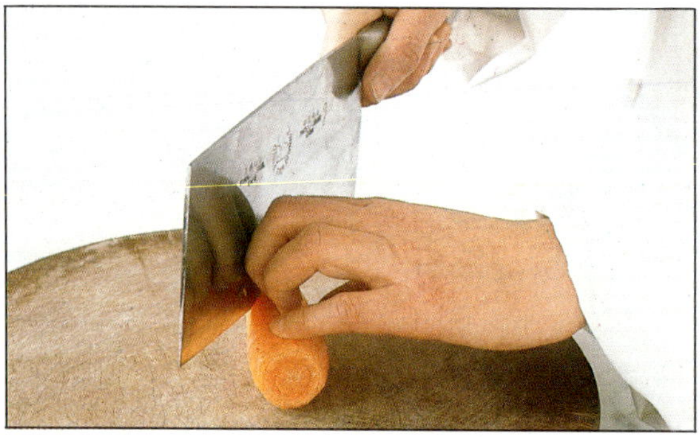

1 *Das Gemüse an einem Ende festhalten und einen Diagonalschnitt machen.*

2 *Das Stück eine Viertelumdrehung weiterrollen und wieder durchschneiden.*

SCHNEIDEN VON FRÜHLINGSZWIEBELN

BÜRSTEN

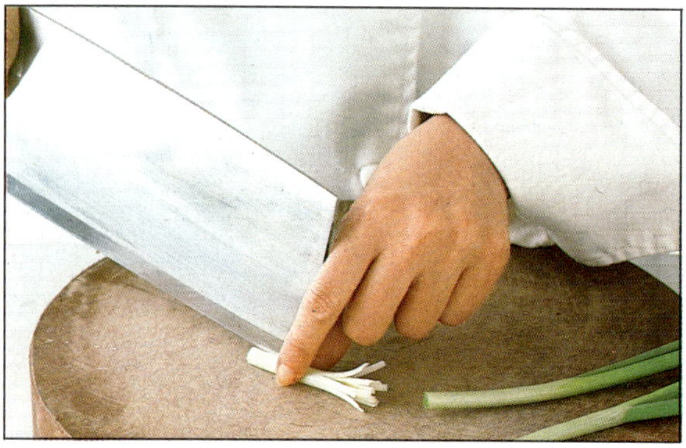

1 *Die weißen Enden der Zwiebeln in 6–7 cm lange Stücke schneiden. Die Enden mehrmals einschneiden, daß sie wie Bürsten aussehen.*

2 *Die Zwiebeln in Eiswasser legen und einige Stunden in den Kühlschrank stellen. Dadurch krümmen sich die Enden nach außen.*

SEIDENFÄDEN

Wurzeln und dürre Spitzen entfernen, die Zwiebeln in 6–7 cm lange Stücke schneiden und längs halbieren, dann in möglichst feine Streifen schneiden.

FÜNF SCHNEIDETECHNIKEN

Von links nach rechts: *Frühlingszwiebeln in Stücke, in dünne Streifen, in Bürsten geschnitten.* Unten: *in kleine Scheiben und diagonal geschnitten.*

KNOBLAUCH UND INGWER SCHNEIDEN

SEIDENFÄDEN

1 *Dünne Scheiben schneiden. Scheiben stapeln.*

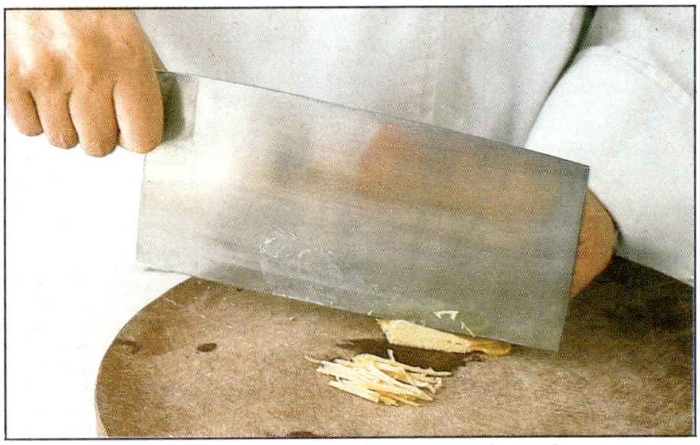

2 *Sorgfältig gleich dünne Streifen schneiden.*

KNOBLAUCH SCHÄLEN

1 *Die Zehen auf das Hackbrett legen und mit der flachen Seite des Küchenbeils draufschlagen.*

2 *Nun die Schale abnehmen, die sich jetzt vom Fleisch gelöst hat.*

FEINHACKEN

Den Knoblauch wie oben beschrieben mit der Flachseite des Küchenbeils quetschen und schälen, dann längs und quer hacken.

DREI SCHNEIDETECHNIKEN

Oben, von links nach rechts: *Ingwer in Scheibchen, in Seidenfäden geschnitten und feingehackt.* Unten: *Knoblauch in Scheibchen, Seidenfäden, feingehackt.*

Fleisch schneiden

Da die chinesischen Kochmethoden auf kurzen Garzeiten beruhen, muß auch Fleisch in mundgerechte, gleich große Stücke geschnitten werden. Für pfannengebratene und gedämpfte Gerichte schneidet man das Fleisch fast ausnahmslos in feine Streifen, dünne Scheibchen oder kleine Würfel. So wird es schnell gar und bleibt zart.

Rindfleisch sollte immer quer zur Faser geschnitten werden, Schweine- oder Geflügelfleisch kann man unter Umständen auch längs schneiden. Das Schneiden des Fleisches ist zwar eine zeitraubende Angelegenheit, jedoch ein Merkmal der chinesischen Küche und unumgänglich, wenn die Gerichte gelingen sollen.

STÄBCHEN

1 *Das (am besten vorher kurz angefrorene) Fleisch in 3 mm dicke Scheiben schneiden.*

2 *Nun die Scheiben stapeln und in streichholzdünne Stäbchen schneiden.*

RECHTECKIGE WÜRFEL

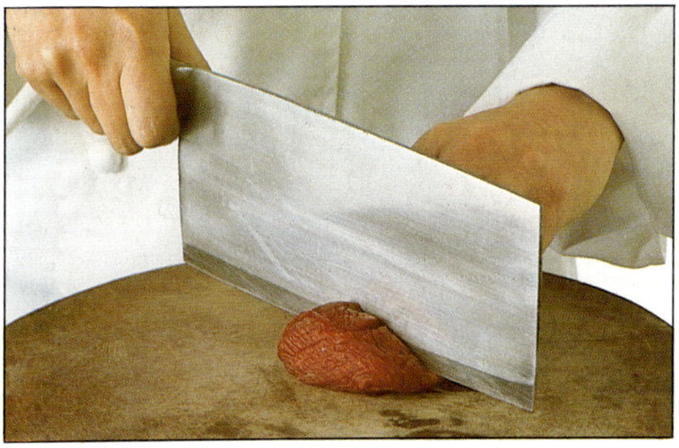

1 *Das Fleisch erst einmal in handliche Stücke (ca. 4 cm groß) schneiden.*

2 *Die Stücke drehen und* quer zur Faser *in Scheiben schneiden.*

STREIFEN

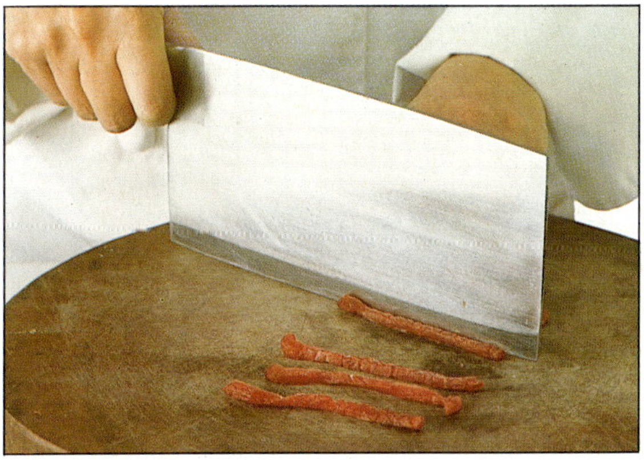

Rindsfilet erst in 5 mm starke Scheiben schneiden, dann flachlegen und in lange Streifen schneiden.

PAPIERDÜNNE SCHEIBEN

Hauchdünne Scheiben schneiden. Wenn man das Fleisch erst anfriert, geht es besser.

STREICHHOLZKÖPFE

1 *Die Schinkenscheiben in dünne Streifen schneiden und bündeln.*

2 *Die gebündelten Streifen fest zusammenhalten und quer in kleine Würfel schneiden.*

HÜHNERFLEISCHWÜRFEL

1 *Die Hühnerbrust parallel zur Faser in drei Streifen schneiden.*

2 *Die Streifen zusammenlegen und quer zu Würfeln schneiden.*

HACKFLEISCH

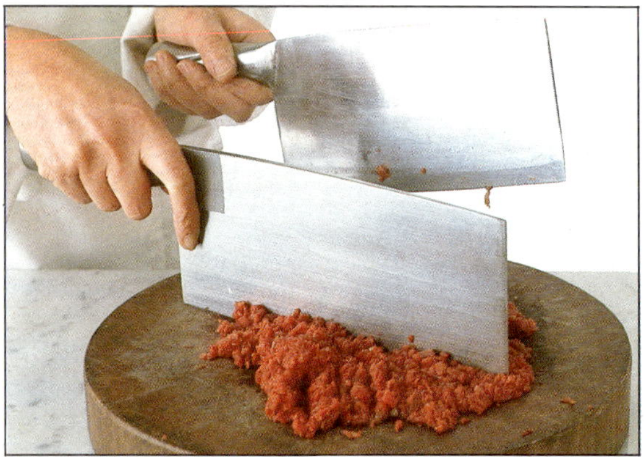

1 *Das Fleisch zuerst in kleine Stücke schneiden, dann möglichst mit zwei Beilen hacken und von Seite zu Seite arbeiten.*

2 *Das Fleisch mit der Klinge zusammenschieben und den Hackvorgang wiederholen, indem man vom Rand zur Mitte arbeitet.*

SPEZIALTECHNIKEN

PILZE EINWEICHEN

1 *Die Pilze abspülen, in eine Schale geben und Wasser dazugießen, so daß sie gut bedeckt sind.*

2 *20–30 Minuten stehenlassen, bis sie aufgequollen und weich sind.*

GARNELEN ODER HUMMERKRABBEN AUSNEHMEN

1 *Die Schalen entfernen und in der Mitte des Rückens längs einschneiden.*

2 *Die schwarze Ader herausziehen und wegwerfen.*

GARNELEN ODER HUMMERKRABBEN HACKEN

1 *Die gesäuberten Garnelen in Stücke schneiden und mit der Klinge flachdrücken.*

2 *Mit dem Küchenbeil hacken, bis das Fleisch eine feine Konsistenz hat.*

Pfannenbraten

Das Pfannenbraten oder -rühren ist eine typisch chinesische Gartechnik. Pfannengerührt bleibt Fleisch zart, das Gemüse knackig, das Aroma unübertrefflich. Schnelligkeit und ständige Kontrolle sind bei dieser Garmethode Voraussetzung. Auf einem Gasherd ist diese Technik wegen der möglichen schnellen Hitzeregulierung leichter zu bewerkstelligen, beim Elektroherd braucht es einige Erfahrung. Am besten arbeitet man dann auf zwei Platten: eine auf niedrige, die andere auf hohe Temperatur eingestellt.
Für das Fritieren gibt es in der chinesischen Küche zwei Methoden. Bei der ersten werden die Zutaten fritiert, bis sie knusprig und durchgegart sind. Bei der zweiten Methode wird nur kurz fritiert, um die Säfte einzuschließen, als Vorstufe zum Pfannenrühren. Man nennt dies »durch das Öl gehen«, eine Technik, die hauptsächlich in den Restaurants der gehobenen Klasse angewendet wird, seltener in der normalen privaten Küche.

PFANNENBRATEN

1 *Bei dieser schnellen Garmethode müssen alle Zutaten perfekt vorbereitet sein. Die Marinade muß gut eingerührt werden, damit sie gleichmäßig einzieht; Öl wird am Schluß daruntergemischt.*

2 *Die leere Wok über starker Flamme erhitzen, bis sie zu rauchen beginnt. Erhitzt man die Wok, bevor man das Öl eingießt, verhindert man, daß das Fleisch anklebt.*

3 *Das Pflanzenöl vorsichtig hineingeben (normalerweise höchstens 2–3 EL) und bis auf die halbe Höhe der Wok herumschwenken.*

4 *Wird Knoblauch benötigt, gibt man ihn nun dazu. Beim Pfannenbraten die Wok mit einer Hand halten oder bewegen (Topflappen benutzen!).*

5 *Sobald der Knoblauch Farbe annimmt, den Ingwer (sofern erforderlich) dazugeben und rühren.*

6 *Danach kommen die weißen Teile der Frühlingszwiebeln (die grünen später, da sie weniger Garzeit benötigen). Ständig rühren und wenden.*

7 *Nun werden die Hauptzutaten hineingegeben und mit dem Pfannenheber gewendet und gerührt, bis sie angebraten sind.*

8 *Jetzt wird der Reiswein am Wok-Rand entlang hineingetröpfelt und weitergerührt, bis er von den Hauptzutaten absorbiert ist.*

9 *Nun alle weiteren Zutaten, die gegart werden müssen, dazugeben und mit der Wok-Spatel unterheben und gut verrühren.*

10 *In der Mitte der Zutaten eine Kuhle machen und die gut durchgerührte Sauce hineingießen. Rühren, bis die Sauce gebunden hat.*

11 *Am Schluß die grünen Teile der Frühlingszwiebeln unterheben, da sie wenig Garzeit benötigen.*

12 *Nun wird alles auf einer vorgewärmten Platte angerichtet und sofort aufgetragen.*

FRITIEREN

1 *Die Wok auf den Ring stellen, zur Hälfte mit reinem Pflanzenöl füllen und auf starker Flamme erhitzen.*

2 *Falls vorhanden, mit einem Speisethermometer kontrollieren, ob die vorgeschriebene Hitze (180°) erreicht ist.*

3 *Wenn sich das Öl »bewegt«, kann man auch einen Brotwürfel (altbacken) hineingeben. Wird er in einer Minute braun, sind etwa 180° erreicht.*

4 *Die Zutaten mit langen Holzstäbchen oder einer Zange vorsichtig hineingeben.*

5 *Die Stücke etwas bewegen, damit sie nicht zusammenkleben.*

6 *Die Stücke mit einem großen Sieblöffel herausnehmen und auf Küchenkrepp abtropfen lassen, bevor man sie anrichtet.*

Dämpfen

Diese Garmethode wird vorwiegend dann angewandt, wenn ein feuchteres Gericht als Gegensatz zu einem gebratenen gewünscht wird. Verglichen mit den anderen Garmethoden sind gedämpfte Gerichte zarter und feiner im Geschmack, das natürliche Aroma der Zutaten ist besser erhalten. Deshalb sollte man auch zum Dämpfen möglichst frische Zutaten verwenden. Diese Garmethode eignet sich für das ganze Spektrum der Hauptzutaten: Fleisch, Geflügel, Gemüse – mit Ausnahme von Blattgemüse –, Brötchen, Meeresfrüchte und vor allem Fisch. Die zum Dämpfen bestimmten Zutaten werden meist geschnitten und mariniert und in einer feuerfesten Schüssel gedämpft; so kann ausgetretener Saft gleich mitserviert werden.

DIE VERWENDUNG EINES METALLDÄMPFERS

1 *Das kochende Wasser in den unteren Behälter füllen, etwa halbvoll bzw. bis zur angegebenen Markierung.*

2 *Die Zutaten in einem passenden tiefen Teller oder in einer Schüssel in den Dämpfereinsatz stellen und mit dem Deckel verschließen.*

DÄMPFEN IN DER WOK

1 *Den Sockelteil eines Bambusdämpfers in die Wok stellen. So viel Wasser eingießen, daß er 2–3 cm tief im Wasser steht.*

2 *Die zu dämpfenden Zutaten in eine feuerfeste Schüssel geben und auf den Sockelteil stellen. Die Wok mit dem Deckel schließen.*

WÜRZBEIGABEN ZU GEDÄMPFTEM FISCH

1 *Wenn der Fisch gar ist, vom Feuer nehmen oder Hitze abstellen, Frühlingszwiebeln und Ingwer darüberstreuen und mit heißem Öl beträufeln.*

2 *Falls vorgesehen, Schinken darüberstreuen und Sojasauce darauftröpfeln.*

REZEPTE

VORSPEISEN

Eingelegtes Gemüse auf kantonesische Art

廣東泡菜

ZUTATEN

1 lange Salatgurke (ca. 450 g, längs halbiert)
350 g junge Karotten
225 g Stangensellerie
2 TL Salz
4 TL Zucker
4 TL Reisweinessig (oder Weißweinessig)

Ausreichend für 10 Personen

Abbildung auf der gegenüberliegenden Seite

Wie aus den Zutaten erkennbar, ist dieses Gemüse eher süß-sauer als würzig-scharf. Der einmalige Geschmack wird erreicht durch die harmonische und feine Mischung von Salz, Zucker und Essig.

1. Das Innere der Gurke mit den Samen ausschaben. Die Hälften diagonal in bleistiftdicke Scheiben schneiden.
2. Die Karotten putzen und rollschneiden (s. Seite 34).
3. Die Selleriestangen diagonal in Stücke (etwa so groß wie die Gurkenscheibchen) schneiden.
4. Das Gemüse in eine Schüssel geben, salzen, gut durchmischen und bei Zimmertemperatur etwa 2–3 Stunden ziehen lassen. Dann das sich gebildete Wasser gut abtropfen lassen.
5. Das Gemüse wieder in eine Schüssel geben, Zucker und Essig dazugeben und gut mischen. 3 Stunden bei Zimmertemperatur (oder über Nacht im Kühlschrank) stehenlassen. Eiskalt servieren.

Gegenüberliegende Seite, im Uhrzeigersinn von oben: Knusprige Shrimps (s. Seite 48); Eingelegtes Gemüse auf kantonesische Art (s. oben); Quallenfleisch mit Gurke (s. Seite 49).

Knusprige Shrimps

清炒蝦仁

ZUTATEN

500 g frische oder tiefgefrorene geschälte Shrimps
Öl zum Fritieren (Erdnuß- oder Maiskeimöl)
1 EL Reiswein oder halbtrockener Sherry

FÜR DIE MARINADE

eine Prise Salz
1 EL Maisstärke
1 Eiweiß

FÜR DIE SAUCE

1 TL Maisstärke
4 EL klare Brühe
je eine Prise Salz und Zucker

Für 6 Personen

Abbildung auf Seite 47

Der Reiz dieses Gerichts liegt in der Struktur. Die schnell gegarten Shrimps sollten außen knusprig und innen zart sein. Je länger sie mariniert werden – im Kühlschrank bis zu drei Tagen –, desto köstlicher der Geschmack. Die feine Farbe der Shrimps erfordert weiter keine Garnierung.

1. Shrimps auftauen und abspülen, mit Küchenkrepp abtupfen und in eine Schüssel geben (a).
2. *Marinieren:* Das Salz über die Shrimps streuen, dann die Stärke darüberstäuben und durchmischen. Das Eiweiß zugeben und gut mischen, bis die Shrimps gleichmäßig umhüllt sind (b). Zugedeckt 5 Stunden stehenlassen.

a

b

3. *Die Sauce vorbereiten:* Stärke, Brühe, eine Prise Salz und Zucker in einem Schälchen mischen und beiseite stellen.
4. Das Öl zum Fritieren in die Wok oder eine Friteuse gießen, auf 150° erhitzen und die marinierten Shrimps vorsichtig hineingeben. Mit einem Sieblöffel herausnehmen, ehe sie ganz gar sind, und auf Küchenkrepp abtropfen lassen.
5. Öl bis auf 2 EL aus der Wok gießen und zur Wiederverwendung in einen verschließbaren Behälter füllen. Die Wok erneut erhitzen, bis es raucht, dann die Shrimps wieder hineingeben und kurz rühren und wenden. Den Wein am Wok-Rand entlang einträufeln, dann die Saucenmischung einrühren. Ein paarmal rütteln und wenden und sofort auf einer vorgewärmten Platte servieren.

Quallenfleisch mit Gurke

Man muß bei diesem Gericht eine etwaige Voreingenommenheit überwinden und darf sich an der gummiartigen Struktur des Fleisches dieser außergewöhnlichen Fischart nicht stören. Den Fisch (häufig als Geleefisch oder Fisch-Jelly bezeichnet) gibt es in gefalteten dünnen Scheiben, gesalzen und getrocknet, in Geschäften für ostasiatische Spezialitäten. Gut zubereitet, ist es bezüglich Struktur und Geschmack ein interessantes und gewiß nicht alltägliches Gericht.

1. Die Salzkörner von den Fischscheiben abschütteln und den Fisch in einer Schüssel wässern. Dabei durchkneten und mindestens dreimal das Wasser wechseln.
2. Den Fisch in einer großen Schüssel mit reichlich Wasser 3–4 Tage einweichen. Das Wasser täglich zweimal wechseln und die Stücke durchkneten und ausdrücken.
3. *Die Sauce zubereiten:* Den Essig, Sojasauce, Zucker, Sesamöl und Senf mischen.
4. Das Fischfleisch ausdrücken, in dünne Streifen schneiden und gut abtropfen lassen.
5. Die Gurke erst diagonal in Scheiben (a) und anschließend in dünne Streifen (b) schneiden.

a

b

6. Die Gurkenstreifen dekorativ auf dem Rand einer Platte anrichten.
7. Die Sauce mit dem geschnittenen Fisch vermischen und in der Mitte der Platte aufhäufen.
   Nach Belieben kann man noch den feingehackten weißen Teil einer Frühlingszwiebel darüberstreuen.

ZUTATEN

500 g getrocknetes Quallenfleisch (Geleefisch)
½ Salatgurke

FÜR DIE SAUCE

1 TL Rotweinessig
2 EL helle Sojasauce
½ TL Zucker
1 EL Sesamöl
½ TL Senf

Abbildung auf Seite 47

海蜇皮拌黄瓜

Hühnerfleisch mit Tientsin Fen-pai

雞絲粉皮

ZUTATEN

250 g Hühnerbrust
1 l Wasser oder Brühe
4 Stück Fen-Pai (25 cm∅)
½ Salatgurke (200–250 g)

FÜR DIE SAUCE

1 EL Reisweinessig
2 TL scharfer Senf
je eine Prise Salz, Zucker und weißer Pfeffer
4 EL helle Sojasauce
1 EL Sesamöl
3 EL Erdnuß- oder Maiskeimöl

Für 6 Personen

Abbildung auf der gegenüberliegenden Seite

Ein Gericht der nördlichen Regionalküche, das kalt mit einer würzigen Sauce serviert wird. Es läßt sich daher im voraus zubereiten. Die Fen-pai – was »Mehlhäute« bedeutet – dürfen nicht zu weich gekocht werden. Wenn Sie die Fen-pai nicht bekommen, können Sie als Ersatz auch andere Reismehlfladen (auch als »Reispapier« bezeichnet) nehmen.

1. Wasser oder Brühe zum Sieden bringen und das Fleisch zugedeckt etwa 5 Minuten kochen. Vom Feuer nehmen und noch 15 Minuten zugedeckt ruhen lassen. Dann das Fleisch herausnehmen und abkühlen lassen.
2. *Die Sauce vorbereiten:* Die Zutaten für die Sauce in einem Schüsselchen mischen und beiseite stellen.
3. Etwa 1½ l Wasser zum Kochen bringen und die Fen-pai 5 Minuten kochen. Herausnehmen und in kaltem Wasser abschrecken.
4. Die kreisförmigen Fen-pai so falten, daß drei Lagen entstehen (ein Kreisdrittel von oben nach unten falten, das untere Kreisdrittel nach oben darüberklappen), dann schräg in ca. 1 cm breite Bandnudeln und anschließend über kreuz in Rhomben schneiden.
5. Die Gurken erst diagonal in dünne Scheiben, dann in Streifen schneiden und auf den Fen-pai verteilen.
6. Die Hühnerbruststücke der Faser nach in dünne Streifen zerrupfen und auf die Gurken geben.
7. Kurz vor dem Servieren die Sauce darüberlöffeln. Falls das Gericht im voraus zubereitet wird, ist es ratsam, Fen-pai, Gurken, Fleisch und Sauce getrennt im Kühlschrank aufzubewahren und kurz vor dem Servieren anzurichten.

Gegenüberliegende Seite, im Uhrzeigersinn von oben:
Huhn mit Tientsin Fen-pai (s. oben); Gedämpfte Muscheln (s. Seite 53); Würzige Schälrippchen (s. Seite 52).

Würzige Schälrippchen

椒盐排骨

ZUTATEN

750 g fleischige Schälrippchen
2 EL Maisstärke
Pflanzenöl zum Fritieren
1½ TL Würzsalz

FÜR DAS WÜRZSALZ

2 EL Salz
1 TL Szetschuanpfeffer (gemahlen und geröstet)
½ TL Fünfgewürzpulver

FÜR DIE MARINADE

1 TL Würzsalz
2 EL helle Sojasauce
1 EL Reiswein oder halbtrockener Sherry
je eine Prise Zucker und Pfeffer

Für 6–8 Personen

Abbildung auf Seite 51

Sollten Sie einmal keine Schälrippchen beim Metzger bekommen, kann dieses Gericht auch mit einem Stück Schweineschulter oder mit Koteletts zubereitet werden. Es schmeckt genau so köstlich wie mit Schälrippchen.

1. Die Schälrippchen beim Metzger längs teilen und in etwa 5 cm lange Stücke schneiden lassen.
2. *Das Würzsalz zubereiten:* Das Salz in einer trockenen Pfanne 4 Minuten rösten. Vom Feuer nehmen, Szetschuanpfeffer und Fünfgewürzpulver untermischen und abkühlen lassen. (Das Würzsalz kann auch als Vorrat zubereitet und in einem fest verschließbaren Glas aufbewahrt werden.)
3. *Marinieren:* Salz, Sojasauce, Zucker und Reiswein mit den Rippchen vermischen und 2 Stunden stehenlassen. Öfter durchmischen.
4. Die nicht absorbierte Marinade abgießen, die Stärke über das Fleisch streuen und gut durchmischen.
5. Die Wok zur Hälfte mit Öl füllen, auf 180° erhitzen, die Rippchen in einen Fritierkorb oder Sieblöffel legen, in das Öl tauchen und 3 Minuten fritieren. Herausnehmen und etwas abkühlen lassen.
6. Das Öl wieder erhitzen und die Rippchen ein zweites Mal etwa 1 Minute fritieren, bis sie braun und knusprig sind. Auf Küchenkrepp abtropfen lassen.
7. Die Rippchen anrichten, mit dem Würzsalz bestreuen und servieren.

Anmerkung: Übriggebliebene Rippchen können in Alufolie im vorgeheizten Backrohr (190°) aufgewärmt werden.

Gedämpfte Muscheln

Ein Gericht der Kanton-Küche, einfach, aber köstlich. Die Muscheln werden, mit einer Spur Knoblauch gedämpft und in einer Sauce serviert, die dem Gericht den letzten Piff gibt. Die Zubereitung mag etwas aufwendig scheinen, nach dem Rezept zu verfahren, lohnt jedoch die Mühe.

1. Die Muscheln öffnen und säubern, harte Muskeln und krause Ränder entfernen, nur das weiße Fleisch und den Rogen verwenden, der für ein anderes Gericht weggestellt oder eingefroren wird. Das Muschelfleisch abspülen und trockentupfen.

2. *Die Sauce zubereiten:* Die Frühlingszwiebeln je zur Hälfte in zwei Schälchen verteilen. Die Wok stark erhitzen, dann das Öl hineinlöffeln und schwenken. Hitze reduzieren, Ingwer und Chili in die Wok geben und sofort vom Feuer nehmen. Nach ein paar Sekunden die Sojasaucen und das Wasser dazugeben, aufkochen lassen und über die Frühlingszwiebeln löffeln.

3. Die Wok halb mit Öl füllen und auf 180° erhitzen. Den Knoblauch in einem kleinen Sieblöffel einige Male in das heiße Öl tauchen, bis er Farbe angenommen hat. Das Öl zur Wiederverwendung abfüllen. Das Muschelfleisch wieder in die gewölbten Schalenhälften geben und den Knoblauch und die Frühlingszwiebeln darauf verteilen. Die Muscheln in einen Dämpfer setzen, dabei achtgeben, daß beim Stapeln das Fleisch nicht zerdrückt wird.

5. Bei guter Hitze 7–10 Minuten dämpfen. Das Fleisch ist dann opalfarben, und in den Schalen hat sich etwas Flüssigkeit angesammelt.

6. Vorsichtig herausnehmen, damit der Saft nicht verschüttet wird, und anrichten. Das Fleisch wird mit der Sauce gegessen, auch kann man die Sauce aus den Muschelschalen trinken.

ZUTATEN

20 große Muscheln (Jakobsmuscheln
Pflanzenöl zum Fritieren
6–8 Knoblauchzehen (in Scheiben geschnitten)
4–6 Frühlingszwiebeln (grüne Teile, in Ringe geschnitten)

FÜR DIE SAUCE

4–6 Frühlingszwiebeln (nur die weißen Teile, in Seidenfäden geschnitten, s. Seite 34)
3–4 EL Erdnuß- oder Maiskeimöl
Ein 2-cm-Stück frischer Ingwer (in Seidenfäden geschnitten, s. Seite 35)
3–4 frische Chilischoten (Samen entfernt und in Ringe geschnitten)
2 EL dunkle Sojasauce
2 EL helle Sojasauce
2 EL Wasser

Für 6–8 Personen

Abbildung auf Seite 51

清蒸帶子

小吃

Fritierte Appetithappen

Man sollte nicht versuchen, alle sieben als Menü zu servieren. Ein oder zwei Appetithappen zu einem Menü machen mehr Spaß und überfordern die Hausfrau nicht, die das köstliche Resultat dann auch mit ihren Gästen genießen kann.

炸五香卷 **Fritierte Fünfgewürz-Rollen**
Sehr würzige, mit Schweinefleisch gefüllte Rollen, die mit Tomaten, Chili- und Sojasauce serviert werden (s. Seite 195).

百花釀蟹鉗 **Gefüllte Krabbenscheren**
Eine elegante Kombination von Garnelen und Krabbenfleisch. Außen knusprig, innen zart und saftig (s. Seite 197).

鳳尾蝦 **Phönixschwanz-Garnelen**
Fritierte Garnelen mit fritierten Peperonischoten (s. Seite 198).

錦鹵雲吞 **Fritierte Won-tans**
Mit Garnelen gefüllte Teigtaschen, serviert mit süßsaurer Sauce (s. Seite 194).

紙包蝦 **Garnelen in Reispapier**
Fritierte Hüllen, gefüllt mit Garnelen, Schinken und Bambussprossen, mit einer Chilisauce serviert (s. Seite 199).

特式春卷 **Spezial-Frühlingsrollen**
Köstliche Teigrollen, gefüllt mit einer Mischung aus Meeresfrüchten, Fleisch und Gemüse (s. Seite 196).

炸牛奶 **Fritierte Milch**
Cremige Füllung aus Kokosnuß und Krabbenfleisch mit einer knusprigen Hülle (s. Seite 198).

SUPPEN UND FEUERTÖPFE

Ingwersuppe mit Schweinefleisch und Pilzen

老薑肉片湯

ZUTATEN

15 g Holzohren (eingeweicht, s. Seite 39)
175 g mageres Schweinefleisch
2–3 EL Erdnuß- oder Maiskeimöl
40–50 g frischer Ingwer (geschält und feingehackt)
1 EL Reiswein oder halbtrockener Sherry
eine Prise Salz
2 TL helle Sojasauce
1 l klare Brühe
3 Frühlingszwiebeln (in 1 cm lange Stücke geschnitten)

Für 6 Personen

Abbildung auf der gegenüberliegenden Seite

In Hunan eine beliebte Suppe zur Sommerzeit, denn Ingwer hat eine kühlende Wirkung.

1. Das Einweichwasser der Pilze wegschütten und größere Pilze teilen.
2. Das Fleisch in mundgerechte Streifen schneiden (ca. 4 × 1 cm, 3 mm dick).
3. Die Wok erhitzen, bis sie raucht, das Öl zugeben und schwenken. Ingwer kurz anbraten, dann das Fleisch dazugeben und etwa 30 Sekunden unter ständigem Wenden pfannenbraten. Die Hitze reduzieren, die Pilze unterrühren und weitere 30 Sekunden braten.
4. Reiswein, Salz, Sojasauce und Brühe hinzufügen und zum Kochen bringen. Schaum abschöpfen und zugedeckt 10–15 Minuten köcheln lassen. Die geschnittenen Frühlingszwiebeln dazugeben, vom Feuer nehmen und servieren.

Gegenüberliegende Seite, im Uhrzeigersinn von oben:
Muschelsuppe (s. Seite 59); Eierflockensuppe (s. Seite 58); Ingwersuppe s. oben); Bohnenquarksuppe (s. Seite 58).

Eierblumensuppe

蛋花湯

ZUTATEN

1 Ei
knapp 1 l Brühe
je eine Prise Salz und Zucker
1 TL helle Sojasauce
2 Frühlingszwiebeln (nur die grünen Teile, in feine Ringe geschnitten)

Für 4 Personen

Abbildung auf Seite 57

Eine allbekannte Suppe, die schnell zubereitet ist. Zum Gelingen ist wichtig, wie man das Ei in die Suppe gibt.

1. Das Ei leicht schlagen.
2. Die Brühe zum Kochen bringen, dann die Hitze reduzieren. Das Ei am besten durch eine Gabel in die Brühe tropfen lassen, so daß sich die ganze Oberfläche damit bedeckt.
3. Sofort vom Feuer nehmen und zugedeckt 1 Minute stehenlassen. Salz, Zucker, Sojasauce und die geschnittenen Frühlingszwiebeln einrühren.
4. In eine vorgewärmte Terrine geben oder in Suppentassen servieren.

Bohnenquarksuppe

豆腐湯

ZUTATEN

150–200 g Bohnenquark (Tofu)
100 g grüne Erbsen (tiefgefroren)
knapp 1 l Brühe
1 Schuß helle Sojasauce
eine Prise Salz
1–2 EL Erdnuß- oder Maiskeimöl

Für 4 Personen

Abbildung auf Seite 57

Eine einfache und sehr gesunde Suppe, etwas für Vegetarier und solche, die es noch nicht sind.

1. Die Bohnenquarkkuchen in kleine Würfel schneiden. 10–15 Minuten in heißes Wasser geben und mit einer Siebkelle wieder vorsichtig herausnehmen.
2. Die Brühe mit den Erbsen und dem Bohnenquark zum Kochen bringen, mit Salz und Sojasauce abschmecken. Das Öl darüberträufeln. In eine vorgewärmte Terrine geben oder in Suppentassen servieren.

Muschelsuppe

家鄉干貝羹

Getrocknete Muscheln sind in China sehr billig. Die daraus zubereitete Suppe war früher die Haifischflossensuppe der Armen. Wegen dem strukturellen Kontrast zwischen dem zarten Muschelfleisch und den knackigen Bambussprossen ist die Suppe nach der Haifischflossen- und der Schwalbennestersuppe inzwischen zu einer der begehrtesten geworden.

ZUTATEN

100 g getrocknete Muscheln
100 g Bambussprossen aus der Dose (in feine Scheiben geschnitten)
eine Prise Salz
2 EL Kartoffelmehl (in etwas Wasser angerührt)
1 Ei (mit etwas Salz geschlagen)

Für 4–6 Personen

Abbildung auf Seite 57

1. Die getrockneten Muscheln durchspülen und waschen, bis der weißliche Belag entfernt ist.
2. Die Muscheln in 1½ l Wasser zum Kochen bringen, den Schaum abschöpfen und 2 Stunden köcheln, bis sie weich sind. Das Wasser durch Nachgießen bei etwa 1 l halten.
3. Die Muscheln herausnehmen, harte Muskeln entfernen und grobhacken.
4. Die Bambussprossen ebenfalls auf die Größe der Muscheln zerkleinern. Zusammen mit den Muscheln wieder in den Sud geben. (Bis zu diesem Schritt kann das Gericht einige Stunden im voraus zubereitet werden.)
5. Die Brühe wieder zum Köcheln bringen, das angerührte Kartoffelmehl einrühren und das geschlagene Ei eintropfen lassen, dabei ständig in eine Richtung rühren. Vom Feuer nehmen und knapp 1 Minute zugedeckt ruhen lassen.
6. In eine vorgewärmte Terrine geben oder in Suppentassen servieren.

Anmerkung: Die Suppe kann bei mittlerer Hitze wieder aufgewärmt werden.

Schwalbennestersuppe

雞茸燕窩

ZUTATEN

100 g Schwalbennester
4 dicke Scheiben frischer Ingwer
2 Frühlingszwiebeln
1¼ l Kraftbrühe (s. Seite 225)
2 EL Maisstärke (in etwas Wasser angerührt)
eine Prise Salz
½ l Hühnercreme (s. Seite 63)
25 g Schinken (feingehackt)

Für 10 Personen

Abbildung auf der gegenüberliegenden Seite

Wie die Haifischflossensuppe gehört die Schwalbennestersuppe zu den Luxusgerichten der chinesischen Küche. Der Reiz der Suppe liegt weniger im Geschmack der Nester als in ihrer Struktur. Eine hervorragende Kraftbrühe ist daher Voraussetzung für das Gelingen und die Qualität der Suppe.

1. Die getrockneten Nester in 1½ l lauwarmem Wasser mehrere Stunden oder über Nacht einweichen. Wasser wegschütten.
2. Anhaftende Federchen mit einer Pinzette entfernen und die Nester gut durchspülen.
3. Die gesäuberten Schwalbennester zusammen mit dem Ingwer und den Frühlingszwiebeln in 1½ l kochendes Wasser geben und 10 Minuten ziehen lassen. Die Nester mit einer Siebkelle herausnehmen, das Wasser mit Ingwer und Zwiebeln wegschütten. (Die Schwalbennester können zugedeckt 2–3 Tage im Kühlschrank aufbewahrt werden, ehe die Suppe zubereitet wird.)
4. Die Kraftbrühe mit den Schwalbennestern zum Köcheln bringen, mit der angerührten Stärke binden und nach Belieben salzen.
5. Die Hühnercreme mit einigen Löffeln der heißen Suppe verdünnen und dann in die Suppe gießen. Unter gelegentlichem Rühren die Suppe ziehen lassen, bis das Hühnerfleisch gar ist.
6. Die Suppe anrichten, mit dem feingehackten Schinken bestreuen und heiß servieren.

Anmerkung: Übriggebliebene Suppe kann eingefroren werden.

Gegenüberliegende Seite, im Uhrzeigersinn von oben:
Schwalbennestersuppe (s. oben); gehackter Schinken und Bohnensprossen, Senf und Essig für die Haifischflossensuppe; Haifischflossensuppe (s. Seite 62).

Haifischflossensuppe

雞絲魚翅

ZUTATEN

300 g Haifischflossen
150 g Hühnerbrust
4 Scheiben frischer Ingwer
3 Frühlingszwiebeln (halbiert)
25 g Speck
3 EL Reiswein oder halbtrockener Sherry
1 EL Erdnuß- oder Maiskeimöl
1 l Kraftbrühe
eine Prise Salz
1 Schuß helle Sojasauce

FÜR DIE MARINADE

je eine Prise Salz, Zucker und Pfeffer
1 TL Reiswein oder halbtrockener Sherry
1 TL Maisstärke
1 Eiweiß (leicht geschlagen)
1 EL Erdnuß- oder Maiskeimöl

FÜR DIE SAUCE

3–4 EL Kartoffelmehl
5 EL Wasser
2 TL dunkle Sojasauce

ZUM SERVIEREN

50 g magerer Schinken
250 g Bohnensprossen
chinesischer roter Essig
scharfer Senf

Für 6 Personen

Abbildung auf Seite 61

Die Chinesen betrachten diese nahrhafte Suppe als die Krönung ihrer Küche. Haifischflossen guter Qualität sind ziemlich teuer, und die Zubereitung des Gerichts erfordert einigen Zeitaufwand. Die Flossen haben, ähnlich wie die Schwalbennester, wenig Eigengeschmack. Erst in Verbindung mit den anderen qualitativ einwandfreien Zutaten wird die Perfektion der Suppe erreicht.

1. Die Haifischflossen über Nacht in 1½ l Wasser einweichen.
2. Mit den Fingern gründlich waschen, durch ein Sieb abgießen. Darauf achten, daß die Gräten nicht verlorengehen.
3. Die Flossen in gut 1½ l frisches Wasser geben, zum Kochen bringen und 2 Stunden köcheln. Wenn nötig, Wasser nachgießen.
4. Prüfen, ob die Gräten gar sind. Sie dürfen nicht zu weich und sollten mit den Fingern leicht zu brechen sein. Sie werden noch etwas weicher, wenn man sie im Wasser abkühlen läßt. Das Wasser dann abgießen, mit der gleichen Menge frischen Wassers (1½ l) wieder zum Kochen bringen und eine weitere Stunde ziehen lassen. Das Wasser wieder wegschütten.
5. Das Hühnerfleisch in dünne Streifen von 4–5 cm Länge schneiden.
6. *Marinieren:* Zucker, Salz, Pfeffer, Reiswein und Stärke unter das Hühnerfleisch mischen. Dann das Eiweiß dazumischen und dabei immer in einer Richtung rühren. Das Fleisch 30 Minuten in dieser Marinade ziehen lassen. Am Schluß das Öl dazumischen.
7. 1 l Wasser mit den Ingwerscheiben, den Frühlingszwiebeln, der Hälfte des Specks und dem Reiswein zum Kochen bringen. Die Haifischflossen hineingeben und bei kleiner Hitze etwa 15 Minuten kochen. Dies nimmt den Haifischflossen den Rest des unangenehmen Fischgeschmacks. Das Wasser mit dem Ingwer und den Frühlingszwiebeln wegschütten.
8. Den Schinken in streichholzgroße Streifen schneiden.
9. Die Bohnensprossen säubern (die Köpfe abbrechen und wegwerfen), blanchieren und unter fließendem kalten Wasser abschrecken.
10. Den Schinken und die Bohnensprossen auf Tellerchen anrichten, separat dazu in Schälchen Essig und Senf.

11. *Die Sauce vorbereiten:* Mehl, Wasser und Sojasauce gut mischen.

12. Die Wok auf starker Flamme erhitzen, den restlichen Reiswein oder Sherry eingießen und darauf das Öl. Die restliche Hälfte des Specks, dann die Kraftbrühe und die Haifischflossen dazugeben und zum Kochen bringen. Das Hühnerfleisch einrühren, Hitze reduzieren und die Sauce einträufeln. Vom Feuer nehmen, mit Salz und Sojasauce abschmecken.

13. Die Suppe in eine vorgewärmte Terrine geben und auftragen. Jeder nimmt von den vorher angerichteten Schälchen mit Schinken, Bambussprossen und nach Belieben Senf und Essig und schöpft sich Suppe darüber.

Hühnercreme

雞茸

Mit feingehackter Hühnerbrust, aufgelockert durch Eiweiß, verleiht diese Zutat Suppen mehr Geschmack und zusätzliche Substanz, wie beispielsweise der Schwalbennestersuppe (s. Seite 60) und der Wintermelonensuppe (s. Seite 65).

ZUTATEN

450 g Hühnerbrustfleisch
eine Prise Salz
2 TL Eiswasser
2 TL Maisstärke
1 Eiweiß (leicht geschlagen)

Für die Rezepte auf Seite 61 und 65

1. Die enthäuteten Hühnerbruststücke erst längs, dann quer schneiden und mit dem Küchenbeil feinhacken. Dabei salzen und das Eiswasser darüberträufeln. Will man das Fleisch mit dem Mixer zerkleinern, gibt man Salz und Eiswasser auf einmal zum grobgeschnittenen Fleisch.

2. Das Eiweiß und die Maisstärke dazumischen, dabei immer in einer Richtung rühren, bis ein feines Püree entstanden ist. Es kann bis zur Verwendung zugedeckt einige Stunden im Kühlschrank aufbewahrt werden.

Zuckermaissuppe

雞茸粟米湯

ZUTATEN

125 g Hühnerbrustfleisch
1 Dose Zuckermais (285 g)
1 Dose Zuckermaiscreme-
suppe (285 g)
1–2 Eier
eine Prise Salz
2 TL Erdnuß- oder Maiskeimöl
1 Dose konzentrierte Hühner-
brühe (285 g)
3 Tassen Wasser

FÜR DIE MARINADE

je eine Prise Salz und Pfeffer
2 TL helle Sojasauce
1 EL Reiswein oder halb-
trockener Sherry
1 TL Maisstärke (mit Wasser
angerührt)
1 TL Sesamöl
1 TL Erdnußöl

Für 6–8 Personen

Abbildung auf Seite 67

Eine besonders auch bei Europäern beliebte Suppe der Kanton-Küche, die auch ohne Hühnerfleisch gut schmeckt.

1. Das Hühnerfleisch feinhacken, am besten im Mixer, und in eine Schüssel geben.
2. *Marinieren:* Salz, Sojasauce, Pfeffer und Reiswein auf das Fleisch geben, die Stärke darüberstäuben, das Wasser dazugeben und alles zu einer Paste verrühren. 15 Minuten stehenlassen, dann die 2 TL Öl darunter- mischen.
3. Den Zuckermais im Mixer kurz pürieren.
4. Die Eier mit Salz und Öl leicht verquirlen und beiseite stellen.
5. Die Brühe erhitzen, dabei das Wasser nach und nach einrühren. Dann den Zuckermais und die Maiscremesuppe zugeben. Bei mäßiger Flamme unter gelegentlichem Rühren bis knapp unter den Siedepunkt erhitzen.
6. Von der Suppe einige Eßlöffel unter das Hühnerhack rühren und dann zur Suppe geben. 1 Minute köcheln, bis das Hühnerhack durchgegart ist.
7. Langsam die geschlagenen Eier einträufeln (am besten über den Rücken einer Gabel) und dabei immer in einer Richtung rühren, dann sofort vom Feuer nehmen. 1 Minute zugedeckt stehenlassen und servieren.

Anmerkung: Statt der konzentrierten Hühnerbouillon kann man auch 1 l Hühnerbrühe nehmen. Dann aber 2 Dosen Maiscremesuppe nehmen und nur 2 Tassen Wasser. Übriggebliebene Suppe kann aufgewärmt oder eingefroren werden.

Wintermelonensuppe

Manche Restaurants in Hongkong und China bieten eine ganz besondere Spezialität: eine Wintermelone, teilweise ausgehöhlt und gefüllt mit Krabbenfleisch, Hühner- oder Entenfleisch, auch Schweinefleisch, Bambussprossen und Pilzen, alles in der Brühe und dann samt der Melone gedämpft. Für die Hausfrau ist das Gericht allerdings ein schwieriges Unterfangen. Die Suppe nach dem folgenden Rezept ist als Ersatz jedoch auch nicht zu verachten. Frische Wintermelonen werden im Sommer in guten Ostasiengeschäften (aus Holland importiert) angeboten.

1. Die Melone in handliche Stücke schneiden. Die Kerne und die äußere Schale entfernen und das Fruchtfleisch würfeln.
2. Die Würfel in die Brühe geben und zum Kochen bringen. Die Hitze reduzieren und je nach Melonenart etwa 30 Minuten köcheln, bis das Melonenfleisch glasig geworden ist.
3. Die Hühnercreme in eine Schüssel geben, mit einigen Löffeln der kochenden Brühe verrühren und in die kochende Suppe gießen. Rühren, damit es keine Klumpen gibt, dann abschmecken und nachwürzen.
4. Die Suppe anrichten und mit dem Schinken bestreuen.

Anmerkung: Man kann die Suppe nach Hinzufügung des Hühnerfleisches noch mit etwa 200 g Krabbenfleisch verfeinern. Statt der Wintermelone kann als befriedigender Ersatz ein Gemüsekürbis des europäischen Marktes genommen werden, auch wenn dann vielleicht der Geschmack vom Original etwas abweicht.

ZUTATEN

1 kg Wintermelone (ersatzweise Gemüsekürbis)
1 l Kraftbrühe (s. Seite 225)
1 Portion Hühnercreme (s. Seite 63)
eine Prise Salz
50 g magerer Schinken (feingehackt)

Für 8 Personen

Abbildung auf Seite 67

冬瓜雞茸湯

Won-tan-Hüllen-Suppe

片兒麵湯

ZUTATEN

Pflanzenöl zum Fritieren
60 Won-tan-Hüllen (halbiert und gefaltet)
250 g geröstete Kanton-Ente mit etwas Haut (in Scheiben geschnitten, s. Seite 209)
250 g Krabbenfleisch (gekocht und zerpflückt)
100 g Bambussprossen aus der Dose (in dünne Scheibchen geschnitten)
225 g Strohpilze aus der Dose (halbiert oder geviertelt)
2,5 l klare Kraftbrühe (s. Seite 225)
Salz und Pfeffer
1–2 El helle Sojasauce
12 Frühlingszwiebeln (diagonal in 1-cm-Stücke geschnitten, weiße und grüne Teile getrennt)

Für 10–12 Personen

Abbildung auf der gegenüberliegenden Seite

Die zarten Won-tan-Hüllen, die knusprig fritiert werden, bevor sie in die Suppe kommen, charakterisieren dieses Gericht. Die Farben der Einlagen in der klaren Brühe sind besonders appetitanregend.

1. Die Wok halb mit Öl füllen und auf 180° erhitzen. Nacheinander jeweils etwa 20 Won-tan-Hüllen in das Öl geben. Wenn sie zu bräunen anfangen, mit einem Sieblöffel herausnehmen und auf Küchenkrepp abtropfen lassen.

2. Enten- und Krabbenfleisch, Bambussprossen und Pilze in die Brühe geben und zum Kochen bringen. Mit Salz, Pfeffer und Sojasauce würzen. Die weißen Teile der Frühlingszwiebeln dazugeben und erst zuletzt die Won-tan-Hüllen. Sofort vom Feuer nehmen, damit sie nicht aufweichen. Die grünen Teile der Frühlingszwiebeln darüberstreuen und servieren.

Anmerkung: Fritierte Won-tan-Hüllen können im voraus zubereitet werden. Luftdicht verschlossen, bleiben sie im Kühlschrank eine Woche knusprig. Mit Salz bestreut kann man sie auch zum Knabbern anbieten.

Gegenüberliegende Seite, im Uhrzeigersinn von oben:
Won-tan-Hüllen-Suppe; Kantonesische Won-tan-Suppe (s. Seite 68); Zuckermaissuppe (s. Seite 64); Wintermelonensuppe (s. Seite 65)

Kantonesische Won-tan-Suppe

雲吞

ZUTATEN

350 g Schweinefleisch mit etwa 50 g Fettanteil
100 g rohe, geschälte Shrimps
6 Frühlingszwiebeln (in Ringe geschnitten)
50–75 g Bambussprossen (feingehackt)
1 Eigelb
90 Won-tan-Hüllen, etwa 7 cm groß
1 Eiweiß (leicht geschlagen mit einer Prise Salz)
6–8 Blätter Chinakohl (kreuzweise in 3-cm-Stücke geschnitten)
1,5 l Kraftbrühe und klare Brühe, gemischt
16 EL Erdnuß- oder Maiskeimöl

FÜR DIE MARINADE

je eine Prise Salz und Zucker
1 EL helle Sojasauce
1 TL dunkle Sojasauce
eine Prise Pfeffer
1 EL Reiswein oder halbtrockener Sherry
1 TL Kartoffelmehl
3–4 EL Wasser
2 TL Sesamöl

ZUM SERVIEREN

Pfeffer, Sesamöl, helle Sojasauce

Ergibt 80–90 Won-tans bzw. eine Mahlzeit für 8 Personen.

Abbildung auf Seite 67

Won-tans, oder kleine Teigtaschen in der Brühe, sind eines der chinesischen Nationalgerichte. Meist werden sie mit Schweinefleisch gefüllt, in der Provinz Kwangtung auch mit Meeresfrüchten, die es dort so reichlich gibt.

1. Das Schweinefleisch feinhacken und in eine große Schüssel geben.
2. Die Shrimps trockentupfen und in erbsengroße Stücke schneiden. Zu dem Schweinefleisch geben.
3. *Marinieren:* Salz, Zucker, Sojasaucen, Pfeffer und Reiswein auf das Fleisch geben, das Kartoffelmehl darüberstäuben, mischen (immer in einer Richtung rühren) und das Wasser langsam dazurühren.
4. Die Fleischmischung mit der Hand nehmen und etwa hundertmal wieder in die Schüssel klatschen. Dadurch bekommt die Mischung die richtige Konsistenz.
5. Die Frühlingszwiebeln und die Bambussprossen unter das Fleisch heben, 20–30 Minuten stehenlassen, dann das Sesamöl untermischen.
6. Unmittelbar vor der Zubereitung der Teighüllen das Eigelb unter die Masse heben, damit sie sich besser mit den Hüllen verbindet.
7. Die Won-tans falten. Dafür gibt es zwei Methoden: *Die schnelle Art:* Eine Hülle auf die Hand legen und 1 TL Füllung in die Mitte legen. Die Enden der Hülle mit der anderen Hand fassen (a) und mit einer Drehung die Won-tans zudrücken (b).

a

b

Die klassische Methode: Das Teigblatt in die Hand nehmen oder diagonal auf ein Backbrett legen und 1 EL Füllung in die Mitte geben. Die untere Ecke auf die obere drücken (c), so daß ein Dreieck entsteht. Nun die beiden seitlichen Ecken übereinanderfalten (d), die eine mit etwas Eiweiß bestreichen (e) und fest zusammendrücken (f). Die Spitze des Dreiecks so umbiegen (g), daß die gefüllte Tasche wie ein Hütchen aussieht.

c

d

e

f

g

h

8. In einem großen Topf gesalzenes Wasser zum Kochen bringen und den Kohl 1 Minute blanchieren. Mit einem Sieblöffel herausnehmen und in eine Schüssel legen.
9. In einem anderen Topf die Brühe zum Köcheln bringen.
10. Das Blanchierwasser wieder erhitzen, bis es siedet, die Won-tans – jeweils höchstens 20 – hineingeben und 3 Minuten sprudelnd kochen, bis sie an der Oberfläche schwimmen. Dabei vorsichtig rühren, damit sie nicht zusammenkleben.
11. Die garen Won-tans gleich in Suppenschalen geben, die restlichen Frühlingszwiebeln und die Kohlstückchen darauf verteilen, 2 TL Öl dazugeben, mit der heißen Brühe auffüllen und servieren. Jeder kann nach Belieben mit Pfeffer, Sesamöl und Sojasauce würzen.

Anmerkung: Won-tans kann man ungekocht gut einfrieren. Man sollte sie dann nach dem Auftauen etwas länger kochen. Der Won-tan-Suppe kann man auch ein paar Eiernudeln zugeben und dafür entsprechend weniger Teigtäschchen nehmen.

Kantonesischer Feuertopf

打邊爐

ZUTATEN

350–450 g Garnelen oder Hummerkrabben, frisch oder tiefgefroren (ohne Kopf)
450 g Schollenfilet
10 große Muscheln (nur das weiße Fleisch)
2 Hühnerbrüste (ohne Haut)
350–450 g Rindsfilet
500 g Chinakohl
500 g Spinat (gewaschen)
1 Bündel Brunnenkresse (gewaschen)
4 Kuchen Bohnenquark (ca. 400 g)
400–500 g getrocknete oder 700 g frische Eiernudeln
2,5–3 l klare Brühe
Erdnuß- oder Maiskeimöl

FÜR DIE DIPS

8 Eier
helle oder dunkle Sojasauce
Erdnuß-, Maiskeim- oder Sesamöl
Salz
frisch gemahlener Pfeffer
scharfer Senf
Chilisauce

Als Mahlzeit ausreichend für 8 Personen

Abbildung auf der gegenüberliegenden Seite

Das Gericht ist sehr leicht zu variieren, und man nimmt vorwiegend Zutaten der Saison. Wenn kein Originaltopf mit dem Holzkohlenfeuer (der sogenannte Mongolische Feuertopf) zur Verfügung steht, kann man sich mit einem normalen Topf und einem Fonduebrenner oder Stövchen behelfen.

1. Die Garnelen schälen und säubern (s. Seite 39), dann längs halbieren.
2. Schollenfilet quer zur Faser in mundgerechte Stücke (etwa 2,5 cm dick) schneiden.
3. Die Muscheln säubern, das Fleisch abspülen und trockentupfen. In mundgerechte Stückchen schneiden.
4. Das Hühnerfleisch in etwa 3 mm dicke Scheiben schneiden.
5. Das Filet quer zur Faser in mundgerechte Stücke schneiden.
6. Den Kohl quer in 2,5 cm breite Streifen schneiden.
7. Die Bohnenquarkkuchen 15 Minuten in heißes Wasser legen, dann vorsichtig herausnehmen und in jeweils acht Würfel schneiden.
8. Die Nudeln nicht zu weich kochen und mit kaltem Wasser durchspülen.
9. Sämtliche Zutaten auf Tellern oder Platten, die Dips in Schälchen anrichten und auf dem Tisch verteilen. Jede Person bekommt eine Schale, ein Tellerchen, Stäbchen und einen kleinen Sieblöffel.
10. In jede Schale wird ein Ei geschlagen und verrührt. In einem Schälchen bekommt jeder noch 2 TL Sojasauce mit einem halben TL Öl, das nach Belieben nachgefüllt wird.
12. Die Brühe in einem Topf zum Köcheln bringen.
13. Den Feuertopf zur Hälfte mit der heißen Brühe füllen und 3 TL Öl dazutröpfeln.

Gegenüberliegende Seite, von oben links nach rechts: Lamm für den Mongolischen Feuertopf (s. Seite 72); Buchweizen und Glasnudeln; Chinakohl; frischer Koriander; Frühlingszwiebeln; Sesampaste. *Unten, von links nach rechts:* Garnelen, Fisch und Muscheln für den Kantonesischen Feuertopf (s. oben); Bohnenquark und frische Nudeln; Salat (Spinat) und Chinakohl; Ei, Senf, Chilisauce, Pfeffer, Salz, Sesamöl; Sojasauce; Rindfleisch und Huhn. *In der Mitte:* Traditioneller Feuertopf und Sieblöffel.

14. Jeder nimmt sich nun von den angerichteten Zutaten und taucht sie mit dem Sieb in die köchelnde Brühe. Wenn sie gar sind, nimmt man sie mit den Stäbchen aus dem Sieb, taucht sie kurz in das Ei und die Saucen. Damit würzt man die Häppchen und kühlt sie gleichzeitig auch etwas ab.

15. Wenn ein guter Teil des Fleisches gegessen ist, gibt man das Gemüse und den Bohnenquark in den Feuertopf, und jeder bedient sich.

16. Falls notwendig, füllt man heiße Brühe und etwas Öl nach und bringt sie wieder zum Kochen.

17. Die Brühe wird durch die darin gegarten Zutaten immer kräftiger, und wenn nun Fleisch und Gemüse aufgegessen sind, gibt man die Nudeln in den Topf, läßt sie heiß werden und ißt sie mit der Brühe als Suppe. Den Rest des Eis rührt man in der Schale unter die Suppe.

Mongolischer Feuertopf

涮羊肉

ZUTATEN

1,5 kg Lammkeule
100 g Glasnudeln
1 Chinakohl (700–800 g)
250 g Eier- oder Buchweizennudeln

FÜR DEN DIP

8 EL Sesampaste
2 Kuchen (ca. 200 g) fermentierter roter Bohnenquark und 2 EL des Saftes
6 EL Reiswein oder halbtrockener Sherry
3 EL Zucker
8 EL helle Sojasauce
3–4 EL Chiliöl (s. Seite 225)
3–4 EL Sesamöl
4 EL Fischsauce
100 g frischer Koriander (grobgehackt)
10–12 Frühlingszwiebeln (in kleine Ringe geschnitten)

Als Mahlzeit ausreichend für 6 Personen

Abbildung auf Seite 71

Dieses mongolische Gericht hat sich schon vor langer Zeit im Norden eingebürgert und gehört neben der Peking-Ente zu den berühmtesten Rezepten der Peking-Küche. Feuertopfgerichte sind für den Gastgeber eine Bewirtung, die verhältnismäßig wenig Arbeitsaufwand erfordert. Er beschränkt sich auf die Vorbereitung der Zutaten, wie sie ohnehin für jedes Essen erforderlich ist. Außerdem ist ein solches Essen in Gesellschaft sehr unterhaltsam.
Beachten Sie bitte folgendes: Das Kochwasser wird zunächst nicht gewürzt oder gesalzen. Die nötige Würze für das Fleisch bringt die Dipsauce, und am Schluß wird ja der Rest der Sauce mit der Brühe verrührt. Natürlich können Sie dem Kochwasser vielleicht etwas Suppengrün beifügen, auch muß nachgewürzt werden, wenn nicht mehr genügend Dipsauce übrig ist.

1. Die Lammkeule ausbeinen und anfrieren, damit man papierdünne Scheiben schneiden kann.

2. Die Glasnudeln in kochendes Wasser geben, sofort vom Feuer nehmen und 20–30 Minuten quellen lassen (sie dürfen nicht kochen). Den Bund mit einer Schere 2- bis 3mal durchschneiden und auf einer Platte anrichten.

3. Den Chinakohl im Abstand von 2–3 cm quer durchschneiden und auf eine Platte geben.

4. Die Nudeln in reichlich sprudelnd kochendem Wasser *al dente* kochen, abschrecken und in eine Schüssel geben.

5. Für die Dipsauce die Sesampaste allmählich mit ¼ l Wasser in einer Servierschüssel verrühren. Den Bohnenquark mit 3–4 EL Wasser zu einer Paste verrühren und in die Schüssel geben. Dann den Reiswein, Zucker, die Sojasauce, die Öle und die Fischsauce hinzufügen und alles gut mischen.
6. Das angefrorene Lammfleisch in möglichst papierdünne Scheiben (etwa 5×10 cm) schneiden, dabei unerwünschtes Fett entfernen. Auf Platten einlagig anrichten und bis zum Gebrauch in den Kühlschrank stellen.
7. Sämtliche Zutaten auf dem Eßtisch anrichten.
8. Den Feuertopf zur Hälfte mit kochendem Wasser füllen und wieder zum Sieden bringen.
9. Jeder bekommt ein Paar Bambusstäbchen (keine aus Plastik), ein Sieblöffelchen, die es speziell für diese Feuertopfgerichte gibt, eine Schale und einen kleinen Teller.
10. Man nimmt sich nun etwas Sauce in den Teller, dazu Koriander und Frühlingszwiebeln. Mit dem Sieb wird das Fleisch kurz in das kochende Wasser gehalten – meist reichen ein paar Sekunden –, herausgeholt, mit den Stäbchen in die Sauce getunkt und gegessen.
11. Wenn die Hälfte des Fleisches verzehrt und das Wasser zu einer aromatischen Brühe verkocht ist, kommen der Kohl und ein Teil der Glasnudeln in den Topf und werden mit Dipsauce gegessen.
12. Nun ißt man das restliche Fleisch und gibt den Rest der Nudeln in den Topf. Am Schluß wird die Fleischbrühe getrunken, die man mit Dipsauce nach Belieben würzen kann.

四川菜

Ein Szetschuan-Menü

Dieses Menü für 8 Personen enthält die ganze Palette köstlicher Geschmacksrichtungen, die die Szetschuan-Küche zu bieten hat: betäubende Schärfe, salzig, süß und sauer. Man kann die Gerichte einzeln servieren oder beliebig kombinieren.

銀絲卷 **Silberfaden-Brötchen** Gedämpfte Brötchen, die immer zu Knuspriger Duftente serviert werden (s. Seite 201).

荷葉夾 **Lotosblatt-Brötchen** Gedämpfte Brötchen, die zu Knuspriger Duftente gereicht werden (s. Seite 200).

香酥鴨 **Knusprige Duftente** Mariniert, gedämpft und dann fritiert, zergeht einem das Fleisch auf der Zunge (s. Seite 200).

酸辣湯 **Scharf-saure Suppe**
Würzig-scharfe Suppe mit Schweinefleisch, Pilzen und Bohnenquark (s. Seite 202).

魚香肉絲 **Schweinefleisch mit Fischduft**
Schweinefleisch in dünnen Scheiben mit Chilipaste, Knoblauch, Ingwer und Frühlingszwiebeln (s. Seite 203).

乾煸四季豆 **Vierjahreszeiten-Bohnen**
Diese fritierten Bohnen mit einer starken Würze sind kalt und warm gleich köstlich (s. Seite 203).

棒棒雞 **Päng-Päng-Huhn**
Pfefferscharfes Gericht, kalt mit Gurken und Frühlingszwiebeln serviert (s. Seite 204).

FISCH UND MEERESFRÜCHTE

Gebratene Makrele

煎鯖魚

ZUTATEN

1 große Makrele von ca. 800 g (ausgenommen, mit Kopf)
Salz
¼ l Erdnuß- oder Maiskeimöl
6 dünne Scheiben frischer Ingwer
1 cm frische Ingwerwurzel (in Seidenfäden geschnitten; s. Seite 35)
4–6 Frühlingszwiebeln (in dünne Ringe geschnitten)

FÜR DIE SAUCE

1 EL helle Sojasauce
1 EL dunkle Sojasauce
eine Prise Zucker
2 EL Reiswein oder halbtrockener Sherry

Als Hauptgericht ausreichend für 2 Personen, zusammen mit 2 weiteren Gerichten für 4 Personen

Abbildung auf der gegenüberliegenden Seite

In diesem Rezept ist die chinesische Methode des Sautierens oder Schnellbratens von Fisch beschrieben. Fast alle hier erhältlichen Fischsorten eignen sich für diese Garmethode, insbesondere Grüner Hering, Schellfisch, Kabeljau, Seelachs und Seehecht. Probieren Sie ruhig auch mal Seefischsorten auf diese Art zuzubereiten, die hier nicht so alltäglich sind.

1. Da eine Makrele dieses Gewichts sehr lang ist, halbiert man sie quer. Die Stücke innen und außen leicht mit Salz einreiben und 15 Minuten stehenlassen.
2. *Die Sauce vorbereiten:* Sojasaucen, Zucker und Reiswein mischen.
3. Die Wok oder eine Bratpfanne mit schwerem Boden über starker Flamme erhitzen. Das Öl hineingießen, vorsichtig herumschwenken, bis auf etwa 3 EL wieder herausgießen und zur Wiederverwendung in einen verschließbaren Behälter füllen. Das verbleibende Öl wieder erhitzen und die Ingwerscheiben bräunen. Herausnehmen und wegwerfen. Die Hitze reduzieren, bis das Öl eine etwas niedrigere Temperatur hat, dann die Makrele hineingeben. Beide Seiten jeweils etwa 5 Minuten braten, weitere 3 Minuten garen, nochmals umdrehen und die Ränder des Fisches ringsum mit heißem Öl beträufeln.
4. Die Sauce über den Fisch löffeln und die Ingwerfäden darüber verteilen. Zugedeckt etwa 3 Minuten bräteln. Die Frühlingszwiebel auf den Fisch streuen und nochmals einige Sekunden zudecken. Den Fisch auf einer vorgewärmten Platte anrichten, die Sauce aus der Pfanne darübergießen und servieren.

Gegenüberliegende Seite von oben: Abalone mit chinesischen Pilzen (s. Seite 79); Gedämpfte Garnelen mit Bohnensauce (s. Seite 78); Gebratene Makrele (s. oben).

Gedämpfte Garnelen mit Bohnensauce

雙豉蒸蝦

ZUTATEN

350 g Garnelen oder Hummerkrabben (ohne Kopf)
einige zerpflückte Korianderblätter

FÜR DIE SAUCE

1 EL fermentierte schwarze Bohnen
1 EL gesalzene gelbe Bohnen
eine Prise Zucker
1 TL Sesamöl
4–5 EL Erdnuß- oder Maiskeimöl
5 Knoblauchzehen (feingehackt)
1 TL frischer Ingwer (feingehackt)
1 frische rote oder grüne Chilischote (quer in Ringe geschnitten, Samen entfernt)
1–2 EL Reiswein oder halbtrockener Sherry

Mit 2–3 weiteren Gerichten ausreichend für 4–6 Personen

Abbildung auf Seite 77

Ich habe dieses Gericht 1980 zum erstenmal in einem berühmten Restaurant meiner Heimatstadt Hongkong probiert und war begeistert. Natürlich verrieten mir die Köche nicht das Geheimnis ihrer Zubereitung, und so versuchte ich, selbst dahinterzukommen. Das Ergebnis war das folgende Rezept, und ich glaube, meine Version dieses Gerichts wird auch Ihnen schmecken.

1. Die schwarzen und gelben Bohnen zerdrücken und zusammen mit dem Zucker und dem Sesamöl zu einer Paste verrühren.
2. Die Wok stark erhitzen, das Öl hineingießen und den Knoblauch anbraten. Dann den Ingwer dazugeben, ein paarmal wenden und die Paste einrühren. Die Chilis darüberstreuen und den Reiswein am Wok-Rand entlang einträufeln. Die Hitze reduzieren, nochmals gut durchrühren und die Sauce in eine Schale gießen und abkühlen lassen.

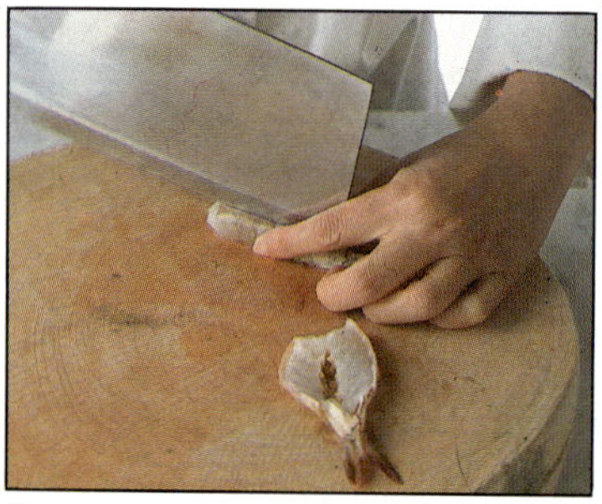

a

b

3. Die Garnelen schälen, säubern und trockentupfen. Bis vor den Schwanz längs teilen (a), den Darm entfernen (b). Auf einem flachen hitzebeständigen Teller mit Rand kreisförmig anrichten.
4. Die Sauce über die Garnelen löffeln.
5. Den Teller mit den Garnelen in einen Dämpfer setzen (s. Seite 44) und bei mittlerer Hitze 3–4 Minuten dämpfen, bis sie gar sind. Mit Koriander bestreuen und noch einen Moment zugedeckt weiterdämpfen.
6. Den Teller herausnehmen, die abgelaufene Sauce noch einmal über die Garnelen löffeln und servieren.

Abalone mit chinesischen Pilzen

鮑魚燜冬菇

Getrocknete Abalone – eine große Meeresschneckenart für Feinschmecker, gleichrangig mit Haifischflossen und Schwalbennestern – ist eine sehr kostspielige Zutat. Abalonen in Dosen sind eher erschwinglich. Auch wenn sie in ihrer Geschmacksintensität nicht mit den getrockneten zu vergleichen sind, befriedigen sie doch den Gaumen vieler Gourmets. Bei der Zubereitung von Abalone aus der Dose beachten Sie bitte, daß das Fleisch nicht kochen darf, sonst wird es zäh. Also nur bei niedrigster Flamme ziehen lassen oder die möglichst dünnen Scheiben nur bis unter den Siedepunkt erhitzen.

ZUTATEN

16 getrocknete chinesische Pilze (am besten Hutpilze)
1 mittelgroßer Salatkopf (Eisberg, geputzt und gewaschen)
1 Dose Abalone (450 g)
5 EL Erdnuß- oder Maiskeimöl
3 Frühlingszwiebeln (weiße und grüne Teile getrennt, in Ringe geschnitten)
1 EL Reiswein oder halbtrockener Sherry
3 EL Austernsauce
1½ EL dunkle Sojasauce
eine Prise Zucker
1 EL Kartoffelmehl (mit 2 EL Wasser angerührt)

Mit 2 weiteren Gerichten ausreichend für 4 Personen

1. Die Pilze mit knapp 1 l kochendem Wasser übergießen und wieder zum Kochen bringen. Bei mäßiger Hitze etwa 1 Stunde zugedeckt köcheln. Abkühlen lassen, die harten Stiele wegschneiden und die Hüte leicht ausdrücken.
2. Die Salatblätter zu großen Stücken zerpflücken.
3. Die Abalone in 3 mm dicke Scheiben schneiden. Den Saft aus der Dose beiseite stellen.
4. Den Saft und 1 EL des Öls zum Sieden bringen und die Salatblätter kurz (etwa 1 Minute) darin kochen. Sie müssen noch knackig sein. Über einer Schüssel im Sieb abtropfen lassen und die abgetropfte Brühe wieder in den Topf geben.
5. Die Wok stark erhitzen, das restliche Öl hineingießen und schwenken. Die weißen Frühlingszwiebeln kurz anbraten, den Reiswein am Rand einträufeln, dann die Abalonebrühe, in der die Salatblätter blanchiert wurden, dazugießen. Die Austern- und Sojasauce sowie die Prise Zucker untermischen und zum Kochen bringen.
6. Nun die Pilze und die Abalone dazugeben und das Ganze 2 Minuten zugedeckt ziehen lassen. Die Sauce mit dem angerührten Kartoffelmehl binden und nun die grünen Frühlingszwiebeln darüberstreuen.
7. Die Salatblätter auf einer vorgewärmten Platte verteilen.
8. Pilze und Abalone auf den Salatblättern arrangieren, die Sauce darüberlöffeln und servieren.

Ein Fisch für zwei Gerichte:

Pfannengebratenes Fischfilet

Wenn ein Fisch mit festem Fleisch groß genug ist, machen die Chinesen oft zwei Gerichte daraus: Die Filets werden pfannengerührt, und aus dem Kopf und dem Grätenskelett kocht man eine Suppe. Besonders im Süden ist dies üblich, wo das Meer ein reichhaltiges Sortiment an guten Fischen wie Barsch, Steinbutt und Glattbutt liefert.

炒魚球

ZUTATEN

1 Heilbutt von 1–1½ kg
Erdnuß- oder Maiskeimöl zum Fritieren
6 dünne Scheiben frischer Ingwer
250 g Zuckererbsen
Salz
2 Knoblauchzehen (diagonal in dünne Scheiben geschnitten)
1–2 Schalotten (grobgehackt)
1 EL Reiswein oder halbtrockener Sherry

FÜR DIE MARINADE

1 EL Ingwer (feingehackt)
je eine Prise Salz, Zucker und weißer Pfeffer
1 TL Reiswein oder halbtrockener Sherry
1–2 TL Maisstärke
1 Eiweiß (leicht geschlagen)

FÜR DIE SAUCE

½ TL Kartoffelmehl
3 EL klare Brühe
2 EL Austernsauce
1 TL helle Sojasauce

Mit der Suppe und 2 weiteren Gerichten ausreichend für 4–5 Personen

Abbildung auf Seite 83

1. Den Butt vom Fischhändler filetieren lassen. Kopf und Grätenskelett mitnehmen.
2. Die Filetstücke trockentupfen, halbieren (a) und in mundgerechte Würfel schneiden (b). In eine Schüssel geben.

a

b

3. *Marinieren:* Den Knoblauch über den Fischstücken auspressen und je eine Prise Salz, Zucker und Pfeffer darüberstreuen. Reiswein, Stärke und Eiweiß dazugeben und gut durchmischen, damit der Fisch gleichmäßig umhüllt ist. 15 Minuten stehenlassen.
4. *Die Sauce vorbereiten:* Kartoffelmehl, Brühe, Austern- und Sojasauce mischen und beiseite stellen.
5. In einem großen Topf Wasser mit 1 TL Salz und 1 EL Öl zum Kochen bringen. Die Zuckererbsen hineinschütten und vom Feuer nehmen, wenn das Wasser wieder kocht. In ein Sieb leeren und mit kaltem Wasser abschrecken. Abtropfen lassen.
6. Die Wok zur Hälfte mit Öl füllen und auf 180° erhitzen. Die Fischstücke hineingeben und nur 10 Sekunden »durch das Öl gehen lassen«, zusammenklebende Stücke mit den Holzstäbchen trennen. Schnell herausnehmen und abtropfen lassen. Der Fisch ist nun halb gar.

7. Das Öl bis auf 2–3 EL aus der Wok gießen und zur Wiederverwendung umfüllen.
8. Das Öl in der Wok stark erhitzen. Nacheinander Knoblauch, Ingwer und Schalotten hineingeben und kurz anbraten, bis sich Aroma entwickelt. Dann die Fischstücke etwa 30 Sekunden pfannenbraten und rasch wenden und rühren, den Reiswein seitlich einträufeln, danach die Sauce dazugeben. Rühren, bis die Sauce gebunden hat, dann die Zuckererbsen unterheben. Kurz durchmischen und anrichten.

Anmerkung: Als Gemüse kann man auch Broccoli, Blumenkohl oder frische Pilze verwenden.

Fischbrühe mit Bohnenquark

豆腐魚湯

ZUTATEN

700–800 g Fischköpfe und Gräten (vom pfannengerührten Heilbutt)
1 l Wasser
ein 3-cm-Stück frischer Ingwer (gequetscht)
2 Frühlingszwiebeln (geviertelt)
eine Prise Salz
100 g mageres Schweinefleisch
2 Kuchen Bohnenquark (200 g)
2 EL Erdnuß- oder Maiskeimöl
50 g Zuckererbsen
2–3 Frühlingszwiebeln (nur die grünen Teile, in Ringe geschnitten)

FÜR DIE MARINADE

je eine Prise Salz, Zucker und Pfeffer
2 TL helle Sojasauce
1 TL Reiswein oder halbtrockener Sherry
½ TL Kartoffelmehl (mit 1 EL Wasser angerührt)
1 EL Erdnuß- oder Maiskeimöl

Abbildung auf Seite 83

1. Die Fischkarkassen abspülen und in einen Topf geben.
2. Wasser auffüllen, den Ingwer und die Frühlingszwiebeln dazugeben und zum Kochen bringen. Den Schaum abschöpfen und bei reduzierter Hitze 30 Minuten zugedeckt köcheln. Salzen und die Brühe durchsieben.
3. In der Zwischenzeit das Schweinefleisch in feine Streifen schneiden und in eine Schüssel geben.
4. *Marinieren:* Salz, Zucker, Pfeffer, Sojasauce, Reiswein und angerührtes Kartoffelmehl unter das Fleisch mischen. 15 Minuten stehenlassen, dann das Öl einrühren.
5. Den Bohnenquark würfeln.
6. Den Fischsud wieder zum Kochen bringen. Das Öl, den Bohnenquark und die Zuckererbsen darin aufkochen. Das Schweinefleisch einrühren und darauf achten, daß die Stücke nicht zusammenkleben. Zugedeckt 1–2 Minuten schwach kochen.
7. Vom Feuer nehmen und die Frühlingszwiebeln einstreuen.
8. In einer vorgewärmten Suppenterrine anrichten und heiß servieren.

Mit dem Fischfilet und 2 anderen Gerichten ausreichend für 4–5 Personen

Geschmorter Fisch nach Hunan-Szetschuan-Art

乾煸鱸魚

ZUTATEN

1 Seebarsch, Äsche oder Forelle von etwa 700–800 g (mit Kopf)
eine Prise Salz
¼ l Erdnuß- oder Maiskeimöl
3–4 Knoblauchzehen (feingehackt)
ein 3-cm-Stück frischer Ingwer (feingehackt)
3–4 EL Chilipaste (s. Seite 226)
1 EL Reiswein oder halbtrockener Sherry
eine Prise Zucker
⅛ l klare Brühe
1 EL Chiliöl (s. Seite 225)
6–8 Frühlingszwiebeln (nur die grünen Teile, in Ringe geschnitten)

Mit 2 weiteren Gerichten ausreichend für 4 Personen

Abbildung auf der gegenüberliegenden Seite.

Das Wesentliche an diesem Gericht ist die allmähliche Entfaltung des Aromas der Szetschuan-Chilipaste, eine in Szetschuan und Hunan bevorzugte Würze, die durch die Beigabe von Knoblauch und Ingwer geschmacklich noch gesteigert wird.

1. Den Fisch ausnehmen, säubern und trockentupfen. Innen und außen mit etwas Salz einreiben und 15 Minuten stehenlassen.
2. Die Wok stark erhitzen, das Öl eingießen und schwenken. Bis auf 2 EL das Öl zur Wiederverwendung in einen verschließbaren Behälter gießen.
3. Die Hitze reduzieren, den Fisch auf beiden Seiten je 2 Minuten anbräunen, vorsichtig herausnehmen und beiseite stellen.
4. Die Wok auf starker Flamme erhitzen und 2 weitere EL Öl zugeben. Knoblauch und Ingwer anbraten, danach die Chilipaste, den Reiswein und die Prise Zucker dazugeben. Die Brühe eingießen und unter Rühren zum Kochen bringen. Den Fisch in diese Sauce legen, Hitze reduzieren und zugedeckt 12–15 Minuten ziehen lassen, dann umdrehen und nochmals die gleiche Zeit köcheln.
5. Den Deckel abnehmen, die Hitze wieder steigern, um die Sauce etwas einzukochen, die dabei ständig über den Fisch gelöffelt wird. Dann den Fisch herausnehmen und auf eine vorgewärmte Platte legen.
6. Das Chiliöl und die Frühlingszwiebeln unter die Sauce rühren, einige Sekunden kochen, dann über den angerichteten Fisch löffeln. Sofort heiß servieren.

Gegenüberliegende Seite, im Uhrzeigersinn von oben:
Fischbrühe mit Bohnenquark (s. Seite 81); Geschmorter Fisch nach Hunan-Szetschuan-Art (s. oben); Pfannengerührte Muscheln in Austernsauce (s. Seite 84); Pfannengebratenes Fischfilet (s. Seite 80).

Pfannengerührte Muscheln in Austernsauce

蠔油帶子

ZUTATEN

4 große eingeweichte chinesische Pilze (s. Seite 39)
10–12 große Muscheln (frisch oder tiefgefroren)
5 EL Erdnuß- oder Maiskeimöl
4 Knoblauchzehen (feingehackt)
6 dünne Scheiben frischer Ingwer
4 Frühlingszwiebeln (in 3 cm lange Stücke geschnitten, weiße und grüne Teile getrennt)
1 EL Reiswein oder halbtrockener Sherry
4–6 Stangen Bleichsellerie (diagonal in dünne Scheiben geschnitten)
1 EL Sesamöl

FÜR DIE MARINADE

eine Prise weißer Pfeffer
1 TL Maisstärke
½ Eiweiß (leicht geschlagen)

FÜR DIE SAUCE

½ TL Kartoffelmehl (mit 1 EL Wasser angerührt)
eine Prise Salz
2 EL Austernsauce
3 EL Saft von den gekochten Muscheln

Mit 2–3 anderen Gerichten ausreichend für 4–6 Personen

Abbildung auf Seite 83

Ein weiteres klassisches Gericht der Kanton-Küche. Sollten Sie der Meinung sein, es sei überflüssig, dem Aroma der Muscheln noch das der Austernsauce hinzuzufügen, so wird Ihr Gaumen sich vom Resultat jedoch sicher überzeugen lassen.

1. Die Pilze leicht ausdrücken und in Viertel schneiden.
2. Die Muscheln waschen, harte Muskeln und Verunreinigungen entfernen und trockentupfen. Rogen vom Fleisch trennen. Muscheln und Rogen in mundgerechte Stückchen schneiden und getrennt beiseite stellen.
3. *Marinieren:* Weißen Pfeffer, Stärke und Eiweiß in einer Richtung unter das Fleisch und den Rogen rühren, damit beides gut eingehüllt ist, und 10 Minuten ziehen lassen.
4. *Die Sauce vorbereiten:* Das angerührte Kartoffelmehl, eine Prise Salz und die Austernsauce mischen.
5. Die Wok stark erhitzen, 2½ EL Öl hineingießen und schwenken. Jeweils die Hälfte des Knoblauchs, Ingwers und der weißen Frühlingszwiebeln scharf anbraten und die Muscheln sofort dazugeben. 30–60 Sekunden vorsichtig wenden, bis sie beinahe gar sind und das Fleisch eine weiße Farbe angenommen hat. Vom Rand her die Hälfte des Reisweins eingießen. Die Muscheln mit der Sauce herausnehmen und im Sieb über einer Schüssel abtropfen lassen (die abgetropfte Sauce wird noch benötigt).
6. Die Wok wieder erhitzen, 1½ EL Öl herumschwenken und die restliche Hälfte des Knoblauchs, Ingwers und der weißen Frühlingszwiebeln anbraten. Den Rogen dazugeben und 1 Minute pfannenrühren. Den Rest des Reisweins eintröpfeln und zugedeckt bei reduzierter Hitze noch 2 Minuten garen, bis der Rogen fest geworden ist. Ebenfalls in einem Sieb über einer Schüssel abtropfen lassen. Während der Rogen gart, 3 EL des Muschelsaftes unter die Austernsauce mischen.
7. Wok wieder erhitzen, den letzten Eßlöffel Öl dazugießen, Sellerie und Pilze 30–60 Sekunden pfannenrühren. Die Selleriestücke sollten knackig bleiben. In der Mitte eine kleine Mulde formen und die gut gemischte Sauce hineingießen. Wenn sie aufkocht, sofort das Muschelfleisch und den Rogen dazugeben. Die grünen Frühlingszwiebeln darüberstreuen und anrichten. Nach Belieben noch mit etwas Sesamöl beträufeln und sofort servieren.

Fritierter Fisch in süß-saurer Sauce

糖醋炸魚

Eine süß-saure Sauce paßt besonders gut zu fritiertem Fleisch und Fisch, nicht allein, weil sie appetitanregend ist, sondern auch weil sie besonders dem Fisch jede Spur von öligem Geschmack nimmt. Abgesehen von regionalen Variationen ist eine süß-saure Sauce eine Mischung aus Essig und Zucker, angereichert mit Gewürzen. Versuchen Sie einmal die hier beschriebene und geben Sie dann Ihrer Sauce einen ganz persönlichen Pfiff, beispielsweise mit Ananassaft.

ZUTATEN

1 ganzer Fisch mit Kopf (Seebarsch, Meeräsche oder dergl.) von etwa 1–1½ kg
Pflanzenöl zum Fritieren
1 Eigelb
3 EL Maisstärke

FÜR DIE MARINADE

13-cm-Stück frischer Ingwer, (feingehackt)
1 EL Reiswein oder halbtrockener Sherry
Salz

FÜR DIE SÜSS-SAURE SAUCE

3 eingeweichte chinesische Pilze (s. Seite 39)
50 g feine grüne Erbsen
2 TL Kartoffelmehl (mit 2 EL Wasser angerührt)
4 EL Reisweinessig
4 EL Zucker
4 EL Tomatenketchup
eine Prise Salz
1½ TL dunkle Sojasauce
2 TL Reiswein oder halbtrockener Sherry
¼ l Wasser
4 EL Erdnuß- oder Maiskeimöl
1 Knoblauchzehe (feingehackt)
1 Zwiebel oder 3 Schalotten (in Scheiben geschnitten)
50 g Bambussprossen aus der Dose (in dünne Scheiben geschnitten)

Mit 3 weiteren Gerichten ausreichend für 6 Personen

Abbildung auf Seite 87

1. Den Fisch ausnehmen, säubern und trockentupfen. Wenn Sie eine entsprechend große Wok haben, lassen Sie den Fisch ganz, andernfalls schneiden Sie ihn quer einmal durch. Den dicksten Teil des Fisches auf beiden Seiten 2–3 mal diagonal einschneiden, jedoch nicht ganz bis zum Rand.
2. *Marinieren:* Den Ingwer auspressen, den Saft mit dem Reiswein und einer Prise Salz mischen und den Fisch damit innen und außen einreiben. 15–30 Minuten stehenlassen, überschüssige Flüssigkeit abgießen.
3. *Die Sauce zubereiten:* Zunächst die eingeweichten Pilze ausdrücken und in kleine Würfel schneiden. Die Erbsen 2 Minuten blanchieren (entfällt bei tiefgekühlten). Das angerührte Kartoffelmehl, Essig, Zucker, Ketchup, eine Prise Salz, Sojasauce, Reiswein und Wasser mischen. Die Wok erhitzen und mit 3 EL Öl ausschwenken. Den Knoblauch und die Zwiebel (oder die Schalotten) 1 Minute pfannenrühren. Die Pilze dazugeben, dann die Erbsen und Bambussprossen. Die Saucenmischung nochmals durchrühren und darübergießen. Zum Kochen bringen und rühren, bis die Sauce gebunden hat. Beiseite stellen.
4. Die gereinigte Wok zur Hälfte mit Öl füllen und auf 190° erhitzen.
5. Während das Öl heiß wird, den Fisch mit dem Eigelb einpinseln und gleichmäßig mit der Stärke bestäuben.
6. Den Fisch 7–8 Minuten fritieren, bis die Haut knusprig ist, falls notwendig bzw. wenn er nicht vollständig mit siedendem Öl bedeckt ist, einmal wenden.
7. Den Fisch vorsichtig herausheben und auf Küchenpapier abtropfen lassen. Auf einer warmen Platte anrichten.
8. Die Sauce wieder erhitzen, den restlichen Eßlöffel Öl einrühren und über den Fisch löffeln. Sofort servieren.

Pfannengerührter Tintenfisch in Shrimppaste

蝦醬鮮魷

ZUTATEN

1 großer Tintenfisch (700 g)
2 TL helle Sojasauce
1 TL Kartoffelmehl (mit 4 EL Wasser angerührt)
Pflanzenöl zum Fritieren
1½ EL Shrimppaste
3–4 Knoblauchzehen (feingehackt)
25 g frischer Ingwer (feingehackt)
6 Frühlingszwiebeln (diagonal in Scheiben geschnitten, weiße und grüne Teile getrennt)
1 EL Reiswein oder halbtrockener Sherry

Mit 3 weiteren Gerichten ausreichend für 4–5 Personen

Abbildung gegenüberliegende Seite

Shrimppaste hat einen sehr ausgeprägten Eigengeschmack, dagegen schmeckt Tintenfisch nahezu fade. Jedoch mit etwas Knoblauch gebraten und mit Shrimppaste gewürzt, nimmt der Tintenfisch Aroma an und wird dem anspruchsvollsten Gaumen gerecht.

1. Den Tintenfisch vom Fischhändler ausnehmen und säubern lassen. Gut waschen und durchspülen.
2. Die Tentakeln in 4-cm-Stücke schneiden, den sackartigen Rumpf umstülpen und mit einem scharfen Messer kreuzweise einschneiden. In Stücke von etwa 3×5 cm schneiden.
3. Den Fisch kurz in kochendes Wasser tauchen, und sobald sich die Stücke krümmen, herausnehmen und mit kaltem Wasser abspülen. Dadurch wird das Fleisch knuspriger. Gut abtropfen lassen und mit Küchenkrepp trockentupfen.
4. Die Sojasauce und das angerührte Kartoffelmehl mischen und beiseite stellen.
5. Die Wok zur Hälfte mit Öl füllen und auf 150° erhitzen.

   Das Fleisch – am besten mit einem Sieb – in das heiße Öl tauchen und nach 10 Sekunden wieder herausnehmen. Das Öl aus der Wok bis auf 3 El für spätere Verwendung in einen verschließbaren Behälter gießen.
6. Die Shrimppaste mit 1 EL Wasser gut verrühren.
7. Das Öl in der Wok wieder erhitzen, den Knoblauch kurz anbraten, dann den Ingwer und die weißen Frühlingszwiebeln dazugeben. Rühren und dann die Shrimpsauce dazugießen. Einige Sekunden kochen, das Fleisch hineingeben und 20 Sekunden pfannenbraten. Den Reiswein darüberträufeln, dann die Sojasaucenmischung. Rühren, bis die Sauce bindet. Nun die grünen Frühlingszwiebeln darüberstreuen.
8. Auf einer warmen Platte anrichten und sofort servieren.

Gegenüberliegende Seite, im Uhrzeigersinn von oben:
Pfannengerührter Tintenfisch in Shrimppaste (s. oben);
Pfannengebratene Muscheln in Schwarze-Bohnen-Sauce (s. Seite 88);
Fritierter Fisch in süß-saurer Sauce (s. Seite 85)

Pfannengebratene Muscheln in Schwarze-Bohnen-Sauce

豉汁炒蜆

ZUTATEN

24 Muscheln (ca. 1,5 kg)
3 EL Erdnuß- oder Maiskeimöl
4–5 Knoblauchzehen (feingehackt)
4–5 Frühlingszwiebeln (in 3-cm-Stücke geschnitten, weiße und grüne Teile getrennt)
1½ EL fermentierte schwarze Bohnen (gespült und mit ½ TL Zucker zerdrückt)
2 EL Reiswein oder halbtrockener Sherry
1 EL dunkle Sojasauce
3 EL Brühe oder Wasser
1 TL Kartoffelmehl (mit 1 EL Wasser angerührt)
Sesamöl

Als Hauptgericht ausreichend für 4–6 Personen

Abbildung auf Seite 87

Für den Chinesen passen Muscheln und Schwarze-Bohnen-Sauce so gut zusammen wie für uns gekochtes Rindfleisch und Meerrettich. Im europäischen Binnenland werden in der Hauptsache Miesmuscheln, auch Pfahlmuscheln genannt, angeboten. Diese in Deutschland am häufigsten verzehrten Muscheln müssen frisch verwendet werden, im Kühlschrank (auch im Eisfach) sterben sie ab und werden ungenießbar. Achten Sie darauf, daß nur geschlossene, also noch lebende Muscheln zubereitet werden. Eine offene, rohe Muschel ist in jedem Fall verdorben, auch die Muscheln, die sich beim Kochen nicht geöffnet haben, müssen weggeworfen werden. Außerdem ist es sehr wichtig, die Muscheln, die ja in der Schale gegart und serviert werden, außen unter fließendem Wasser mit einer Wurzelbürste gründlich zu säubern.

1. Die Muscheln bis zur Verwendung in leicht gesalzenes Wasser legen. Außen gründlich abbürsten.
2. Die Wok stark erhitzen, Öl zugeben und schwenken. Knoblauch, Ingwer und die weißen Frühlingszwiebeln scharf anbraten, bis sie Aroma entwickeln. Die zerdrückten schwarzen Bohnen einrühren. Die Muscheln hineingeben und 40–50 Sekunden unter dauerndem Wenden erhitzen. Den Wein von der Seite hineintröpfeln und weiterrühren. Die Sojasauce und die Brühe darübergießen. Wenn sie aufkocht, die Wok zudecken und 8–10 Minuten bei reduzierter Hitze köcheln.
3. Die Muscheln mit einem Sieblöffel aus dem Sud nehmen und auf einer Platte warm stellen. Die Muscheln, die sich nicht geöffnet haben, aussortieren und wegwerfen.
4. Die Sauce in der Wok mit dem angerührten Kartoffelmehl binden. Die grünen Frühlingszwiebeln darüberstreuen.
5. Die Sauce über die angerichteten Muscheln löffeln und sofort servieren. Nach Belieben Sesamöl darübertröpfeln.

Hummer mit Ingwer und Frühlingszwiebeln

薑蔥焗龍蝦

Die Hummerart, die an der Küste von China vorkommt, ist eigentlich eine Languste. Die chinesische Bezeichnung heißt übersetzt »Drachen-Garnele«. Das Fleisch ist im Vergleich zum bei uns angebotenen echten Hummer etwas grober. Die Zubereitungsart ist für beide Spezies die gleiche. Nur frische Tiere können verwendet werden. Hummer werden bei uns meist mit zusammengebundenen Scheren versandt und machen am Zielort häufig einen leblosen Eindruck. Prüfen Sie das Tier, indem sie es kräftig am Schwanz ziehen. Rollt er sich ein, ist der Hummer quicklebendig. In genügend Wasser kann man ihn an einem kühlen Platz ein paar Tage lebend aufbewahren.

ZUTATEN

2 Hummer (oder Langusten) zu je etwa 700 g
Pflanzenöl zum Fritieren
3 EL Erdnuß- oder Maiskeimöl
75 g frischer Ingwer (in dünne Scheiben geschnitten)
10–12 Frühlingszwiebeln (diagonal geschnitten, weiße und grüne Teile getrennt)
1½ EL Reiswein oder halbtrockener Sherry
1 Tasse Kraftbrühe (s. Seite 225)

FÜR DIE SAUCE

1 TL Kartoffelmehl (mit 4 EL Wasser angerührt)
½ EL helle Sojasauce
1½ EL Austernsauce

Als Hauptgericht ausreichend für 6 Personen

Abbildung auf Seite 91

1. *Die Sauce vorbereiten:* Das angerührte Kartoffelmehl mit Soja- und Austernsauce mischen und beiseite stellen.
2. Die Hummer auf ein dickes Küchenbrett legen und die Scheren mit einem festen Gummiband zusammenbinden. Die Hummer mit der einen Hand flach und fest auf das Brett drücken, mit der anderen töten, indem man mit der Spitze eines starken Messers in Kopfmitte stark eindrückt oder -sticht und dabei den Nerv abdrückt (so ist das Tier sofort tot). Mit dem Küchenbeil die Tiere längs halbieren. Die sandigen Bestandteile aus dem Kopf entfernen, ebenso den längs verlaufenden Darm. Etwaigen Rogen herausnehmen, auch das grünliche Mark. Beides kann anderweitig verwendet werden. Die Scheren durch Drehen vom Rumpf trennen. Die Hälften mit einem Küchenbeil quer in 3 Stücke spalten. Die Kiemen aus dem Kopfteil entfernen. Die Scheren mit der flachen Seite des Küchenbeils aufklopfen, damit man zum Essen nachher keine Zangen braucht. Am mittleren Gelenk die Scheren trennen.
3. Alle Teile trockentupfen. Die Scheren und das Kopfstück in eine Schüssel legen und die Rumpfteile in eine zweite.
4. Die Wok zur Hälfte mit Öl füllen und auf 180° erhitzen. Mit einem großen Sieblöffel die Kopf- und Scherenstücke 20–30 Sekunden in das siedende Öl halten, damit sich die Fleischporen schließen. Auf eine große Platte legen.
5. Das Öl in der Wok wieder erhitzen und die Rumpfstücke etwa 10 Sekunden ins Öl tauchen.
6. Das Öl in einen verschließbaren Behälter zur späteren Verwendung gießen und die Wok saubermachen.
7. Die Wok wieder stark erhitzen und 3 EL Öl hineingeben. Den Ingwer 1 Minute braten, damit er sein volles

Aroma entwickelt, dann die weißen Frühlingszwiebeln dazumischen. Nun wieder alle Hummerteile in die Wok geben und mit der Spatel wenden, bis sie heiß sind. Den Reiswein darüberträufeln und weiter wenden.

8. Die Brühe in die Wok gießen und zugedeckt 2 Minuten köcheln, bis der größte Teil der Flüssigkeit absorbiert ist. Die angerührte Sauce dazugeben, die grünen Frühlingszwiebeln einstreuen, wenden und rühren, bis die Sauce gebunden hat. Den Hummer auf einer vorgewärmten Platte anrichten und sofort servieren.

Gewürzsalz-Garnelen

椒盐蝦

ZUTATEN

500 g rohe Garnelen oder Hummerkrabben mit Schale (ohne Kopf)
2 EL Salz
1 TL Fünfgewürzpulver
1 TL feingemahlener, gerösteter Szetschuanpfeffer
1 TL schwarzer Pfeffer
Pflanzenöl zum Fritieren

Mit 3 weiteren Gerichten ausreichend für 6 Personen

Abbildung auf der gegenüberliegenden Seite

Dieses Gericht mit seinem subtilen würzigen Aroma ist in Hongkong, einer der Hochburgen der chinesischen Küche, sehr populär. Die Garnelen werden in der Schale gegart, damit das zarte Fleisch vor der intensiven Hitze des Fritierens geschützt ist und saftig bleibt.

1. Gefrorene Garnelen (oder Hummerkrabben) erst langsam auftauen. Gut waschen und die Beine entfernen.
2. Mit einer starken Nadel oder Pinzette von den Rumpfsektionen aus die schwarze Vene entfernen.
3. Das Salz in einer nicht zu stark erhitzten, trockenen Wok etwa 4 Minuten rösten, bis es hellgrau wird. Dann herausnehmen und mit dem Fünfgewürzpulver, dem feingemahlenen Szetschuanpfeffer und dem schwarzen Pfeffer gut vermischen.
4. Die Wok zur Hälfte mit Öl füllen und auf 180° erhitzen. Die Garnelen 30–40 Sekunden darin fritieren, bis sie sich gekrümmt und eine rötliche Farbe angenommen haben – ein Zeichen, daß sie gar sind. Mit der Siebkelle herausnehmen und abtropfen lassen.
5. Das Öl in einen verschließbaren Behälter gießen und die Wok ausspülen und trockenreiben.
6. Die Wok wieder erhitzen, einen EL von dem Würzsalz hineinstreuen und die Garnelen gleich dazugeben. 30 Sekunden rühren und wenden, daß sich das Salz gut verteilt und eindringt. Die Garnelen herausnehmen und anrichten. Das restliche Salz in kleinen Schälchen als Dip servieren.

Gegenüberliegende Seite von oben: Hummer mit Ingwer und Frühlingszwiebeln (Seite 89); Gewürzsalz-Garnelen (s. oben)

Pfannengerührte Garnelen mit Tomatensauce

番茄炒蝦球

ZUTATEN

250 g rohe Garnelen oder Hummerkrabben (mit Schale, ohne Kopf)
eine Prise Salz
250 g Tomaten
5 EL Erdnuß- oder Maiskeimöl
4–5 Knoblauchzehen (feingehackt)
4 Frühlingszwiebeln (in 3-cm-Stücke geschnitten, weiße und grüne Teile getrennt)
2 TL helle Sojasauce
eine Prise Zucker
½ TL Kartoffelmehl (mit 1 EL Wasser angerührt)

Mit einem zweiten Gericht ausreichend für 2 Personen

Abbildung auf der gegenüberliegenden Seite

Die Kantonesen mögen diese Garnelen »knusprig-fest«, und um dies zu erreichen, läßt man dort Ingwer und Wein weg.

1. Falls tiefgefrorene Garnelen verwendet werden, langsam auftauen. Schalen und Venen entfernen (s. Seite 39), säubern und trockentupfen.
2. Leicht mit Salz bestreuen und 15 Minuten stehenlassen. Dadurch wird das Fleisch fester.
3. Die Tomaten in sehr heißes Wasser legen, 5–10 Minuten stehenlassen, dann die Schale abziehen und das Fruchtfleisch in Scheiben schneiden.
4. Die Wok stark erhitzen, bis es raucht, dann das Öl zugeben und herumschwenken. Nun den Knoblauch und die Hälfte der weißen Frühlingszwiebeln scharf anbraten, dann die Garnelen unter ständigem Wenden etwa 1 Minute braten, bis sie Farbe angenommen haben und sich krümmen. Mit der Siebkelle herausnehmen, gut abtropfen lassen und möglichst viel Öl in der Pfanne zurücklassen.
5. Die restlichen weißen Frühlingszwiebeln und die Tomaten in die Wok geben, mit Salz, Sojasauce und einer Prise Zucker würzen und zugedeckt bei mittlerer Hitze 2–3 Minuten kochen.
6. Das angerührte Kartoffelmehl darüberträufeln und gut durchrühren.
7. Die Garnelen wieder dazugeben, stark erhitzen, bis sie wieder heiß sind, dann die grünen Frühlingszwiebeln darüberstreuen, vom Feuer nehmen und auf einer vorgewärmten Platte anrichten.

Gegenüberliegende Seite, im Uhrzeigersinn von oben: Gedämpfte Forelle mit schwarzen Bohnen und Knoblauch (s. Seite 95); Pfannengerührte Garnelen mit Tomatensauce (s. oben); Zischender Reis mit Shrimps in Tomatensauce (s. Seite 94)

Zischender Reis mit Shrimps in Tomatensauce

蝦仁鍋巴

ZUTATEN

250 g rohe, geschälte Shrimps
Pflanzenöl zum Fritieren
350 g Tomaten aus der Dose (gehackt)
eine Prise Salz
1 TL Zucker
2–3 TL helle Sojasauce
1 EL Reiswein oder halbtrockener Sherry
½ l klare Brühe
2 EL Stärke (mit 4 EL Wasser angerührt)
12 Reiskuchen

FÜR DEN REISKUCHEN

500 g gekochter Reis
1–2 EL Erdnuß- oder Maiskeimöl

FÜR DIE MARINADE

eine Prise Salz
2 TL Maisstärke
½ Eiweiß

Mit 2–3 weiteren Gerichten ausreichend für 4 Personen

Abbildung auf Seite 93

In China wird das Hauptnahrungsmittel Reis in einem großen kupfernen Topf gekocht. Auf dem Boden und teilweise am Rand bildet sich eine Kruste, die dann sorgfältig entfernt wird. Diese Reisstücke werden geröstet und weiter verwendet. Daraus hat sich in der östlichen Küche das »Zischende Reisgericht« entwickelt, auch »Blitz aus heiterem Himmel« genannt wegen des zischenden Geräusches, das entsteht, wenn man die kochendheiße Sauce über die gerösteten Reisstücke gießt.

1. *Die Reiskuchen zubereiten:* Die Kruste, die sich beim Kochen des Reises gebildet hat, 4–5 Stunden trocknen.
2. Ein Backblech mit Öl einpinseln. Den Reiskuchen in 5-cm-Stücke teilen und auf das Backblech legen. (a)
3. Im Backofen bei 220° etwa 20 Minuten backen, bis der Kuchen unten schön braun geworden ist. Sind die Stücke oben noch zu blaß, dreht man sie vorsichtig mit einer Spatel um und bäckt sie noch eine Weile.
4. Das Blech herausnehmen und abkühlen lassen. Die Reisstücke in einem luftdichten Behälter aufbewahren. (Man kann sie auch einfach mit etwas Salz bestreut frisch essen.)
5. Die Shrimps gut spülen und trockentupfen.
6. *Marinieren:* Salz, Stärke und Eiweiß mischen und die Shrimps hineinrühren. Mindestens 3 Stunden marinieren oder über Nacht in den Kühlschrank stellen.
7. Die Wok zur Hälfte mit Öl füllen und auf 150° erhitzen. Die Shrimps dann in einem großen Sieblöffel 30 Sekunden fritieren, dabei mit Stäbchen trennen, wenn sie zusammenkleben. Sobald sie sich rosa gefärbt haben, herausnehmen und abtropfen lassen.
8. Zwei feuerfeste Schüsseln im Ofen bei 140° erwärmen. Eine ist für die Reiskuchen bestimmt, die andere für die Tomatensauce mit den Shrimps.
9. Die gehackten Tomaten, Salz, Zucker, Sojasauce, Reiswein und Brühe in einem Topf erhitzen, bis die Masse fast kocht. Die Stärke einrühren und auf kleinster Flamme stehenlassen.
10. Das Öl in der Wok wieder auf 190° erhitzen. Die Reiskuchenstücke hineingeben und etwa 2 Minuten

fritieren (b). Vorsichtig herausnehmen, damit Sie nicht zerbrechen, und in die Schüssel im Backofen geben.

a

b

11. Die Shrimps unter die Tomatensauce heben und schnell zum Kochen bringen.

12. Die Schüssel mit den Reiskuchen servieren, in der anderen Schüssel aus dem Backofen die Sauce mit den Shrimps auftragen. Nun löffelt man die Sauce über die heißen Reiskuchen. Dabei entsteht dieses zischende Geräusch, dem das Gericht seinen Namen verdankt.

Gedämpfte Forelle mit schwarzen Bohnen und Knoblauch

豆豉蒸魚

Dieses Fischgericht ist mit fermentierten schwarzen Bohnen und Knoblauch gewürzt. Forellen, Barben, Äschen und ähnliche Fische eignen sich gut für dieses Rezept.

ZUTATEN

2 Forellen zu je 300 g (mit Kopf)
4 dünne Scheiben frischer Ingwer
2 EL fermentierte schwarze Bohnen (gespült)
eine Prise Zucker
1 TL Reiswein oder halbtrockener Sherry
5 Knoblauchzehen (feingehackt)
2–3 Frühlingszwiebeln (in Ringe geschnitten)
4 EL Erdnußöl- oder Maiskeimöl
2 EL dunkle Sojasauce

Mit 2 weiteren Gerichten ausreichend für 4 Personen

Abbildung auf Seite 93

1. Die Fische ausnehmen, spülen und trockentupfen. In das Innere je 2 Scheiben Ingwer legen und in eine feuerfeste Form geben.

2. Einen Teil der Bohnen zerdrücken, mit dem Zucker und dem Reiswein verrühren und zusammen mit den restlichen ganzen Bohnen auf den Fischen verteilen.

3. Bei guter Hitze 6–8 Minuten dämpfen (s. Seite 45).

4. Vom Feuer nehmen, die Frühlingszwiebeln darüberstreuen.

5. Das Öl stark erhitzen und über die Frühlingszwiebeln auf den Fisch löffeln.

6. Die Platte mit den Fischen aus dem Dämpfer nehmen und die Sojasauce darüberträufeln.

7. Zum Anrichten schiebt man die Würzzutaten auf dem Fisch etwas beiseite, löst die obere Haut ab und löffelt die Würze wieder drauf.

廣東菜

Ein Menü der Kanton-Küche

Spezialitäten in Kanton und Fukien, den beiden Repräsentanten der Regionalküche des Südens, sind Gerichte mit Fisch und Meeresfrüchten, die es hier in Küstennähe frisch und reichlich gibt. Aber auch für die weniger fischbegeisterten Feinschmecker bietet die Küche eine reiche Auswahl klassischer Fleisch- und Geflügelgerichte.

蟹扒蘆筍

Spargel mit Krabbenfleisch
Eine köstliche Kombination aus festem Spargel und zartweichem Krabbenfleisch (s. Seite 205)

紅豆沙

Rote-Bohnen-Creme
Püree aus roten Bohnen und Reis, das traditionsgemäß heiß serviert wird (s. Seite 208)

干燒明蝦

Fritierte Garnelen
Ganz kurz fritierte Garnelen mit einer scharfen Sauce aus Ingwer, Knoblauch, Chili und Sojasauce (s. Seite 206)

香芒牛肉

Fritiertes Rindsfilet mit Mango
Farbenfreudiges Gericht von süß-würzigem Aroma (s. Seite 207)

雪山蝦球 **Goldene Garnelenbällchen**
Fritierte knusprige Bällchen aus Garnelenfleisch und Wasserkastanien (s. Seite 206)

清蒸鱸魚 **Gedämpfter Seebarsch**
Einfach gedämpft und serviert mit Frühlingszwiebeln und Knoblauch und übergossen mit heißem Öl (s. Seite 205)

GEFLÜGEL UND EIER

Pfannengebratenes Huhn mit Zuckererbsen

雪豆雞丁

ZUTATEN

500 g Hühnerbrust (ohne Haut)
250 g Zuckererbsen
eine Prise Salz
Pflanzenöl zum Fritieren
4 dünne Scheiben frischer Ingwer
3–4 Knoblauchzehen (feingehackt)
4 Frühlingszwiebeln (in 3-cm-Stücke geschnitten, weiße und grüne Teile getrennt)
1 EL Reiswein oder halbtrockener Sherry

FÜR DIE MARINADE

je eine Prise Salz und Pfeffer
2 TL helle Sojasauce
2 TL Reiswein oder halbtrockener Sherry
1 TL Maisstärke
1 kleines Eiweiß (geschlagen)
1 EL Erdnuß- oder Maiskeimöl

FÜR DIE SAUCE

1 TL Kartoffelmehl (mit 6 EL Wasser oder Brühe angerührt)
2 EL Austernsauce
½ EL dunkle Sojasauce

Mit 2–3 weiteren Gerichten ausreichend für 4–6 Personen

Abbildung auf der gegenüberliegenden Seite

Ein ansprechendes Gericht der südlichen Regionalküche aus schmackhaftem, zartem Hühnerfleisch und knackigen Erbsenschoten. Die Austernsauce, ein typisches Produkt des Südens, verleiht ihm eine besondere Note.

1. Das Hühnerfleisch würfeln und in eine Schüssel geben.
2. *Marinieren:* Salz, Sojasauce, Pfeffer, Reiswein, Stärke und Eiweiß unter das Fleisch mischen und dabei immer in die gleiche Richtung rühren. 15–30 Minuten stehenlassen, dann das Öl dazurühren. So kleben die Fleischstücke nicht so leicht zusammen.
3. Die Erbsenschoten in kochendem Wasser mit etwas Salz und einem EL Öl kurz blanchieren und sofort mit kaltem Wasser abschrecken.
4. *Die Sauce vorbereiten:* Kartoffelmehl, Austern- und Sojasauce mischen.
5. Die Wok zur Hälfte mit Öl füllen und auf 180° erhitzen. Das Hühnerfleisch 30 Sekunden fritieren, die Stücke mit Stäbchen trennen, herausnehmen und abtropfen lassen.
6. Das Öl bis auf einen Eßlöffel aus der Wok in einen verschließbaren Behälter gießen, wieder stark erhitzen und den Ingwer kurz anbraten. Dann die Schoten dazugeben, unter Rühren bei mittlerer Kochtemperatur erhitzen, nach Belieben salzen, vom Feuer nehmen und warm stellen.
7. Die Wok sauberreiben und wieder stark erhitzen. 2 EL Öl hineingeben und herumschwenken, den Knoblauch anbraten, dann die weißen Frühlingszwiebeln dazugeben. Gut durchmischen und das Fleisch unterheben. 30–40 Sekunden pfannenrühren, den Reiswein seitlich eintröpfeln und die angerührte Sauce darübergießen. Bei reduzierter Hitze weiterrühren, bis die Sauce dick ist. Die grünen Frühlingszwiebeln unterheben. Das Fleisch auf den Erbsenschoten anrichten und sofort servieren.

Gegenüberliegende Seite von oben: Tausend-Gewürz-Ente (s. Seite 100); Sauce für die Ente; Pfannengebratenes Huhn mit Zuckererbsen (s. oben)

Tausend-Gewürz-Ente

柱侯醬鴨

Die chinesische Bezeichnung für dieses Gericht, frei übersetzt, kommt von der Vielzahl der Würzzutaten für die Füllung. Die beste Jahreszeit für Entengerichte sind Herbst und Winter.

ZUTATEN

12–15 Frühlingszwiebeln (nur die weißen Teile, in Bürsten geschnitten, s. Seite 34)
500 g Taro (geschält)
1 bratfertige Ente von etwa 2 kg
1 EL dunkle Sojasauce

FÜR DIE SAUCENFÜLLUNG

¼ einer ganzen, getrockneten Tangerinenschale (eingeweicht und grobgehackt)
4 Knoblauchzehen (feingehackt)
ein 5 cm langes Ingwerstück (feingehackt)
3 Schalotten (feingehackt)
2 ganze Sternanis
6 EL Gelbe-Bohnen-Sauce (zerdrückt)
5 EL Hoisin-Sauce
1 EL Sesampaste
1 TL Fünfgewürzpulver
2 TL Ingwerpulver
2 TL Salz
2 EL Zucker
1 EL Gin

Mit 3–4 weiteren Gerichten ausreichend für 6 Personen

1. *Die Saucenfüllung vorbereiten:* Die zur Füllung angegebenen Zutaten gründlich mischen.
2. Die Frühlingszwiebeln zu Bürsten schneiden und in kaltes Wasser legen. (Die Saucenfüllung und die Bürsten können Stunden im voraus hergerichtet werden.)
3. Die Taro in 1-cm-Würfel schneiden und auf eine feuerfeste Platte geben.
4. Die Ente abspülen und trockentupfen. Sie muß Raumtemperatur haben, da sonst das Dämpfen viel länger dauert. Die Flügelenden abschneiden. Sie können für die Zubereitung von Brühe verwendet werden.
5. Die Saucenmischung in das Innere der Ente löffeln. Das hintere Ende und die Öffnung am Hals sorgfältig zunähen, damit keine Füllung heraustropfen kann.
6. Die Ente mit der Brust nach unten auf die Taros auf der Platte legen, in den Dämpfer geben (s. Seite 30) und 1½ Std. dämpfen (oder bis die Ente gar, aber noch fest ist).
7. Die aus den Frühlingszwiebeln geschnittenen Bürsten aus dem Wasser nehmen und ausschütteln.
8. Die Ente aus dem Dämpfer nehmen, auf eine andere Platte legen und mit der Sojasauce einpinseln.
9. Die Ente am Sterz öffnen und die Saucenfüllung in eine Schüssel schöpfen.
10. Die Tarostücke auf eine andere Platte geben und warm stellen. Die auf der Platte zum Dämpfen verbliebene Flüssigkeit entfetten und zu der Sauce gießen.
11. Die Sauce gut durchrühren und 5–10 Minuten bei kleiner Hitze köcheln. Durchsieben, wieder in die Pfanne geben und zum Kochen bringen.
12. Die Ente auf chinesische Art zerlegen (s. Abbildung gegenüberliegende Seite), mit der Sauce begießen, den Bürsten aus Frühlingszwiebeln garnieren und servieren.

TRANCHIEREN VON GEFLÜGEL NACH CHINESISCHER METHODE

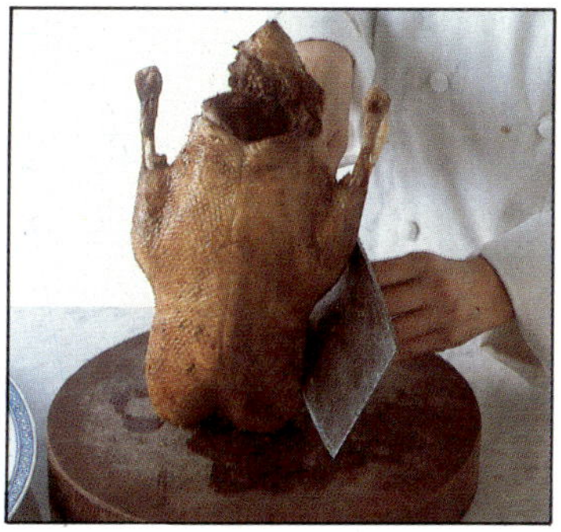

1 *Die beiden Flügel zwischen Gelenkkugel und -pfanne durchtrennen.*

2 *Die Schenkel vom Rumpf abziehen und zwischen Gelenkkugel und -pfanne durchtrennen.*

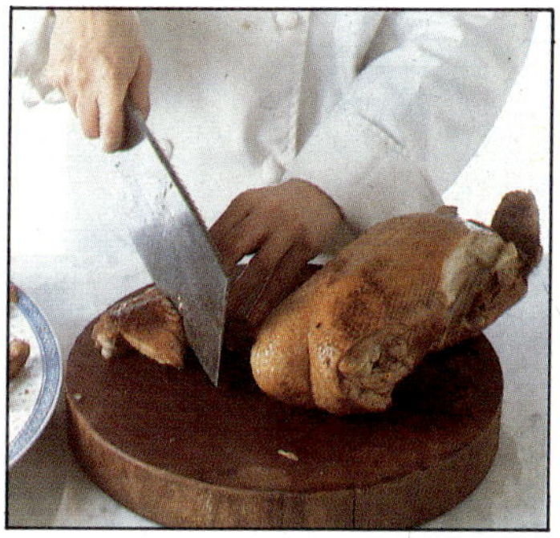

3 *Den Ober- vom Unterschenkel trennen und beide nochmals in zwei Teile zerlegen.*

4 *Den Rumpf spalten, indem man ihn parallel zum Rückgrat durchschneidet.*

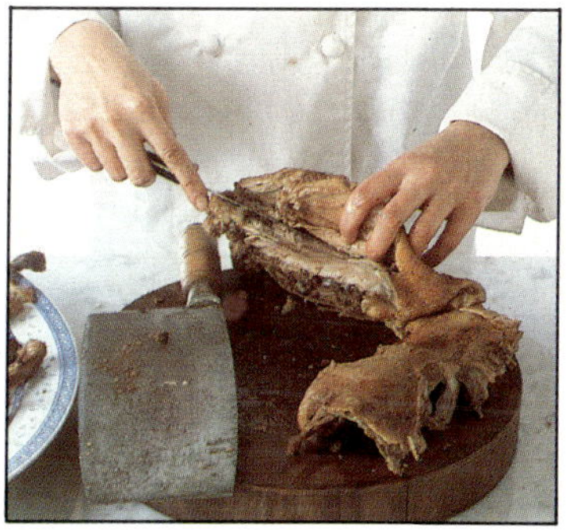

5 *Den Brustkorb mit einem scharfen Messer zwischen Knochen und Fleisch herauslösen.*

6 *Das Rückgrat mit einer Geflügelschere herausschneiden und wegwerfen.*

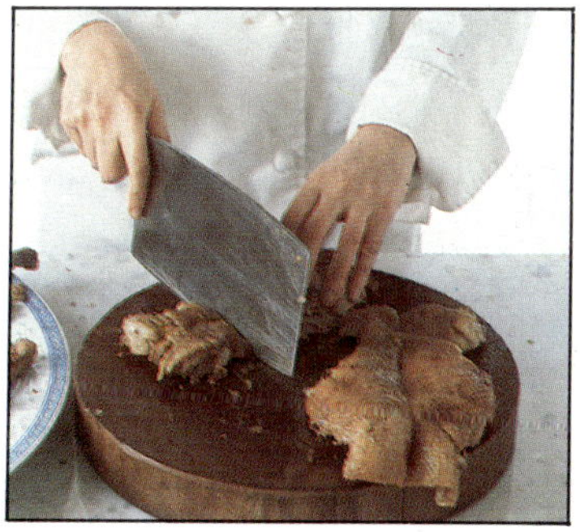

7 *Die Stücke vom Rücken quer in 2 bis 3-cm-große Stücke schneiden.*

8 *Die Brust längs halbieren und ebenfalls in 2- bis 3-cm-große Stücke schneiden.*

9 *Das Geflügel wieder zusammensetzen, die Bruststücke auf dem Rückenfleisch arrangieren.*

Geräucherte Ente nach Szetschuan-Art

樟茶鴨

ZUTATEN

1 bratfertige Ente (etwa 2–2,5 kg)
1½ EL Salz
1 knapper TL Salpeterpulver
175 g Weizenmehl
100 g brauner Zucker
4 EL Schwarzteeblätter
2 1-cm-Stücke frischer Ingwer (gequetscht)
2 große Frühlingszwiebeln
1 ganzer Sternanis
1½ TL Szetschuanpfeffer
2 EL Reiswein oder halbtrockener Sherry
Pflanzenöl zum Fritieren
1 EL Sesamöl

Mit 3 weiteren Gerichten ausreichend für 6 Personen

Abbildung auf der gegenüberliegenden Seite

Der Aufwand in der Zubereitung mag etwas übertrieben erscheinen. Zeit und Mühe werden jedoch belohnt durch die einmalige Kombination von Struktur und Aroma.

1. Die Ente innen und außen sorgfältig mit Salz einreiben, anschließend das Innere noch mit Salpeter. 10 Stunden oder über Nacht an einem kühlen Platz stehenlassen.
2. Darauf die Ente gründlich mit heißem Wasser abspülen, besonders das Innere. Außen und innen trockentupfen.
3. Eine Wok mit Folie auslegen und das Mehl, Zucker und den Tee in die Vertiefung geben. Darüber ein in die untere Wölbung passendes Gitter, Dreibein oder einen ähnlichen Einsatz setzen und die Ente darauflegen. Der Rauch soll gut zirkulieren können, die Ente darf aber nicht mit Wok-Boden oder -Rand in Berührung kommen. Die Wok mit dem Deckel gut verschließen.
4. Bei gutem Feuer erhitzen, bis sich Rauch entwickelt. Nach 15 Minuten die Ente umwenden und die andere Seite die gleiche Zeit räuchern. Vom Feuer nehmen.
5. Wenn die Ente soweit abgekühlt ist, daß man damit hantieren kann, mit der Brust nach oben auf eine feuerfeste Platte legen. Die Hälfte des Ingwers, Frühlingszwiebeln, Sternanis, Pfeffer und Reiswein in das Innere geben, die andere Hälfte auf der Brust verteilen.
6. Die Ente 1–1½ Stunden dämpfen (s. Seite 45).
7. Die Gewürze außen und innen entfernen, die Ente trokkentupfen und auf einem Gitter abkühlen lassen.
8. Die Wok halb mit Öl füllen und auf 190° erhitzen. Die Ente mit der Brust nach unten vorsichtig in die Wok geben und 4 Minuten bräunen. Dabei, falls notwendig, das heiße Öl über die Rückenpartie löffeln. Herausnehmen, die Brust mit Sesamöl bestreichen, auf chinesische Art zerlegen (s. Seite 101) und anrichten. Warm servieren.

Anmerkung: Wenn die Ente im voraus zubereitet wird, kann sie im vorgewärmten Ofen bei 150° in 30–40 Minuten wieder heiß gemacht werden. Die Haut wird dann wieder knusprig.

Gegenüberliegende Seite, im Uhrzeigersinn von oben: Huhn in Salat gewickelt (s. Seite 104); Geräucherte Ente nach Szetschuan-Art (s. oben).

Huhn in Salat gewickelt

生菜包

ZUTATEN

2 Kopfsalat (Eisberg)
8 eingeweichte chinesische Pilze (s. Seite 39)
50–75 g eingelegtes Szetschuan-Gemüse (abgespült)
6–8 Wasserkastanien (aus der Dose)
1 kg Hühnerbrust (entbeint und enthäutet)
10 EL Maiskeimöl
50 g Walnüsse oder blanchierte süße Mandeln
4–5 Knoblauchzehen (feingehackt)
6 Frühlingszwiebeln (in feine Ringe geschnitten, weiße und grüne Teile getrennt)
1½ EL Reiswein oder halbtrockener Sherry

FÜR DIE MARINADE

je 1 TL Salz und Zucker
1 EL helle Sojasauce
eine Prise weißer Pfeffer
2 TL Reiswein oder halbtrockener Sherry
1½ TL Maisstärke
1 Eiweiß (leicht geschlagen)
2–3 EL Wasser
2 EL Erdnuß- oder Maiskeimöl
2 TL Sesamöl

FÜR DIE SAUCE

1½ TL Kartoffelmehl
9 EL klare Brühe
1–2 TL dunkle Sojasauce
2 EL Austernsauce

Mit 2 weiteren Gerichten ausreichend für 6 Personen

Abbildung auf Seite 103

Ein schmackhaftes Gericht der südlichen Küche, für das es noch eine nicht alltägliche – allerdings auch kostspieligere – Variante gibt: mit Wachtelfleisch und getrockneten Austern.

1. Den Salat entblättern, waschen und gut abtropfen lassen. Auf zwei Platten anrichten und bis zum Servieren in den Kühlschrank stellen.
2. Die eingeweichten Pilze ausdrücken und in erbsengroße Würfelchen schneiden.
3. Das Szetschuan-Gemüse feinhacken, dabei fasrige Teile entfernen.
4. Die Wasserkastanien feinhacken (am besten im Mixer).
5. Das Hühnerfleisch grobhacken, in eine Schüssel geben.
6. *Marinieren:* Salz, Zucker, Sojasauce, Pfeffer, Reiswein, Stärke und Eiweiß gründlich mit dem Hühnerfleisch vermischen. Das Wasser eßlöffelweise dazugeben und dabei immer in die gleiche Richtung rühren, bis das Fleisch gleichmäßig von der Marinade umhüllt ist.
7. Die Pilze, das Szetschuan-Gemüse und die Wasserkastanien unterheben, 30 Minuten stehenlassen, dann die beiden Ölsorten unterrühren.
8. *Die Sauce vorbereiten:* Das Kartoffelmehl mit 2 EL Brühe anrühren, dann den Rest der Brühe und die Austern- und Sojasauce dazugeben.
9. Die Wok erhitzen und bei mittlerer Temperatur die Nüsse oder Mandeln unter ständigem Rühren 3 Minuten rösten. Herausnehmen und feinhacken. Die Wok ausspülen und abtrocknen. (Diese Arbeit kann im voraus gemacht werden.)
10. Die Wok stark erhitzen, 10 EL Öl hineingießen und schwenken. Knoblauch ganz kurz anbraten, die weißen Frühlingszwiebeln dazugeben, kurz rühren, dann das Hühnerfleisch. 2–3 Minuten mit der Spatel rühren und wenden, bis das Fleisch weiß ist; dabei darauf achten, daß die Stücke nicht zusammenbacken. Am Rand den Reiswein einträufeln und alles durchrühren.
11. Die Hitze reduzieren, in die Mitte des Fleisches eine kleine Mulde machen und die Sauce eingießen. Wenn sie aufkocht, unter das Fleisch rühren, dann die grünen Frühlingszwiebeln und die Nüsse darunterheben. Vom Feuer nehmen, anrichten und zusammen mit den Salatblättern servieren (a).

12. Zum Essen nimmt jeder ein Salatblatt (b), löffelt etwas Hühnerfleisch darauf (c), faltet es zusammen (d) und ißt es mit den Fingern.

a

b

c

d

Anmerkung: Das Gericht ist außerhalb Chinas entstanden. In China werden keine rohen Salate gegessen, es gibt dort bislang auch noch keine Kopfsalatsorten. Ursprünglich wurde die Füllung in blanchiertes Blattgemüse gewickelt und serviert. Ein Versuch mit dieser Originalversion lohnt sich. Nehmen Sie dazu blanchierte Spinat- oder Mangoldblätter, die Sie aber nach dem Blanchieren unbedingt kalt abschrecken müssen. Das Gericht bietet für Füllung und Hülle zahlreiche Variationsmöglichkeiten.

Weiden-Huhn in Schwarze-Bohnen-Sauce

豉椒雞柳

ZUTATEN

1 kg Hühnerschenkel
2 Peperoni
2 grüne Chilischoten
6 EL Erdnuß- oder Maiskeimöl
6 Knoblauchzehen (in Seidenfäden geschnitten)
4 Frühlingszwiebeln (in 2-cm-Stücke geschnitten, weiße und grüne Teile getrennt)
3 EL fermentierte schwarze Bohnen (gespült und zerdrückt)
1 EL Reiswein oder halbtrockener Sherry
Sesamöl, Chilisauce

FÜR DIE MARINADE

je eine Prise Salz, Zucker und schwarzer Pfeffer
1 EL helle Sojasauce
2 TL Reiswein oder halbtrockener Sherry
1 TL Stärke
1 Eiweiß (leicht geschlagen)
1½ EL Erdnuß- oder Maiskeimöl

FÜR DIE SAUCE

1 TL Stärke (mit 4 EL Wasser angerührt)
2 TL Austernsauce oder
1 TL dunkle Sojasauce

Mit 3 anderen Gerichten ausreichend für 6 Personen

Abbildung auf Seite 109

Das Gericht hat seinen Namen von den weidenartig geschnittenen Streifen aus Fleisch und Peperoni.

1. Die Hühnerschenkel entbeinen, Haut wegschneiden und das Fleisch in dünne Streifen schneiden.
2. *Marinieren:* Salz, Zucker, Sojasauce, Pfeffer und Reiswein gut mit dem Fleisch mischen. Dann die Stärke darüberstreuen und das Eiweiß zugeben. In einer Richtung durchrühren und 15–30 Minuten stehenlassen, dann erst das Öl einrühren.
3. Peperoni und Chilischoten in feine Streifen schneiden. Samen entfernen.
4. *Die Sauce vorbereiten:* Die angerührte Stärke mit der Austern- oder Sojasauce mischen.
5. 1 EL Öl in der Wok gut erhitzen und die Peperonischoten 2 Minuten braten. Sie sollen weich, aber noch knackig sein. Die Schoten herausnehmen und warm stellen.
6. Die Wok sauber auswischen, wieder stark erhitzen, das restliche Öl hineingießen und herumschwenken. Den Knoblauch anbraten, dann die Chilischoten, die weißen Frühlingszwiebeln und die schwarzen Bohnen dazugeben. Gut durchmischen, das Hühnerfleisch unterheben und unter ständigem Wenden 2 Minuten braten, bis es helle Farbe annimmt. Darauf achten, daß die zerdrückten Bohnen und die Marinadenkruste am Boden der Wok gut untergemischt werden.
7. Den Reiswein seitlich einträufeln und rühren, bis kein Dampf mehr aufsteigt. Nun die Sauce darübergießen. Rühren, bis die Sauce bindet und die Peperoni und die grünen Frühlingszwiebeln unterheben. Das Ganze herausnehmen, anrichten und sofort servieren. Nach Belieben kann man noch etwas Sesamöl und Chilisauce darüberträufeln, oder man stellt beides auf den Tisch, damit jeder selbst nachwürzen kann.

Anmerkung: Wer dieses Gericht noch etwas verfeinert zubereiten will, läßt es »durch das Öl gehen« (s. Seite 40), bevor es – in diesem Fall etwas kürzer – pfannengerührt wird.

Huhn im Yünnan-Topf

雲南氣鍋雞

Der Yünnan-Topf ist ein keramischer Dämpfereinsatz mit einem kegelförmigen Kamin in der Mitte und einem gut schließenden Deckel, vergleichbar mit dem Feuertopf oder einer Gugelhupf-Form, nur etwas niedriger (und der Kamin endet unter dem Topfrand und damit innerhalb der Abdekkung). Der zugedeckte Topf wird in einen größeren Topf oder in die mit Wasser gefüllte Wok gestellt und zum Kochen gebracht. Der Dampf dringt dann durch den unten und oben offenen Kamin in das Innere des Yünnan-Topfes ein und unterstützt den Garprozeß. Den Topf gibt es vereinzelt in Geschäften mit Chinaimporten zu kaufen. Natürlich kann man sich auch mit entsprechenden anderen Einsätzen behelfen, darf aber dann nicht das perfekte Ergebnis in bezug auf Aroma und Struktur erwarten.

ZUTATEN

12 eingeweichte chinesische Pilze (s. Seite 39)
250 g magerer Schinken
1 kochfertiges Huhn (1½ kg)
1–1½ TL Salz
eine Prise weißer Pfeffer
2 dicke Scheiben frischer Ingwer
2 Frühlingszwiebeln (quer in größere Stücke geschnitten)
1 EL Reiswein oder halbtrockener Sherry
helle Sojasauce

Mit 3 weiteren Gerichten ausreichend für 6 Personen

Abbildung auf Seite 109

1. Die Pilze ausdrücken (sie sollten aber noch feucht sein), das Einweichwasser aufbewahren.
2. Die Schinkenscheiben in große Stücke schneiden.
3. Das Huhn samt Knochen in mundgerechte Stücke schneiden (s. Seite 101). Die Flügelspitzen und das fleischarme Rückenstück werden anderweitig verwendet.
4. In einem Topf Wasser zum Kochen bringen, die Fleischstücke hineingeben und 2 Minuten aufwallen lassen. Dabei den Schaum abschöpfen. Das Wasser mit dem Fleisch in einen Durchschlag schütten und kurz abspülen.
5. Den Yünnan-Topf mit dem Fleisch, Schinken und den Pilzen auslegen. Salz, Pfeffer, Ingwer, Frühlingszwiebeln und Reiswein dazugeben. Mit der Pilz-Einweichbrühe und Wasser bis auf 3 cm unter dem Kaminende auffüllen und zudecken.
6. Ein Dreibein oder einen ähnlichen Einsatz in einen großen Topf stellen und so viel Wasser eingießen, daß zwischen dem Boden des Dampftopfes, der auf das Dreibein gestellt wird, und der Wasseroberfläche ein Zwischenraum bleibt. Das Wasser zum Kochen bringen, den Yünnan-Topf hineinstellen und zudecken, wenn zwischen dem inneren und äußeren Topf zuviel Zwischenraum ist. Bei mittlerer Hitze eine gute Stunde dämpfen. Falls nötig, Wasser zum Dämpfen nachfüllen.
7. Vom Feuer nehmen. Etwaiges Fett an der Oberfläche abschöpfen. Das Gericht wird im Yünnan-Topf aufgetragen, als Dip wird dazu die Sojasauce gereicht.

Rotgeschmortes Huhn mit Maronen

栗子鷄球

ZUTATEN

20 mittelgroße getrocknete chinesische Pilze (eingeweicht)
500 g Maronen
250 g Bambussprossen
3–4 EL Maiskeim- oder Erdnußöl
1 bratfertiges Huhn (2 kg)
3 EL Reiswein oder halbtrockener Sherry
4 dicke Scheiben frischer Ingwer
2 ganze Sternanis
1 3-cm-Stück Stangenzimt
1½ TL Salz
1 TL brauner Zucker
4–5 EL dunkle Sojasauce
¼ l klare Brühe

Als Hauptgericht ausreichend für 6–8 Personen

Abbildung auf der gegenüberliegenden Seite

Ein sehr populäres Gericht, besonders während der Kastaniensaison im Herbst und Winter.

1. Die eingeweichten Pilze ausdrücken, sie sollten aber noch feucht sein.
2. Die Schalen der Maronen auf einer Seite kreuzweise einschneiden, in einem Topf mit kaltem Wasser zum Sieden bringen und 3–5 Minuten kochen. Vom Feuer nehmen, die Kastanien jedoch im Wasser lassen; wenn sie etwas abgekühlt sind, schälen.
3. Die Bambussprossen in Würfel von der Größe der Maronen schneiden.
4. Das Huhn mit den Knochen in mundgerechte Stücke zerteilen, und zwar die Flügel an den Gelenken durchschneiden und jedes Stück nochmals quer halbieren, ebenso die Schenkel (den Oberschenkel in 3 Stücke teilen). Die Brust vom Rückenteil abziehen und durchtrennen, das Bruststück längs halbieren und die Hälften quer in je 3–4 Stücke teilen, desgleichen das Rückenstück.
5. Eine Kasserolle stark erhitzen. Das Öl hineinlöffeln und herumschwenken und das dunkle Hühnerfleisch 3 Minuten anbraten. Das weiße Hühnerfleisch, die Pilze und die Bambussprossen dazugeben und weitere 2–3 Minuten unter ständigem Wenden braten.
6. Den Reiswein, Ingwer, Sternanis und Zimt hinzufügen und rühren.
7. Salz, Zucker und Sojasauce untermischen und die Hitze reduzieren.
8. Die Brühe und die Kastanien dazugeben, zum Kochen bringen und zugedeckt bei kleiner Hitze 30 Minuten schmoren. (Bis zu diesem Schritt kann das Gericht bis zu einem Tag im voraus gemacht werden.)
9. Kurz vor dem Anrichten nochmals aufkochen lassen und die Sauce wiederholt über die Fleischstücke löffeln, bis sie etwas eingekocht und dicker geworden ist. Auf einer vorgewärmten Platte anrichten und heiß servieren.

Gegenüberliegende Seite, von oben nach unten: Huhn im Yünnan-Topf (s. Seite 107); Rotgeschmortes Huhn mit Maronen (s. oben); Weidenhuhn in Schwarze-Bohnen-Sauce (s. Seite 106)

Glasiertes Huhn in Hoisin-Sauce

醬爆雞丁

ZUTATEN

500 g Hühnerbrust (ohne Haut)
6 EL Erdnuß- oder Maiskeimöl
5–6 Knoblauchzehen (feingehackt)
4–5 Frühlingszwiebeln (quer in 3-cm-Stücke geschnitten, weiße und grüne Teile getrennt)
1½ EL Reiswein oder halbtrockener Sherry
3 EL Hoisin-Sauce
50 g geröstete Cashewnüsse

FÜR DIE MARINADE

je eine Prise Salz und weißer Pfeffer
2 TL Reiswein oder halbtrockener Sherry
1 TL Maisstärke
½ Eiweiß (leicht geschlagen)
2 TL Sesamöl

Mit 2–3 weiteren Gerichten ausreichend für 4–6 Personen

Abbildung auf der gegenüberliegenden Seite

Die Hoisin-Sauce gibt dem Huhn dieses Gerichts der Regionalküche des Nordens Farbe und Aroma, während die Cashewnüsse zum Kontrast in der Struktur beitragen.

1. Das Hühnerfleisch in 2-cm-Würfel schneiden und in eine Schüssel geben.
2. *Marinieren:* Salz, Pfeffer und Reiswein unter das Fleisch mischen, die Stärke darüberstreuen und das Eiweiß in einer Richtung unterrühren. 15–30 Minuten stehenlassen, dann das Sesamöl einrühren.
3. Die Wok stark erhitzen, 5 EL des Öls hineingeben und herumschwenken. Zwei Drittel des Knoblauchs und der weißen Frühlingszwiebeln hineingeben, kurz rühren, dann das Hühnerfleisch untermischen. Die Hitze reduzieren, damit das Fleisch nicht zäh und trocken wird, und 2 Minuten pfannenrühren. Den Reiswein an der Seite einträufeln, vom Feuer nehmen und das noch nicht ganz gare Fleisch in eine warme Schüssel geben.
4. Die Wok wieder stark erhitzen, das restliche Öl hineingeben und herumschwenken. Den Rest des Knoblauchs anbraten. Die Hoisin-Sauce eingießen, dann das Hühnerfleisch dazugeben. Gut durchrühren und nun die Nüsse und die grünen Frühlingszwiebeln unterheben. Auf einer vorgewärmten Platte anrichten und sofort servieren.

Anmerkung: Zu diesem Gericht können Sie auch Varianten ausprobieren. Ausgezeichnet schmeckt statt dem Hühnerfleisch Entenbrust oder eine von Fett befreite Gänsebrust. Etwas für Gourmets ist Wildentenbrust, bei deren Verwendung man noch einige eingeweichte schwarze Pilze mitbrät und das Einweichwasser zu der Sauce gibt. Ein delikates Gericht, das auch gehobenen Ansprüchen gerecht wird.

Gegenüberliegende Seite von oben: Ente mit Klebreis gefüllt (s. Seite 112); Glasiertes Huhn in Hoisin-Sauce (s. oben)

Ente mit Klebreis gefüllt

糯米釀鴨

ZUTATEN

1 bratfertige Ente (2 kg)
1½ EL dunkle Sojasauce
6 EL Erdnuß- oder Maiskeimöl
1 TL Salz
1½ EL Reiswein oder halbtrockener Sherry
1 ganzer Sternanis
1 TL Szetschuanpfeffer
¼ getrocknete Tangerinenschale (20 Minuten in kaltem Wasser eingeweicht)
3 TL Kartoffelmehl (in 3 EL Wasser angerührt)
1–2 EL Austernsauce
350 g Broccoli

FÜR DIE FÜLLUNG

15 getrocknete Shrimps (gespült)
3 EL Erdnuß- oder Maiskeimöl
2 Knoblauchzehen (feingehackt)
3 Frühlingszwiebeln (in dünne Ringe geschnitten)
50 g Schweinefleisch (in Streichholzköpfe geschnitten)
8 kleine chinesische Pilze (eingeweicht – s. Seite 39 – und in Streichholzköpfe geschnitten)
50 g Bambussprossen (in Streichholzköpfe geschnitten)
75 g Klebreis (2 Stunden eingeweicht)
Salz
1½ EL helle Sojasauce
eine Prise Pfeffer

Mit 3 weiteren Gerichten ausreichend für 6 Personen

Abbildung auf Seite 111

Auch außerhalb der Gegend, aus der es stammt, ist dieses Gericht sehr beliebt. Die Füllung kann am Tag vorher zubereitet und im Kühlschrank aufbewahrt werden. Wenn die Füllung gebraucht wird, sollte sie jedoch Zimmertemperatur haben.

1. Die Shrimps in kochendem Wasser 20 Minuten einweichen. Das Wasser muß die Shrimps gerade bedecken. Das Wasser abgießen und aufbewahren.
2. *Die Füllung zubereiten:* Die Wok stark erhitzen, die 3 EL Öl hineingeben und herumschwenken, dann den Knoblauch und die Frühlingszwiebeln rasch anbraten. Darauf unter ständigem Wenden und Rühren nacheinander Shrimps, Schweinefleisch, Pilze, Bambussprossen, Klebreis und am Schluß das Einweichwasser der Shrimps dazugeben. 1 Minute pfannenbraten, so daß die Füllung halb gar ist. Mit Salz, Pfeffer und der hellen Sojasauce würzen und in eine Schüssel geben. Die Wok ausreiben.
3. In einem Kessel Wasser zum Kochen bringen und die Ente sorgfältig von allen Seiten damit abbrühen.
4. Sofort (solange die Haut noch heiß ist) die Ente außen mit der dunklen Sojasauce einpinseln.
5. Die Wok stark erhitzen, die 6 EL Öl hineingießen und herumschwenken. Wenn das Öl raucht, die Ente mit der Brust nach unten vorsichtig hineinlegen und 1–2 Minuten bräunen. Dann umdrehen und die Rückenseite die gleiche Zeit im Öl braten. Vom Feuer nehmen und die Ente herausheben.
6. Sobald sie etwas abgekühlt ist, außen mit dem Salz und dem Reiswein einreiben. Die Ente füllen. Falls die Öffnung hinten zu groß ist, die Hautlappen mit einem Zahnstocher zusammenstecken.
7. Die Ente auf eine Platte legen und Sternanis, Pfeffer und Tangerinenschale darübergeben. 1¾–2 Stunden dämpfen (s. Seite 44). Vorsichtig herausnehmen, auf eine feuerfeste Platte legen und im Backofen warm stellen.
8. Die Flüssigkeit, die sich beim Dämpfen gebildet hat, entfetten und durchsieben. Erhitzen und die angerührte Kartoffelstärke dazugeben, abschmecken und dann die Austernsauce einrühren. Vom Feuer nehmen und warm stellen.

9. Die Broccoli in kochendes Wasser geben, Salz und 1 EL Öl hinzufügen und 2–3 Minuten kochen; sie müssen zart und noch knackig sein. Das Wasser abgießen. Die gut abgetropften Broccoli rund um die Ente anrichten und die Sauce über das Gericht löffeln.

10. Auf chinesische Art zupft sich jeder mit den Stäbchen Fleisch von der Ente; sie ist so zart, daß dies leicht möglich ist. Die Füllung nimmt man sich mit einem Löffel auf den Teller.

Anmerkung: Die Ente kann man nach dem Dämpfen bei 160° noch 1 Stunde im Backofen lassen, die Haut bleibt knusprig. In dieser Zeit können andere Gerichte zubereitet werden.

Rührei mit Schnittlauch

韭菜炒蛋

ZUTATEN

1 Bündel Schnittlauch
6 Eier
8 EL Erdnuß- oder Maiskeimöl
Salz, Pfeffer

Mit 2–3 weiteren Gerichten ausreichend für 6 Personen

Abbildung auf Seite 115

1. Den Schnittlauch waschen, säubern und in 2-cm-Stücke schneiden.

2. Die Eier mit 1 EL des Öls in eine Schüssel schlagen. Salzen und weiter schlagen, bis sie schaumig sind.

3. Die Wok stark erhitzen, das restliche Öl hineingießen und herumschwenken. Den Schnittlauch hineingeben und 20 Sekunden braten, dann die Eier darübergießen. Mit dem Spatel hin und her schieben und die Masse gut mit dem Schnittlauch und dem Öl mischen, bis sie stockt.

4. Vom Feuer nehmen, auf einer vorgewärmten Platte anrichten und sofort servieren.

Whampoa-Rührei

黃埔炒蛋

ZUTATEN

6 Eier
eine Prise Salz
¼ l Erdnuß- oder Maiskeimöl (von dem 7 EL verbraucht werden)

Mit 2–3 weiteren Gerichten ausreichend für 4–6 Personen

Abbildung auf der gegenüberliegenden Seite

Auch ein unangemeldeter Gast, der kurz vor dem Essen kommt, bringt die Chinesen nicht in Verlegenheit. Er wird mit den Worten zu Tisch gebeten: »Wir legen noch ein Paar Stäbchen auf den Tisch.« In der Küche wird kurz überlegt, was für ein Gericht schnell noch zusätzlich zubereitet werden kann. Dieses Eiergericht ist eines davon. Seinen Namen hat es von einem Hafen bei Kanton, wo es erfunden wurde. Das zarte Eiergericht hat inzwischen Berühmtheit erlangt.

1. Die Eier leicht schlagen, salzen und 2 EL Öl mit hineinrühren.
2. Die Wok bei mittlerer Temperatur erhitzen und das ganze Öl hineingießen. Herumschwenken, daß die Wok bis zur halben Höhe eingefettet ist, und das Öl zur Wiederverwendung in einen verschließbaren Behälter abgießen.
3. Wieder 2 EL Öl in die Wok geben und erhitzen (es darf aber nicht rauchen). Die Eier unter ständigem Wenden mit der Wok-Spatel langsam hineingießen. Von der Seite rundum langsam 2–3 EL Öl unterrühren. Wenn die Eimasse gestockt hat, sofort vom Feuer nehmen und die zarten leichten Eierflocken auf einer warmen Platte servieren.

Gegenüberliegende Seite, im Uhrzeigersinn von oben: Huhn in Sojasauce (s. Seite 116); Whampoa-Rührei (s. oben); Rührei mit Schnittlauch (s. Seite 113)

Huhn in Sojasauce

豉油雞

ZUTATEN

2 ganze Sternanis
1 TL Szetschuanpfeffer
1 EL Erdnuß- oder Maiskeimöl
6 Frühlingszwiebeln (halbiert)
2–3 Scheiben frischer Ingwer
1 bratfertiges Huhn (1,5 kg)
¼ l dunkle Sojasauce
2 EL Reiswein oder halbtrockener Sherry
4–5 EL brauner Zucker

Mit 3 weiteren Gerichten ausreichend für 6 Personen, oder für 4 Personen als Hauptgericht

Abbildung auf Seite 115

Dies ist ein beliebtes Gericht der Südchinesen. Wenn das Huhn oder Hähnchen von Hand gerupft ist, bekommt es durch die Sojasaucen- und Zuckermischung eine schöne, rostbraune Farbe. Bei maschinengerupftem Geflügel, wie es bei uns meist zum Verkauf kommt, wird man diese appetitliche Färbung nicht so perfekt erreichen. Glücklicherweise hat dies auf den Geschmack aber keinen Einfluß.

1. Zur Bereitung der Würzflüssigkeit etwa ⅓ l Wasser mit dem Sternanis und Szetschuanpfeffer zum Kochen bringen und bei mittlerer Hitze 15–20 Minuten kochen. Den Sud durchsieben und beiseite stellen.
2. Die Wok stark erhitzen, das Öl hineingeben und herumschwenken. Die Frühlingszwiebeln und den Ingwer scharf anbraten, bis sich Aroma entwickelt (etwa 10–20 Sekunden), vom Feuer nehmen und in das Innere des Huhns stopfen.
3. Die Wok ausreiben. Den Gewürzsud, die Sojasauce, den Zucker und Reiswein zum Kochen bringen und rühren, bis der Zucker sich aufgelöst hat.
4. Das Huhn seitlich hineinlegen und den Sud laufend darüberlöffeln. Nach 10 Minuten das Huhn mit zwei Holzlöffeln auf die andere Seite drehen und die köchelnde Sauce weitere 10 Minuten darüberlöffeln.
5. Zugedeckt 20 Minuten köcheln, dann das Huhn wenden und nochmals 20 Minuten garen, bis es durch ist. Um dies zu prüfen, den dicksten Teil eines Schenkels mit einem Bambusstäbchen oder einer Gabel einstechen; rinnt keine rötliche Flüssigkeit heraus, ist das Fleisch gar. Ist zuviel Flüssigkeit verdampft, die Sauce mit etwas Wasser auffüllen und wieder zum Sieden bringen.
6. Das Huhn herausnehmen, die Frühlingszwiebeln und den Sud aus dem Innern herauslöffeln.
7. Das Huhn auf chinesische Art zerlegen (s. Seite 101) und anrichten. Ein Teil der Sauce wird als Dip dazu serviert, der Rest kann anderweitig verwendet werden.

Variante: Statt eines ganzen Huhns können auch nur die Flügel oder Schenkel verwendet werden. Die Garzeit ist dann etwas kürzer.

Kung-Pao-Huhn

宮保雞丁

Ein berühmtes Gericht der Szetschuan-Küche, das die verschiedensten Geschmacksrichtungen in sich vereint: pfefferscharf und würzig, pikant und eine Spur süß-sauer. Es soll das Leibgericht eines Statthalters in der Ch'ing-Dynastie (1644–1911) gewesen sein, nach dessen Rang und Titel »Kung Pao« es benannt wurde. Der auf diese Weise in die Geschichte der Gastronomie eingegangene Regierungsbeamte muß eine ausgeprägte Vorliebe für Erdnüsse gehabt haben, ohne die das Gericht nicht denkbar ist.

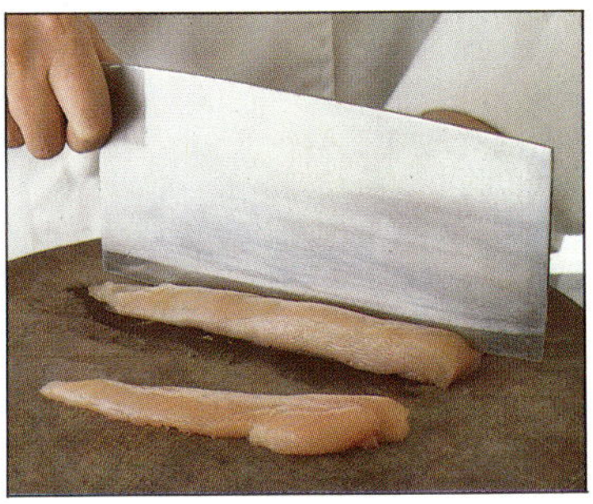

a

b

1. Das Hühnerfleisch in Streifen (a), dann in 1 cm dicke Würfel schneiden (b).
2. *Marinieren:* Salz, Sojasauce, Reiswein, Stärke und Eiweiß gründlich unter das Hühnerfleisch mischen, dabei immer in eine Richtung rühren; 15–30 Minuten stehenlassen.
3. *Die Sauce vorbereiten:* Soja- und Chilisauce, Essig, Zucker, Stärke und Brühe verrühren.
4. Die Wok stark erhitzen, das Öl eingießen und herumschwenken. Chilis, Knoblauch und Ingwer kurz pfannenrühren, bis sich Aroma entwickelt. Das Hühnerfleisch dazugeben, 1 Minute mit der Spatel wenden und rühren, dann seitlich den Reiswein hineinträufeln. Die Frühlingszwiebeln einstreuen und noch 30 Sekunden pfannenbraten. Das Fleisch ist nun fast gar.
5. Die angerührte Sauce eingießen und rühren, bis sie bindet.
6. Zum Schluß die Erdnüsse unterheben, vom Feuer nehmen und sofort heiß servieren.

ZUTATEN

350 g Hühnerbrust
4 EL Erdnuß- oder Maiskeimöl
2–3 lange getrocknete Peperoni oder Chilischoten (Samen entfernt und in Stücke geschnitten)
2 Knoblauchzehen (diagonal in dünne Scheiben geschnitten)
5 dünne Scheiben frischer Ingwer
1 EL Reiswein oder halbtrockener Sherry
3 Frühlingszwiebeln (in Ringe geschnitten)
50 g geröstete Erdnüsse

FÜR DIE MARINADE

eine Prise Salz
2 TL helle Sojasauce
2 TL Reiswein oder halbtrockener Sherry
1 TL Maisstärke
1 Eiweiß (leicht geschlagen)

FÜR DIE SAUCE

1 EL dunkle Sojasauce
1–2 EL Chilisauce
2 TL Reisweinessig
2 TL Zucker
1½ TL Maisstärke
6 EL klare Brühe

Mit 3 weiteren Gerichten ausreichend für 4 Personen

Abbildung auf Seite 119

Gebratene Hühnerleber

煎焗雞肝

ZUTATEN

750 g Hühnerleber
1½ TL Maisstärke
6–7 EL Erdnuß- oder Maiskeimöl
1 5-cm-Stück frischer Ingwer (in Scheibchen geschnitten)
10 Frühlingszwiebeln (diagonal in 1 cm lange Stücke geschnitten, weiße und grüne Teile getrennt)
1½ EL Reiswein oder halbtrockener Sherry

FÜR DIE MARINADE

eine Prise Salz
¾ TL brauner Zucker
1 EL dunkle Sojasauce
eine Prise schwarzer Pfeffer
2 TL Worcestershiresauce
2 TL Reiswein oder halbtrockener Sherry

FÜR DIE SAUCE

6 EL klare Brühe
1½ TL Maisstärke
2 TL dunkle Sojasauce
1 TL Worcestershiresauce

Als Hauptgericht ausreichend für 4 Personen oder für 8 Personen mit 3–4 weiteren Gerichten.

Abbildung auf der gegenüberliegenden Seite

Bei diesem einfachen Gericht mit seinem leicht pikanten Geschmack sind die Leberstücke außen gebräunt und innen noch roséfarben. Als chinesische Mahlzeit wird dazu Reis serviert, als europäisches Hauptgericht kann man auch Nudeln dazu reichen.

1. Die Leber jeweils in 2–3 Stücke schneiden, abspülen und in eine Schüssel geben.
2. *Marinieren:* Salz, Zucker, Sojasauce, Pfeffer, Worcestershiresauce und Reiswein verrühren und mit der Leber mischen. 1–2 Stunden stehenlassen, gelegentlich durchrühren.
3. *Die Sauce vorbereiten:* Die Stärke mit 2 EL Brühe anrühren, die Worcestershiresauce und den Rest der Brühe dazugeben.
4. Die Leber mit der Stärke bestreuen und gut mischen, damit die Leber gleichmäßig damit bedeckt ist.
5. Die Wok stark erhitzen, Öl zugeben, herumschwenken und den Ingwer sowie die weißen Frühlingszwiebeln scharf anbraten, bis sie Farbe angenommen haben. Die Leber hineingeben und 2 Minuten unter ständigem Wenden bräunen. Den Wein darüberträufeln und bei reduzierter Hitze zugedeckt 2 Minuten schmoren lassen. Die grünen Frühlingszwiebeln unterheben und zugedeckt weitere 2 Minuten kochen.
6. Die nochmals durchgerührte Sauce eingießen und rühren. Sobald sie gebunden hat, vom Feuer nehmen und das Gericht sofort auf einer warmen Platte servieren.

Gegenüberliegende Seite, im Uhrzeigersinn von oben: Huhn in Papier gewickelt (s. Seite 121); Drachenflug und Phönixtanz (s. Seite 120); Gebratene Hühnerleber (s. oben); Kung-Pao-Huhn (s. Seite 117)

Ein Huhn für zwei Gerichte:

Drachenflug und Phönixtanz

龍飛鳳舞

ZUTATEN

2 Hühnerbrüste von einem 1,5-kg-Huhn
250 g rohe Garnelen (geschält und geputzt, ohne Köpfe)
1½ TL Salz
100 g Zuckererbsen (geputzt)
Pflanzenöl zum Fritieren
50 g »Rot-im-Schnee« (gespült, s. Seite 25)
2–3 Knoblauchzehen (feingehackt)
3–4 Frühlingszwiebeln (in 3 cm lange Stücke geschnitten, weiße und grüne Teile getrennt)
1 EL Reiswein oder halbtrockener Sherry

FÜR DIE MARINADE

je eine Prise Salz, Zucker und weißer Pfeffer
1 TL Reiswein oder halbtrockener Sherry
1 TL Maisstärke
1 Eiweiß (leicht geschlagen)

FÜR DIE SAUCE

1 TL Kartoffelmehl (mit 5 EL klarer Brühe angerührt)
1 EL Austernsauce

Mit 2–3 weiteren Gerichten ausreichend für 4–6 Personen

Abbildung auf Seite 119

Der Name dieses eleganten Gerichts versinnbildlicht die beiden Hauptzutaten: Garnelen und Huhn. Das »Durch-das-Öl-ziehen« lohnt sich, um vor dem Pfannenbraten die Fleischsäfte einzuschließen.

1. Das Hühnerfleisch in gleich große, mundgerechte Stücke schneiden.
2. *Marinieren:* Salz, Zucker, Pfeffer, den Reiswein, Stärke und Eiweiß in einer Richtung unter das Hühnerfleisch rühren, bis es gleichmäßig mit der Marinade bedeckt ist. 20–30 Minuten stehenlassen.
3. Die Garnelen leicht salzen.
4. Wasser mit etwas Salz und 1 EL Öl zum Kochen bringen und die Zuckererbsen blanchieren. Mit kaltem Wasser abschrecken.
5. *Die Sauce vorbereiten:* Kartoffelmehl, Brühe und Austernsauce mischen.
6. Die Wok zur Hälfte mit Öl füllen und auf 180° erhitzen. Das Hühnerfleisch 20 Sekunden »durch das Öl gehen lassen« (s. Seite 40), dabei die Stücke trennen, sofort wieder mit einem Sieblöffel herausnehmen und beiseite stellen.
7. Die Garnelen ebenfalls 20 Sekunden fritieren und beiseite stellen.
8. Das Öl bis auf etwa 5 EL aus der Wok zur Wiederverwendung in einen verschließbaren Behälter gießen.
9. Die Wok mit dem Öl stark erhitzen, bis es raucht. Knoblauch anbraten, dann die weißen Frühlingszwiebeln dazugeben und durchrühren. Die »Rot-im-Schnee« unterheben und wenn sie heiß sind, das Hühnerfleisch hineingeben. Pfannenbraten, bis es fast gar ist, dann die Garnelen dazugeben. Den Reiswein seitlich einträufeln und rühren, dann die Zuckerschoten unterheben. Die gut verrührte Sauce daruntermischen und rühren, bis sie gebunden hat. Nun die grünen Frühlingszwiebeln darunterheben. Vom Feuer nehmen und sofort servieren.

Huhn in Papier gewickelt

紙包雞

Die luftgetrockneten Würste in diesem Gericht steigern noch den Geschmack des würzig marinierten Fleisches.

1. Haut und Knochen von den Geflügelstücken entfernen, die Flügelspitzen wegschneiden, die beiden anderen Teile der Flügel in jeweils 2–3 Stücke schneiden.
2. *Marinieren:* Sojasauce, Zucker, Wein, Ingwer, Fünfgewürzpulver und Öl in einer Richtung mit dem Hühnerfleisch verrühren und zum Marinieren 1 Stunde stehenlassen. Gelegentlich wenden.
3. Die eingeweichten Pilze ausdrücken (sie müssen noch feucht sein) und die Kappen in 2 oder 4 Stücke schneiden.
4. Die Bambussprossen in 24 etwa 5 mm dicke Scheiben schneiden.
5. Die chinesischen Würste (oder eine mild gewürzte deutsche Wurstsorte) abspülen und trockentupfen. Jede der Würste diagonal in 8 Stücke schneiden.
6. Etwa 10 Minuten, bevor das Hühnerfleisch mit dem Papier umhüllt wird, die Pilze und die Bambussprossen zu dem Huhn in der Marinade geben.
7. Die Pergamentbogen diagonal auf das Küchenbrett legen und eine Seite mit Öl einpinseln. Darauf jeweils ein Stück Hühnerfleisch legen, daneben auf beiden Seiten ein Stück Wurst und darauf ein Stück Bambussprosse, Pilzstückchen und schließlich einen Korianderzweig.
8. Die Papierbogen folgendermaßen falten: Die untere Ecke des Quadrats nach oben falten, dann die beiden seitlichen Ecken nach innen. Die obere Ecke nach unten falten und in die Seitenteile stecken.
9. Die Wok zur Hälfte mit Öl füllen und auf 180°–190° erhitzen. Die Hälfte der Päckchen, gefaltete Seite nach oben, hineingleiten lassen und 5–8 Minuten fritieren. Die Päckchen 1 Minute vor dem Herausnehmen umdrehen.
10. Die Stücke mit einem großen Sieblöffel herausnehmen und gut über der Wok abtropfen lassen, dabei beachten, daß auch das Öl aus dem Innern der Päckchen herausläuft. Die restlichen Päckchen fritieren.
11. Auf einer vorgewärmten Platte servieren. Man faltet die Stücke auseinander und verzehrt den Inhalt.

Anmerkung: Übriggebliebene Taschen kann man im Backofen aufwärmen oder noch einmal kurz fritieren.

ZUTATEN

Den Rest des Fleisches vom vorherigen Gericht oder
1 kg Hühnerschenkel
6–12 eingeweichte chinesische Pilze (s. Seite 39)
150 g Bambussprossen aus der Dose
6 chinesische Würste (ersatzweise eine andere sehr mild gewürzte und luftgetrocknete Hartwurstsorte)
24 Bogen Küchenpergament (20 × 20 cm)
24 Zweige Koriander
Pflanzenöl zum Fritieren

FÜR DIE MARINADE

3 EL helle Sojasauce
2 TL Zucker
2 TL Reiswein oder halbtrockener Sherry
1 TL Ingwerpulver
eine Prise Fünfgewürzpulver
1 EL Sesamöl

Mit 2 weiteren Gerichten ausreichend für 8 Personen oder für 4 Personen als Hauptgericht

Abbildung auf Seite 119

北京菜

Ein Peking-Menü

Die Attraktion dieses Menüs ist zweifellos die Peking-Ente mit Mandarin-Pfannkuchen. Allein die Pfannkuchen, mit einem der anderen vier Gerichte serviert, machen vier Personen gut satt.

薄餅 **Mandarin-Pfannkuchen**

北京填鴨 **PEKING-ENTE**
Das zarte Fleisch wird mit Hoisin-Sauce und Frühlingszwiebeln, in einem Mandarin-Pfannkuchen eingehüllt, gegessen (s. Seite 209–210).

賽干貝鬆

»SEEGRAS«
Fritierte junge Grünkohlblätter, bestreut mit Zucker und Mandeln (s. Seite 211).

酒溜魚片

FISCH IN WEINSAUCE
Delikates Gericht aus weißem, festem Fischfleisch und Wolkenohren in einer Weinsauce (s. Seite 211).

北京泡菜

KOHL-PICKLES NACH PEKING-ART
Pikantes Gericht, das als Vorspeise oder Beilage serviert wird (s. Seite 212).

奶油津白

CHINAKOHL IN CREMESAUCE
Ein ungewöhnliches Gericht und eines der wenigen Rezepte, bei denen Milch verwendet wird (s. Seite 212).

Ländliches gedämpftes Rindfleisch

家鄉蒸牛肉

ZUTATEN

350 g Rindsfilet
2 EL eingeweichte Wolkenohren (s. Seite 39)
5–6 eingeweichte Goldnadeln (s. Seite 39)
4 eingeweichte chinesische Pilze (s. Seite 39)
1½ TL dunkle Sojasauce
3 EL Erdnuß- oder Maiskeimöl
25 g Szetschuan-Pickles (gespült)
3–4 Frühlingszwiebeln (in 5 cm lange feine Stücke geschnitten)
2–3 Korianderzweige (zerpflückt)

FÜR DIE MARINADE

1 1-cm-Stück Ingwer (gerieben)
je eine Prise Salz, Zucker und schwarzer Pfeffer
1 EL dunkle Sojasauce
2 TL Reiswein oder halbtrockener Sherry
2 TL Kartoffelmehl (mit 2 EL Wasser angerührt)
1 EL Erdnuß- oder Maiskeimöl

Mit 2 anderen Gerichten ausreichend für 4 Personen

Abbildung auf der gegenüberliegenden Seite

Ein köstliches Familiengericht, das natürlich ebensogut lieben Gästen serviert werden kann.

1. Das Fleisch in mundgerechte, ½ cm dicke Stücke schneiden und in eine Schüssel geben.
2. *Marinieren:* Ingwer, Salz, Zucker, Sojasauce, Pfeffer und das angerührte Kartoffelmehl in einer Richtung unter das Fleisch rühren und 20–30 Minuten im Kühlschrank stehenlassen. Kurz vor dem Dämpfen das Öl unterrühren.
3. Die Goldnadeln und die chinesischen Pilze ausdrücken. Die Goldnadeln längs oder quer halbieren, die Wolkenohren in gleich große Stücke und die Pilze in Streifen schneiden.
4. Die Pilze und Goldnadeln mit der Sojasauce und 1 EL Öl begießen und durchmischen.
5. Die Pickles in dünne kleine Stückchen schneiden.
6. Pilze und Goldnadeln sowie die Pickles unter das Fleisch heben und auf eine feuerfeste Platte oder einen Teller mit Rand geben.
7. Das Fleisch bei guter Hitze in einem Dämpfer garen, und zwar 10 Minuten für medium, 13–15 Minuten für durchgegart. Vom Feuer nehmen. Die Frühlingszwiebeln und den Koriander auf dem angerichteten Fleisch verteilen.
8. Die restlichen 2 EL Öl in einem Pfännchen erhitzen, bis es raucht, und dann über die Frühlingszwiebeln gießen.
9. Die Platte aus dem Dämpfer nehmen und das Gericht sofort auftragen.

Gegenüberliegende Seite, im Uhrzeigersinn von oben: Ländliches gedämpftes Rindfleisch (s. oben); Schweinefleisch süß-sauer (s. Seite 127); Zweifach gekochtes Schweinefleisch (s. Seite 126)

Zweifach gekochtes Schweinefleisch

回鍋肉

Eines der populärsten Gerichte der Szetschuan-Küche, raffiniert im Geschmack durch die Kombination zweier Garmethoden: Kochen und Pfannenrühren.

ZUTATEN

500 g durchwachsenes Schweinefleisch
1 Stange Lauch (geputzt)
2–3 Knoblauchzehen (in feine Scheiben geschnitten)
3 EL Erdnuß- oder Maiskeimöl
eine Prise Salz

FÜR DIE SAUCE

1½ EL scharfe Bohnenpaste
1 EL dunkle Sojasauce
eine Prise Salz
1 TL Zucker
1 EL Reiswein oder halbtrockener Sherry

Mit 2–3 weiteren Gerichten ausreichend für 4–6 Personen

Abbildung auf Seite 125

1. Das Fleisch in einen Topf geben, mit kochendem Wasser bedecken und bei kleiner Hitze 20–25 Minuten köcheln. Das halbgare Fleisch herausnehmen, abkühlen lassen und 2 Stunden oder auch über Nacht in den Kühlschrank stellen.
2. Vor der weiteren Zubereitung das Fleisch quer zur Faser in sehr dünne Scheiben schneiden.
3. Den Lauch längs halbieren, gut durchspülen und diagonal in 1 cm dicke Scheiben schneiden.
4. *Die Sauce vorbereiten:* Bohnenpaste, Sojasauce, Salz, Zucker und Reiswein mischen und beiseite stellen.
5. Die Wok bei mittlerer Flamme erhitzen, 1 EL Öl hineingießen und herumschwenken. Den Lauch 2 Minuten pfannenbraten, salzen, mit einem Sieblöffel herausholen und warm stellen.
6. Flüssigkeit und Öl aus der Wok gießen und die Wok ausreiben. Stark erhitzen, das restliche Öl zugeben und herumschwenken. Knoblauch anbraten, dann das Fleisch hineinschütten und breitflächig pfannenbraten. Mit der Spatel wenden und leicht auf den Pfannenboden drücken, bis die fetten Teile glasig sind. Hitze eventuell reduzieren. Ausgebratenes Fett abschöpfen.
7. Die Sauce darübergießen und rühren, damit sie vom Fleisch aufgesogen wird. Den Lauch dazugeben, und wenn die Sauce fast absorbiert ist, das Gericht herausnehmen und heiß servieren.

Schweinefleisch süß-sauer

咕嚕肉

Der Ruf des Gerichts ist schon sehr ramponiert und fast zu einem Synonym für eine schlechte China-Küche geworden: gummiartige Fleischklumpen, bedeckt mit einer klebrigen Sauce. Wenn es jedoch gut und sorgfältig zubereitet wird, das Fleisch außen knusprig und innen zart ist, mit einer harmonisch komponierten Sauce, ist es eines der schmackhaftesten Gerichte der Kanton-Küche.

1. Das Fleisch in gleich große, mundgerechte Würfel schneiden und in eine Schüssel geben.
2. Leicht salzen, die Sojasauce darüberträufeln, durchmischen und 30–60 Minuten stehenlassen. Dann das Ei dazugeben und gut durchrühren.
3. Die Fleischstücke einzeln in der Stärke wälzen, damit sie ringsum gut eingehüllt sind. Dazu benötigt man nicht die ganze Stärke.
4. Die Wok zur Hälfte mit Öl füllen, auf 180° erhitzen und die Fleischwürfel 1 Minute fritieren, wenn nötig in zwei Arbeitsgängen. Dabei die Stücke trennen, wenn sie zusammenkleben. Das Fleisch herausnehmen und auf Küchenkrepp abtropfen lassen. Dieser Teil der Zubereitung kann im voraus erledigt werden.
5. *Die Sauce vorbereiten:* Die Kartoffelstärke im Wasser auflösen, Ananassaft, Essig, Zucker, Salz, Sojasauce, Tomatenketchup und Worcestershiresauce dazugeben und gut verrühren.
6. Eine Bratpfanne erhitzen, 1½ EL Öl hineingießen und herumschwenken, Knoblauch und Zwiebeln anbraten, dann die Paprika hinzufügen. Bei mittlerer Hitze 2 Minuten pfannenrühren. Die Ananasstücke unterheben und die Sauce darübergießen. Unter ständigem Rühren langsam zum Kochen bringen.
7. In der Wok das Öl zum Fritieren wieder auf 190° erhitzen. Das Fleisch nochmals hineingeben. Nach 2–3 Minuten, wenn es außen schön braun und knusprig ist, herausnehmen, abtropfen lassen und auf einer vorgewärmten Platte anrichten. Die süß-saure Sauce wieder erhitzen und den restlichen Eßlöffel Öl darunterrühren (so wird sie nicht leimig). Die Sauce über das Fleisch löffeln und sofort heiß servieren.

Anmerkung: Aufgewärmt wird das Fleisch ein bißchen teigig, schmeckt aber noch gut.

ZUTATEN

500 g mageres Schweinefleisch
eine Prise Salz
1 TL helle Sojasauce
½ Ei (leicht geschlagen)
3 EL Maisstärke
Pflanzenöl zum Fritieren
2½ EL Erdnuß- oder Maiskeimöl
1 Knoblauchzehe (feingehackt)
1 Zwiebel (grobgehackt)
1 grüne Paprika (Samen entfernt und in Scheiben geschnitten)
100 g Ananaswürfel aus der Dose, mit etwas Saft

FÜR DIE SAUCE

2 TL Kartoffelmehl
4 EL Wasser
4 EL Ananassaft
3 EL Essig
4 EL Zucker
eine Prise Salz
2 TL helle Sojasauce
2 EL Tomatenketchup
1½ TL Worcestershiresauce

Mit 2–3 weiteren Gerichten ausreichend für 4–6 Personen

Abbildung auf Seite 125

Geschmortes Rindfleisch mit Knoblauch

蒜子牛肉

ZUTATEN

1 kg mageres, gut abgehangenes Rindfleisch
4 EL Erdnuß- oder Maiskeimöl
200 g Knoblauchzehen
3 EL Reiswein oder halbtrockener Sherry
eine Prise Salz
1 TL Zucker
2 EL dunkle Sojasauce
1 EL helle Sojasauce
½ l klare Brühe
1 TL Kartoffelmehl (in 1 EL Wasser aufgelöst)
8 Frühlingszwiebeln (in 3-cm-Stücke geschnitten)

Als Hauptgericht ausreichend für 6 Personen

Abbildung auf der gegenüberliegenden Seite

Lassen Sie sich durch die Menge Knoblauch in diesem Rezept nicht aus der Fassung bringen. Die chinesische Methode, den Knoblauch in heißem Öl anzubraten, läßt den typischen Knoblauchgeschmack weitgehend verschwinden; zurück bleibt ein feines Aroma, das vom Fleisch absorbiert wird.

1. Das Fleisch in mundgerechte Würfel schneiden (etwa 4 cm).

2. Die Wok stark erhitzen, dann das Öl eingießen und herumschwenken. Die geschälten Knoblauchzehen hineingeben und pfannenbraten, bis sie Farbe angenommen haben. Die Fleischwürfel unterheben und unter ständigem Wenden und Rühren zusammen mit dem Knoblauch 2–3 Minuten bräunen. Den Reiswein am Rand einträufeln und rühren, bis er fast aufgesogen ist, dann vom Feuer nehmen.

3. Den Wok-Inhalt samt etwaiger Kruste in eine Kasserolle geben, mit Salz, Zucker und Sojasauce würzen, die Brühe dazugießen und zum Kochen bringen. Bei mäßiger Hitze zugedeckt 1½–1¾ Stunden schmoren, bis das Fleisch weich ist und der Knoblauch von der Sauce aufgenommen wurde. Das Fleisch ab und zu wenden, damit es nicht anbackt, und falls nötig, etwas Wasser nachgießen. Am Schluß sollte ein guter halber Liter Sauce vorhanden sein. (Bis zu diesem Stadium kann das Gericht bis zu einem Tag im voraus zubereitet werden. Dadurch verbessert sich der Geschmack sogar noch.)

4. Kurz vor dem Auftragen zum Kochen bringen, die Sauce mit dem angerührten Kartoffelmehl binden und die Frühlingszwiebeln hineingeben. Zugedeckt noch einen Moment kochen, dann in einer vorgewärmten Schüssel servieren.

Gegenüberliegende Seite im Uhrzeigersinn von oben: Geschmortes Rindfleisch mit Knoblauch (s. oben); Rindfleisch mit Austernsauce (s. Seite 130); Rindfleisch mit Tangerinenschale (s. Seite 131)

Rindfleisch in Austernsauce

蠔油牛肉

ZUTATEN

500 g Rindfleisch zum Braten (am besten Filet oder Steakfleisch)
250 g Spargel
5–6 EL Erdnuß- oder Maiskeimöl
4 Knoblauchzehen (feingehackt)
1 Stückchen frischer Ingwer (feingehackt)
3–4 Frühlingszwiebeln (in 3-cm-Stücke geschnitten, weiße und grüne Teile getrennt)
1 EL Reiswein oder halbtrockener Sherry
Sesamöl

FÜR DIE MARINADE

je eine Prise Salz, Zucker und Pfeffer
2 TL dunkle Sojasauce
2 TL Reiswein oder halbtrockener Sherry
1 TL Kartoffelmehl (in 2 EL Wasser aufgelöst)
2 TL Erdnuß- oder Maiskeimöl

FÜR DIE SAUCE

1 TL Kartoffelmehl
6 EL klare Brühe
3 EL Austernsauce

Mit 2 weiteren Gerichten ausreichend für 4 Personen

Abbildung auf Seite 129

Die Kantonesen mögen Schweinefleisch so gern wie alle anderen Chinesen, essen aber weit mehr Rindfleisch als ihre Landsleute. Dieses Rezept beschreibt eines der bekanntesten Rindfleischgerichte der Kanton-Küche. Es muß nicht unbedingt Spargel dabei sein, auch Sellerie, Pilze, Bambus- und Bohnensprossen oder dergleichen Gemüse kann verwendet werden. Bei den Kantonesen muß das Rindfleisch zart gegart sein oder »samtig«, wie man es dort nennt. Um dies zu erreichen, verwendet man Natron für die Marinade. Im allgemeinen sind derartige Fleischzartmacher in Europa unnötig, da man hier gut abgehangenes Fleisch bekommen kann.

1. Das Fleisch trockentupfen und quer zur Faser in 5 mm dicke Scheiben (etwa 2×4 cm) schneiden.
2. *Marinieren:* Salz, Zucker, Pfeffer, Sojasauce und Reiswein gründlich mit dem Fleisch vermischen. Das angerührte Kartoffelmehl darüberträufeln und gut in einer Richtung einrühren. Dadurch wird das Fleisch samtig und zart. Im Kühlschrank 30 Minuten stehenlassen, dann das Öl untermischen.
3. *Die Sauce vorbereiten:* Das Kartoffelmehl mit der Brühe verrühren, dann die Austernsauce daruntermischen.
4. Den Spargel schälen und diagonal in dünne Scheiben schneiden, damit er schnell gar wird.
5. Die Wok stark erhitzen, 4–5 EL des Öls hineingeben und herumschwenken. Rasch hintereinander Knoblauch, Ingwer und weiße Frühlingszwiebeln hineingeben, pfannenrühren, bis sich Aroma entwickelt, dann das Rindfleisch hinzufügen und 1 Minute unter ständigem Wenden braten. Den Reiswein am Rand einträpfeln, weiterrühren und dann auf eine warme Platte geben. Das noch vorhandene Öl in der Wok lassen und das restliche dazugeben.
6. Den Spargel 1 Minute pfannenbraten, salzen, etwas Wasser darüberträufeln und noch 1 Minute zugedeckt ziehen lassen.
7. Den Spargel in der Wok auf die Seite schieben, die angerührte Sauce in die Mitte gießen, und wenn sie aufkocht, das Fleisch hineingeben. Die grünen Frühlingszwiebeln einstreuen, alles gut durchmischen, und wenn alles heiß ist, auf einer vorgewärmten Platte anrichten. Nach Belieben kann noch etwas Sesamöl darübergeträufelt werden.

Rindfleisch mit Tangerinenschale

Getreu seiner Herkunft ist dieses Gericht aus Hunan würzig-scharf, pikant und leicht süßlich. Als ob dies noch nicht genug wäre, wird als weitere Geschmacksnuance noch eine aromatische Tangerinenschale hinzugefügt. Die Orangenschale gehört traditionell nicht zum klassischen Rezept, wird hier aber zur Steigerung des Aromas der Tangerine verwendet.

1. Die Tangerinenschalen 2 Stunden in kaltem Wasser einweichen, dann ausdrücken und in 5-mm-Streifen schneiden.
2. Die Schale der Orange blanchieren, abschrecken und ebenfalls in Streifen gleicher Größe schneiden.
3. Das Rindfleisch in mundgerechte Scheibchen schneiden und in eine Schüssel geben.
4. *Marinieren:* Salz, Zucker, Sojasauce und Reiswein zum Fleisch geben, das Kartoffelmehl darüberstreuen und in einer Richtung einrühren. Die 2 EL Wasser dazurühren und die Chili unterheben. 30–60 Minuten stehenlassen, dann das Chiliöl dazugeben und verrühren.
5. Die Wok stark erhitzen, Öl zugeben und herumschwenken, den Ingwer und dann die weißen Frühlingszwiebeln anbraten. Die Tangerinen- und Orangenschale dazugeben, kurz rühren und dann das Fleisch daruntermischen. 1–2 Minuten pfannenbraten, den Reiswein vom Rand her einträufeln, dann die Chilisauce einrühren. Hitze reduzieren und zugedeckt 2 Minuten kochen.
6. *Die Sauce vorbereiten:* Kartoffelmehl, Brühe und Sojasauce anrühren.
7. Die Sauce über das Fleisch tröpfeln und rühren, bis sie bindet, dann die grünen Frühlingszwiebeln unterheben. Vom Feuer nehmen, auf eine vorgewärmte Platte geben und heiß servieren.

ZUTATEN

5–6 Stücke getrocknete Tangerinenschale
1 süße unbehandelte Orange
750 g Rinderfilet oder Rumpsteak
4 EL Erdnuß- oder Maiskeimöl
13-cm-Stück frischer Ingwer (in Seidenfäden geschnitten)
6 Frühlingszwiebeln (in 5-cm-Stücke geschnitten, weiße und grüne Teile getrennt)
1 EL Reiswein oder halbtrockener Sherry
2–3 EL Chilisauce

FÜR DIE MARINADE

eine Prise Salz
1 TL Zucker
2 TL helle Sojasauce
2 TL dunkle Sojasauce
2 TL Reiswein oder halbtrockener Sherry
1½ TL Kartoffelmehl
2 EL Wasser
1 getrocknete rote Chilischote (Samen entfernt und gehackt)
1 EL Chiliöl (s. Seite 26)

FÜR DIE SAUCE

½ TL Kartoffelmehl
2 EL Brühe
1 EL dunkle Sojasauce

Mit 2 anderen Gerichten ausreichend für 4 Personen

Abbildung auf Seite 129

陳皮牛肉

Weißgekochtes Schweinefleisch

白切肉

ZUTATEN

500 g leicht durchwachsenes Schweinefleisch

SAUCE AUF SZETSCHUAN-ART

2½ TL sehr fein geschnittener Knoblauch
2 EL frischer Koriander (gehackt)
2 Frühlingszwiebeln (in feine Ringe geschnitten)
1 frische Chilischote (Samen entfernt und feingehackt)
3 EL dunkle Sojasauce
1 EL Sesamöl
1½ TL Essig
eine Prise Zucker
1½ TL Chiliöl

SAUCE AUF PEKING-ART

4 TL sehr fein gehackter Knoblauch
2½ EL dunkle Sojasauce
2 TL Sesamöl

Mit 2–3 weiteren Gerichten ausreichend für 4–6 Personen

Abbildung auf der gegenüberliegenden Seite

Das Gericht ist sowohl in der Peking- als auch in der Szetschuan-Küche zu Hause. Es kann einen Tag im voraus zubereitet werden. Gekocht in Leitungswasser oder »weißem Wasser«, wie man in China sagt, steht es im Gegensatz zum sogenannten »Rotkochen«, bei dem die Gerichte in mehr oder weniger verdünnter Sojasauce gegart werden. Die auf Szetschuan-Art bereitete Sauce hat die typische breite Skala von Aroma und Nachgeschmack, während die der Peking-Küche vom Knoblauch bestimmt ist.

1. Das Fleisch in einem Topf mit reichlich kaltem Wasser zum Kochen bringen.
2. Bei kleiner Hitze zugedeckt 1 Stunde köcheln. Um zu prüfen, ob es gar ist, mit einer Gabel in den dicksten Teil des Fleisches stechen. Rinnt kein rosafarbener Saft heraus, ist es gar.
3. Das Fleisch herausnehmen und 10 Minuten unter fließendes kaltes Wasser stellen. Der Sud kann für Fleischbrühe anderweitig verwendet werden.
4. Mehrere Stunden (oder über Nacht) kalt stellen.
5. *Die Sauce vorbereiten:* Hierfür die entsprechenden Zutaten mischen und beiseite stellen.
6. Das Fleisch auf ein Küchenbrett geben und mit einem sehr scharfen Messer (oder dem Küchenbeil) in Faserrichtung in papierdünne Scheiben schneiden. Auf einer Platte anrichten und die Sauce darüberlöffeln.

Anmerkung: Die Gartechnik des »Weißkochens« hat nicht nur den Vorteil, daß man aus einer Fleischsorte durch entsprechende Saucen oder Beilagen mehrere Gerichte zubereiten kann, sondern auch, daß das ohne Gewürze gegarte Fleisch sein natürliches Aroma behält. »Weißgekochtes« Geflügel kocht man nur kurz und läßt es fest zugedeckt erkalten. Dabei gart das Fleisch nach und wird besonders zart.

Gegenüberliegende Seite, im Uhrzeigersinn von oben: Weißgekochtes Schweinefleisch (s. oben); Perlenbällchen (s. Seite 135); Char-siu (s. Seite 134)

Char-siu: Kantonesisches geröstetes Schweinefleisch

ZUTATEN

1 kg leicht durchwachsenes Schweinefleisch (Bratenstück)
2 EL dünnflüssiger Bienenhonig

FÜR DIE MARINADE

2 EL Hoisin-Sauce
2 EL Gelbe-Bohnen-Sauce
4 EL helle Sojasauce
6 EL Zucker
1 EL Reiswein oder halbtrockener Sherry
1 TL Salz

Als Hauptmahlzeit ausreichend für 4, mit 4 weiteren Gerichten für 8 Personen

Abbildung auf Seite 133

Als Beitrag zur chinesischen Gastronomie ist dieses Gericht so bemerkenswert wie die Peking-Ente, aber einfacher in der Zubereitung. Geröstet ist das köstlich duftende Fleisch saftig, rotbraun und hat knusprig dunkle Ränder. Es schmeckt heiß oder kalt und ist vielseitig verwendbar, als pfannengebratene Zutat mit Gemüse, mit gebratenem Reis gemischt, oder auf einer Platte mit Nudeln angerichtet.

1. Das Fleischstück in 4 Streifen schneiden (a). Fett nicht wegschneiden, es wird beim Rösten schön knusprig und schmeckt köstlich.
2. Die Streifen 3–4mal zickzackförmig anschneiden, jedoch nur dreivierteltief einschneiden, damit die Streifen am Stück bleiben (b). Dadurch dringt die Marinade besser ein,

a

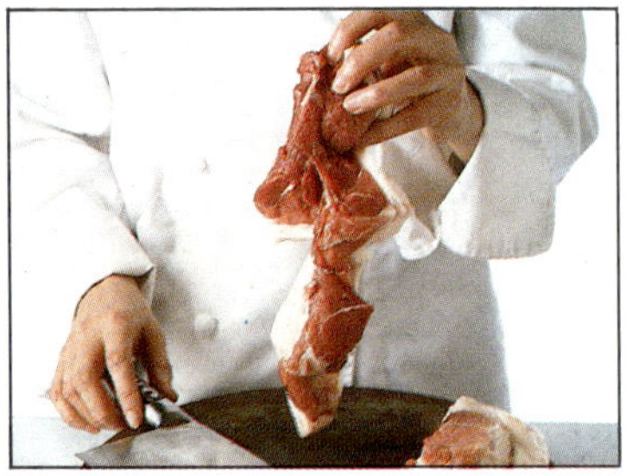

b

und die Stücke bekommen das typische Char-siu-Aussehen.

3. *Marinieren:* Saucen, Zucker, Wein und Salz mischen, das Fleisch sorgfältig damit vermischen und 4 Stunden stehenlassen. Alle halbe Stunde wenden.
4. Die Streifen auf einen Grillrost legen. Im vorgeheizten Backofen im oberen Drittel bei 190° 25–30 Minuten rösten. Darunter ein Tropfblech mit gut 1 cm Wasser schieben; der sich bildende Dampf verhindert außerdem, daß das Fleisch austrocknet. Die Stücke rundum mit der vorher in der Schüssel abgetropften Marinade bestreichen, wenden und nun die andere Seite 25–30 Minuten bei 180° grillen.
5. Den Rost mit dem Fleisch herausnehmen und sofort mit dem Honig bestreichen. In Scheiben schneiden und servieren.

Anmerkung: Das Fleisch kann auch aufgewärmt werden. Man schiebt es auf einem Rost für 12 Minuten in den auf 180° erhitzten Backofen. Übrige Marinade kann erwärmt als Dip gereicht werden. Auch Schälrippchen sind auf diese Art zubereitet köstlich.

Perlenbällchen

珍珠丸子

Nicht alle Hunan-Gerichte sind scharf, wie dieses Rezept beweist. Seinen Namen hat es von dem Klebreis, mit dem die Fleischbällchen umhüllt sind und der wie Perlen schimmert.

ZUTATEN

150 g Klebreis
4 eingeweichte chinesische Pilze (s. Seite 139)
2 EL getrocknete Shrimps (gespült)
4 Wasserkastanien aus der Dose
350 g durchwachsenes Schweinefleisch
je eine Prise Salz und weißer Pfeffer
1 EL Kartoffelmehl
50 g magerer Schinken

Mit 3 weiteren Gerichten ausreichend für 6 Personen

Abbildung auf Seite 133

1. Den Reis in einem Sieb durchspülen, bis das Wasser nicht mehr milchig ist. In kaltem Wasser 4 Stunden einweichen, dann absieben und auf einer Platte ausbreiten.
2. Die Pilze ausdrücken (sie sollten aber noch feucht sein) und kleinwürfeln.
3. Soviel kochendes Wasser über die Shrimps geben, daß sie gerade bedeckt sind, und 10–15 Minuten stehenlassen. Durchsieben und das Einweichwasser beiseite stellen.
4. Shrimps und Wasserkastanien feinhacken, ebenso das Schweinefleisch.
5. Das gehackte Fleisch, die Pilze, Shrimps und Wasserkastanien mischen. Pfeffer, Salz und Kartoffelmehl dazugeben. Löffelweise das Einweichwasser von den Shrimps und noch 3 EL Wasser einrühren.
6. Den Schinken kleinwürfeln und unter den Reis mischen.
7. Das Fleisch mit nassen Händen zu Kugeln von der Größe eines Pingpongballs formen. Die Bällchen dann in dem Reis hin und her rollen, bis sie ringsum bedeckt sind, und auf feuerfeste Teller legen.
8. Die Fleischkugeln 15 Minuten bei guter Hitze dämpfen (s. Seite 44).
9. Die Bällchen anrichten und heiß servieren.

Schweinefleisch mit eingelegtem Szetschuan-Gemüse

榨菜肉絲

ZUTATEN

250 g Schweinefilet
50 g Szetschuan-Gemüse (gespült)
4 EL Erdnuß- oder Maiskeimöl
1 Knoblauchzehe (in Seidenfäden geschnitten, s. Seite 35)
5–6 Frühlingszwiebeln (längs halbiert und in 5-cm-Stücke geschnitten)

FÜR DIE MARINADE

je eine Prise Salz und Zucker
½ TL helle Sojasauce
1 TL Reiswein oder halbtrockener Sherry
½ TL Kartoffelmehl (mit 1 EL Wasser angerührt)
1 TL Sesamöl

Mit einem weiteren Gericht ausreichend für 2 Personen

Abbildung auf der gegenüberliegenden Seite

Eingelegtes Szetschuan-Gemüse ist ein regionales Produkt, und Schweinefleisch wird in ganz China gegessen. Kein Wunder, daß daraus eines der volkstümlichsten Gerichte der Szetschuan-Küche entstand. Es ist im Norden Chinas ebenso populär wie im Süden des Landes.

1. Das Schweinefleisch in feine streichholzlange Streifen schneiden und in eine Schüssel geben.
2. *Marinieren:* Salz, Zucker, Sojasauce, Reiswein und angerührtes Kartoffelmehl unter das Fleisch mischen, dabei immer in die gleiche Richtung rühren. 15 Minuten stehenlassen, dann das Sesamöl einrühren.
3. Das Szetschuan-Gemüse in dünne, kurze Streifen schneiden.
4. Die Wok stark erhitzen, das Öl zugeben und herumschwenken, dann den Knoblauch kurz anbraten. Das Gemüse einrühren, und sobald es »springt«, das Fleisch dazugeben. 1 Minute pfannenrühren und dabei zusammenklebende Streifen trennen. Den Reiswein von der Seite einträufeln und rühren, bis er absorbiert ist, dann die Frühlingszwiebeln unterheben.
   Eine weitere Minute pfannenbraten und heiß servieren.

Gegenüberliegende Seite, im Uhrzeigersinn von oben: Schweinefleisch mit eingelegtem Szetschuan-Gemüse (s. oben); Mu-shu-Schweinefleisch (s. Seite 139); Rindfleisch mit eingelegtem Senfgrün (s. Seite 138)

Gebratenes Rindfleisch mit eingelegtem Senfgrün

咸酸菜炒牛肉

ZUTATEN

225 g eingelegtes Senfgrün aus der Dose
2¼ EL Zucker
350 g Rindsfilet
1 TL Kartoffelmehl
6 EL Wasser
5 EL Erdnuß- oder Maiskeimöl
4–5 Knoblauchzehen (feingehackt)
4 Frühlingszwiebeln (in 3-cm-Stücke geschnitten, weiße und grüne Teile getrennt)
1 TL Reiswein oder halbtrockener Sherry
1 1-cm-Stück frischer Ingwer (feingehackt)

FÜR DIE MARINADE

je eine Prise Salz und schwarzer Pfeffer
1 EL helle Sojasauce
2 TL Reiswein oder halbtrockener Sherry
1 TL Kartoffelmehl (mit 2 EL Wasser angerührt)
1 TL Sesamöl

Mit 2 weiteren Gerichten ausreichend für 4 Personen

Abbildung auf Seite 137

Dieses Gericht aus Kanton mit seiner appetitlichen Zusammenstellung pikanter, aromatischer und süß-saurer Geschmacksnuancen kommt aus der Gegend des Östlichen Flusses der Provinz Kwangtung.

1. Das Senfgrün feinschneiden, in eine Schüssel geben, den Zucker untermischen und bei Zimmertemperatur 1 Stunde stehenlassen.
2. Das Rindfleisch quer zur Faser in 5 mm dicke, mundgerechte Scheiben schneiden.
3. *Marinieren:* Salz, Pfeffer, Sojasauce und Reiswein mit dem Fleisch vermischen, langsam in einer Richtung das Kartoffelmehl einrühren. Das macht das Rindfleisch »samtig« und zart. 30 Minuten in den Kühlschrank stellen. Dann das Sesamöl darüberträufeln und durchmischen.
4. Das Kartoffelmehl mit 6 EL Wasser anrühren.
5. Die Wok stark erhitzen, dann 5 EL des Öls hineingeben und schwenken. Den Knoblauch kurz anbraten und die weißen Frühlingszwiebeln untermischen. Das Rindfleisch dazugeben und 30–60 Sekunden pfannenrühren, bis es halb durch ist. Den Reiswein einträufeln, noch einen Moment rühren, dann herausnehmen und warm stellen.
6. Das restliche Öl in die Wok geben, herumschwenken, den Ingwer anbraten und das Senfgrün dazumischen. Wenn es kochend heiß ist, in der Mitte eine Mulde machen.
7. Das Rindfleisch in die Mulde schütten und sofort mit dem angerührten Kartoffelmehl begießen. Wenn die Flüssigkeit gebunden hat, die grünen Frühlingszwiebeln unterheben, auf einer vorgewärmten Platte anrichten und heiß servieren.

Mu-shu-Schweinefleisch

木樨肉

Mu-shu ist der chinesische Name für Goldnadeln (auch Lilienknospen genannt), eine wichtige Zutat in diesem Gericht. Man sagt auch, er beziehe sich auf die Eier, die ja – wie die Goldnadeln – ebenfalls gelb sind. In diesem Gericht sind die Goldnadeln jedenfalls so wichtig wie das Schweinefleisch.

1. Die eingeweichten Pilze ausdrücken, sie sollten aber noch feucht sein.
2. Die eingeweichten Goldnadeln ausdrücken, mit kochendem Wasser übergießen und nochmals 20–30 Minuten stehenlassen, damit sie besonders weich werden. Ausdrücken und jedes Stück längs halbieren.
3. Das Fleisch in dünne, gleich große kleine Quadrate schneiden und in eine Schüssel geben.
4. *Marinieren:* Salz, Zucker, Pfeffer, Sojasauce, Reiswein und das angerührte Kartoffelmehl unter das Fleisch mischen, dabei immer in eine Richtung rühren. 20 Minuten stehenlassen, dann das Öl unterrühren.
5. Die Eier mit einer Prise Salz und 1 EL Öl leicht schlagen.
6. Die Wok stark erhitzen, 2 EL des Öls hineingeben, herumschwenken und die Wolkenohren 30 Sekunden pfannenbraten. Wenn sie zu »hüpfen« beginnen, die Hitze reduzieren und die Goldnadeln unterheben. Wenn sie heiß sind, mit Salz, Zucker und Sojasauce würzen und warm stellen.
7. Die Wok auswischen und wieder erhitzen, 2 EL des Öls hineingeben und herumschwenken, dann die Eier eingießen. Rühren, bis sie gestockt sind. Die Eier herausnehmen und warm stellen. Die Wok wieder ausreiben.
8. Die Wok stark erhitzen, das restliche Öl hineingeben, herumschwenken und die weißen Frühlingszwiebeln kurz anbraten. Das Fleisch untermischen und 1 Minute pfannenrühren. Den Reiswein am Rand einträufeln und einrühren, dann die übrigen vorgegarten Zutaten unterheben, rühren und wenden, bis alles heiß ist. Nun die grünen Frühlingszwiebeln darüberstreuen, durchmischen und vom Feuer nehmen. Anrichten, das Sesamöl darübertröpfeln und heiß servieren.

ZUTATEN

15 g eingeweichte Wolkenohren (s. Seite 39)
25 g eingeweichte Goldnadeln (s. Seite 39)
300 g mageres Schweinefleisch
4 Eier
8 EL Erdnuß- oder Maiskeimöl
je eine Prise Salz und Zucker
1 EL dunkle Sojasauce
3–4 Frühlingszwiebeln (diagonal in Scheibchen geschnitten, weiße und grüne Teile getrennt)
1 EL Reiswein oder halbtrockener Sherry
2 TL Sesamöl

FÜR DIE MARINADE

je eine Prise Salz und weißer Pfeffer
1 TL helle Sojasauce
1 TL dunkle Sojasauce
1 TL Reiswein oder halbtrockener Sherry
1 TL Kartoffelmehl
1 EL Wasser
1 EL Erdnuß- oder Maiskeimöl

Mit 3 anderen Gerichten ausreichend für 6 Personen

Abbildung auf Seite 137

Schweinefleisch mit Rot-im-Schnee-Gemüse

雪菜肉絲

ZUTATEN

350 g mageres Schweinefleisch
100 g Rot-im-Schnee-Gemüse (aus der Dose, durchgespült)
eine Prise Zucker
100 g Bambussprossen (aus der Dose)
4–5 EL Erdnuß- oder Maiskeimöl
1 EL Reiswein oder halbtrockener Sherry
1 TL Sesamöl

FÜR DIE MARINADE

2 TL helle Sojasauce
eine Prise weißer Pfeffer
1 TL Reiswein oder halbtrockener Sherry
1 TL Maisstärke
1 TL Eiweiß (etwa ½ Eiweiß)
1 TL Sesamöl

Mit 2 anderen Gerichten ausreichend für 4 Personen

Abbildung auf der gegenüberliegenden Seite

Das eingelegte Senfgrün mit roter Wurzel, deshalb auch Rot-im-Schnee genannt, verleiht dem Gericht eine besondere Note.
Wie in vielen anderen pfannengebratenen Gerichten der Schanghai-Küche werden auch hier weder Knoblauch noch Frühlingszwiebeln verwendet.

1. Das Schweinefleisch in streichholzgroße Streifen schneiden und in eine Schüssel geben.
2. *Marinieren:* Sojasauce, Pfeffer, Reiswein, Stärke und Eiweiß unter das Fleisch mischen und dabei immer in die gleiche Richtung rühren, bis die Marinade absorbiert ist. 15 Minuten stehenlassen, dann das Öl einrühren.
3. Das Rot-im-Schnee-Gemüse grobhacken und zuckern.
4. Die Bambussprossen wie das Fleisch schneiden.
5. Die Wok stark erhitzen, das Öl eingießen und herumschwenken. Das Gemüse kurz pfannenrühren, die Bambussprossen hinzufügen und mit dem Gemüse mischen. Das Fleisch unterheben und unter ständigem Wenden 1 Minute pfannenbraten. Den Reiswein seitlich einträufeln, weiter mischen und wenden, bis das Fleisch Farbe angenommen hat. Vom Feuer nehmen und sofort auftragen.

Anmerkung: Rot-im-Schnee-Gemüse in Dosen gibt es bislang nur in Spezialgeschäften, die fernöstliche Zutaten führen. Sie können als Ersatz eingelegtes Szetschuan-Gemüse verwenden, das ja für diese Art von Gerichten häufig genommen wird.

Gegenüberliegende Seite, im Uhrzeigersinn von oben: Geröstetes Rindfleisch (s. Seite 143); Schweinefleisch mit Rot-im-Schnee-Gemüse (s. oben); Peperoni-Rindfleisch mit Schwarze-Bohnen-Sauce (s. Seite 142)

Peperoni-Rindfleisch mit Schwarze-Bohnen-Sauce

豉椒牛肉

ZUTATEN

500 g Rindfleisch zum Braten (am besten Filet oder Rumpsteak)
1 TL Kartoffelmehl (mit 6 EL Wasser angerührt)
5 EL Erdnuß- oder Maiskeimöl
250 g grüne Peperoni (Samen entfernt und grobgehackt)
eine Prise Salz
5 Knoblauchzehen (feingehackt)
4 Frühlingszwiebeln (in 3-cm-Stücke geschnitten, weiße und grüne Teile getrennt)
2½ EL fermentierte schwarze Bohnen
eine Prise Zucker
1 TL Erdnuß- oder Maiskeimöl
1 rote Chili (Samen entfernt, in Scheibchen geschnitten)
1 EL Reiswein oder halbtrockener Sherry

FÜR DIE MARINADE

je eine Prise Salz, Zucker und schwarzer Pfeffer
2 TL dunkle Sojasauce
2 TL Reiswein oder halbtrockener Sherry
1½ TL Kartoffelmehl
3 EL Wasser
1 TL Erdnuß- oder Maiskeimöl
1 TL Sesamöl

Mit 2 weiteren Gerichten ausreichend für 4 Personen

Abbildung auf Seite 141

Eines jener beliebten Gerichte der Kanton-Küche, bei dem die vielseitig verwendbare schwarze Bohne obligatorische Zutat ist. Es wird zu Hause ebenso gern serviert wie in Restaurants.

1. Das Fleisch in 5 mm dicke, rechteckige mundgerechte Scheiben schneiden und in eine große Schüssel geben.
2. *Marinieren:* Salz, Zucker, Pfeffer, Sojasauce und Reiswein unter das Fleisch mischen. Mit dem Kartoffelmehl bestreuen (a) und nach und nach das Wasser in einer Richtung einrühren (b). Zugedeckt für 30 Minuten in den Kühlschrank stellen, dann das Öl untermischen.

a

b

3. Die schwarzen Bohnen durchspülen, zerdrücken und mit der Prise Zucker und dem Öl verrühren.
4. Die Wok stark erhitzen, 1 EL Öl zugeben, herumschwenken und die Peperoni 2 Minuten pfannenbraten. Falls sie anbrennen sollten, die Hitze reduzieren. Salzen und warm stellen.
5. Die Wok wieder stark erhitzen, 4 EL Öl eingießen, herumschwenken und den Knoblauch anbraten. Die weißen Frühlingszwiebeln dazugeben und weiterrühren. Dann die angerührten Bohnen und die Chili untermischen. Das Fleisch dazugeben und unter ständigem Wenden pfannenbraten, bis es nach 1–2 Minuten halb gar ist.
6. Den Reiswein seitlich einträufeln und unter ständigem Wenden und Rühren das angerührte Kartoffelmehl, dann die grünen Peperoni und die Frühlingszwiebeln dazugeben. Wenn die Sauce gebunden hat, vom Feuer nehmen, anrichten und sofort heiß servieren.

Geröstetes Rindfleisch

乾炒牛肉絲

Die traditionelle Zubereitung dieses scharf-würzigen Gerichts der Szetschuan-Küche erfordert Zeit und Geduld, da es eine Stunde bei kleiner Hitze pfannengebraten wird, bis das Fleisch knusprig ist. Den gleichen Effekt kann man jedoch in wesentlich kürzerer Zeit erzielen, indem man das Fleisch fritiert und anschließend pfannenrührt. Dazu passen Reis oder Silberfaden-Brötchen (s. Seiten 201)

ZUTATEN

500 g Rindfleisch (von der Hüfte oder Filet)
100 g Karotten (in dünne Streifen geschnitten)
3–4 Stangen Bleichsellerie (in dünne Streifen geschnitten)
eine Prise Salz
2–3 getrocknete rote Chilis
Pflanzenöl zum Fritieren
1 TL Maisstärke
2 EL Erdnuß- oder Maiskeimöl
½ TL gerösteter und gemahlener Szetschuanpfeffer (s. Seite 21)
1 TL Sesamöl

FÜR DIE MARINADE

2½ EL helle Sojasauce
2½ TL Zucker
1 EL Reiswein oder halbtrockener Sherry
1 TL Sesamöl
½ TL gerösteter und gemahlener Szetschuanpfeffer (s. Seite 21)

FÜR DIE SAUCE

1 TL Maisstärke
1 TL Zucker
4 EL Wasser

Mit 2–3 weiteren Gerichten ausreichend für 4–6 Personen

Abbildung auf Seite 141

1. Das Rindfleisch in dünne, 6–7 cm lange Streifen schneiden und in eine Schüssel geben.
2. *Marinieren:* Sojasauce, Zucker, Reiswein, Öl und Szetschuanpfeffer gründlich unter das Fleisch mischen und bei Raumtemperatur 1 Stunde stehenlassen.
3. Die Karotten leicht salzen, nach 30 Minuten die sich gebildete Flüssigkeit weggießen und die Karotten auf Küchenkrepp ausbreiten, damit sie noch etwas trockener werden.
4. Die Selleriestreifen auf die gleiche Weise vorbereiten.
5. Die Chilis seitlich aufschneiden und den Samen entfernen; die Schoten möglichst ganz lassen.
6. *Die Sauce vorbereiten:* Stärke, Zucker und Wasser in einer kleinen Schüssel verrühren.
7. Die Wok zur Hälfte mit Öl füllen und auf 200° erhitzen. Währenddessen die Stärke unter das Fleisch rühren. Nun die Streifen 4–5 Minuten fritieren, bis sie knusprig sind. Mit einem Sieblöffel herausnehmen und auf Küchenkrepp abtropfen lassen. Das Öl zur Wiederverwendung umfüllen und die Wok ausreiben.
8. Die Wok wieder erhitzen, 2 EL Öl hineingeben, herumschwenken und die Chilis braten, bis sie braun sind, dann mit einem Sieb herausnehmen, über der Wok abtropfen lassen und wegwerfen. Die Karotten in die Wok schütten, dann den Sellerie. Wenige Minuten pfannenbraten, damit der letzte Saft verdampft, dann das Fleisch dazugeben und 3–4 Minuten braten, bis alles knusprig ist.
9. Die angerührte Sauce nach und nach untermischen und auf einer vorgewärmten Platte anrichten.
10. Mit dem Szetschuanpfeffer bestreuen, das Sesamöl darüberträufeln und heiß servieren.

Anmerkung: Das Gericht kann einige Stunden vorher bis zur Stufe 8 vorbereitet werden. Es wird dann einfach bei mäßiger Hitze erwärmt und nach Punkt 9 und 10 fertiggekocht.

Ameisen auf dem Baum

螞蟻上樹

ZUTATEN

75 g Glasnudeln
175 g mageres Schweinefleisch
4 EL Erdnuß- oder Maiskeimöl
3 Knoblauchzehen (feingehackt)
3–4 Frühlingszwiebeln (diagonal in Scheiben geschnitten, weiße und grüne Teile getrennt)
1½ EL scharfe Bohnenpaste oder Chilisauce
2 TL Reiswein oder halbtrockener Sherry
¼ l klare Brühe
eine Prise Salz
helle oder dunkle Sojasauce

FÜR DIE MARINADE

je eine Prise Salz und schwarzer Pfeffer
1 EL dunkle Sojasauce
1 TL Reiswein oder halbtrockener Sherry
½ TL Kartoffelmehl (mit 1 EL Wasser angerührt)
2 TL Sesamöl

Mit 3–4 weiteren Gerichten ausreichend für 6 Personen

Abbildung auf der gegenüberliegenden Seite

Lassen Sie sich durch den Namen des Gerichts nicht den Appetit verderben. Chinesischer Humor und Phantasie haben beim Anblick des gehackten Fleisches über den Glasnudeln zu dieser witzigen Bezeichnung geführt. Sie sollte zu keinen allzu realistischen Vergleichen führen. Das marinierte Schweinefleisch mit der pikanten Sauce verleiht dem Gericht Farbe und ausgeprägten Geschmack, während die Glasnudeln durch ihre interessante Struktur zur Harmonie des Gerichts beitragen.

1. Die Glasnudeln mit kochendem Wasser übergießen und zugedeckt 20 Minuten aufweichen lassen.
2. Das Schweinefleisch von Hand feinhacken und in eine Schüssel geben.
3. *Marinieren:* Salz, Pfeffer, Sojasauce, Reiswein und angerührte Stärke gründlich unter das Fleisch mischen, 1–2 Minuten in gleicher Richtung rühren und 15 Minuten stehenlassen. Das Öl dazumischen.
4. Die Glasnudeln in einen Durchschlag schütten und mit der Küchenschere kürzer schneiden.
5. Die Wok stark erhitzen, Öl eingießen und herumschwenken. Knoblauch und dann die weißen Frühlingszwiebeln kurz anbraten. Die Bohnenpaste dazugeben und das Fleisch unterheben. 1 Minute pfannenrühren und wenden, dabei das Fleisch auseinanderstochern. Den Reiswein am Rand einträufeln. Das Fleisch auf die Seite schieben.
6. Die Nudeln in die Wok geben, gut durchrühren, die Brühe darübergießen und mit Salz und Sojasauce abschmecken. Nach dem Aufkochen die Hitze reduzieren und zugedeckt 5 Minuten köcheln lassen.
7. Die meiste Brühe ist nun verkocht. Nun die grünen Frühlingszwiebeln darüberstreuen, die Nudeln auf einer vorgewärmten Platte anrichten, das Fleisch am Rand und über die Nudeln verteilen und heiß servieren.

Anmerkung: Wenn Ihnen die Bohnenpaste oder die Chilisauce zu scharf sind, können Sie auch dunkle Sojasauce verwenden.

Gegenüberliegende Seite, im Uhrzeigersinn von oben:
Rotgekochte Ochsenzunge (s. Seite 147); Ameisen auf dem Baum (s. oben); Gerösteter Schweinebauch (s. Seite 146); Hoisin-Sauce zum Schweinebauch.

Gerösteter Schweinebauch

燒肉

ZUTATEN

1,5 kg durchwachsenes Rippenstück (ohne Knochen, mit Schwarte)
eine Prise Salz
2 TL rote Lebensmittelfarbe

FÜR DIE MARINADE

1 TL Salz
1 TL Zucker
1 EL Gelbe-Bohnen-Sauce
1 EL Hoisin-Sauce
½ TL helle Sojasauce
1 TL Fünfgewürzpulver

FÜR DIE DIPS

dunkle Sojasauce
Hoisin-Sauce

Als Hauptgericht ausreichend für 4–6 Personen

Abbildung auf Seite 145

In speziellen Geschäften Kantons und Hongkongs werden ganze Schweine in besonders für diese Zwecke gebauten Öfen schön rotgeröstet. Einen ähnlichen Effekt kann man auch bei einem durchwachsenen Bauchstück mit Schwarte zu Hause erzielen. Die Schwarte nicht einschneiden und kein gefrorenes Fleisch verwenden, denn es wird nie so knusprig wie frisches.

1. Die Schwartenseite des Fleisches trockenreiben. Mit einer spitzen Gabel die Schwarte einstechen, bis sie vollständig mit feinen Löchern übersät ist. Mit dem Salz einreiben (a).
2. Die Schwarte mit der Lebensmittelfarbe einpinseln, sofern welche verwendet wird (b).

a

b

3. Das Fleisch auf der Fleischseite im Abstand von 2–3 cm in Faserrichtung 1 cm tief einschneiden.
4. *Marinieren:* Salz, Zucker, Gelbe-Bohnen-Sauce, Hoisin-Sauce, helle Sojasauce und Fünfgewürzpulver mischen.
5. Möglichst viel Marinade auf die Fleischseite, besonders auch in die Schnitte pinseln. Keine Marinade auf die Kantenseiten streichen, sonst verbrennen sie beim Rösten.
6. Das Stück mit einem Fleischerhaken an einem luftigen Platz 8 Stunden oder über Nacht aufhängen, bis es außen nahezu trocken ist. Je trockener das Fleisch, desto knuspriger wird es beim Rösten.
7. Das Fleisch mit der Schwarte nach oben auf dem Rost in die obere Hälfte des vorgeheizten Ofens schieben und 15 Minuten bei 200° rösten. Dann die Hitze für 1 Stunde auf 190° reduzieren. Den Ofen währenddessen nicht öffnen. Das Fleisch ist normalerweise nach dieser Zeit gar und die Schwarte schön knusprig. Probieren Sie durch Einstechen mit einem Stäbchen, ob es durchgegart ist. Es muß klarer Saft austreten.

8. Das Fleisch ein paar Minuten auf dem Küchenbrett abkühlen lassen, in mundgerechte Scheibchen schneiden und auf einer vorgewärmten Platte anrichten. Mit den Dips servieren.

Rotgeschmorte Ochsenzunge

紅燒牛舌

Ein herzhaftes Gericht, für das natürlich auch die im Geschmack delikatere Kalbszunge verwendet werden kann.

1. Die Zunge in einem Topf mit reichlich Wasser zum Kochen bringen. Bei reduzierter Hitze 1 Stunde kochen. Die Zunge herausnehmen, mit kaltem Wasser abspülen und enthäuten.
2. Eine entsprechend große Kasserolle erhitzen, dann 2 EL des Öls hineingießen und herumschwenken. Knoblauch und Frühlingszwiebeln hineingeben, dann die Zunge. Auf jeder Seite 1 Minute bräunen. Sternanis, Szetschuanpfeffer, Tangerinenschale, Brühe, Sojasauce, Zucker, Salz und Reiswein dazugeben und zugedeckt langsam zum Kochen bringen. Bei reduzierter Hitze 2 Stunden kochen. Ab und zu nachsehen, ob Brühe nachgegossen werden muß. Am Schluß sollten noch ⅓ l Sud vorhanden sein. (Bis hierher kann das Gericht im voraus zubereitet werden.)
3. Die Zunge in gleich dünne Scheiben schneiden.
4. Die Sauce durchsieben.
5. Die frischen Erbsen in kochendem Salzwasser mit 1 EL Öl blanchieren und dann abschrecken (Dieser Schritt entfällt bei tiefgefrorenen).
6. Die Zungenscheiben mit der Sauce und den Erbsen erhitzen, das angerührte Kartoffelmehl eintröpfeln, und wenn die Sauce gebunden hat, vom Feuer nehmen.
7. Auf einer vorgewärmten Platte anrichten und servieren.

Anmerkung: Die Zunge kann man gut einfrieren. Sie kann in der Kasserolle auch im vorgeheizten Ofen 20 Minuten bei 200°, dann weitere 1¾ Stunden bei 170° gegart werden.

ZUTATEN

1 ungesalzene Ochsenzunge von etwa 1,5 kg
3 EL Erdnuß- oder Maiskeimöl
3 Knoblauchzehen (zerdrückt)
3 Frühlingszwiebeln (nur die weißen Teile)
2 ganze Sternanis
1 TL Szetschuanpfeffer
¼ getrocknete Tangerinenschale
gut ½ l klare Brühe
5 EL dunkle Sojasauce
1½ TL brauner Zucker
eine Prise Salz
1½ EL Reiswein oder halbtrockener Sherry
250 g grüne Erbsen
1 EL Kartoffelmehl (in 2 EL Wasser angerührt)

Als Hauptmahlzeit ausreichend für 6 Personen

Abbildung auf Seite 145

上海菜

Ein Schanghai-Menü

Dieses Menü für 8 Personen repräsentiert die beiden östlichen gastronomischen Provinzen Tschekiang und Kiangsu. Beide rühmen sich einiger Spitzenprodukte Chinas: Chinhua-Schinken, Shaoxing-Wein und Chinkiang-Essig. Bei diesem Menü sind dekorative, delikate und herzhafte Gerichte aufeinander abgestimmt.

雪菜肉絲湯

Rot-im-Schnee-Suppe mit Schweinefleisch
Aromatische Suppe mit Schweinefleisch, Glasnudeln und knusprigem Rot-im-Schnee-Gemüse (s. Seite 213).

芙蓉蛋片

Fu-Yung-Eierfladen
Zarte Eierfladen in einer kräftigen Brühe (s. Seite 213).

揚州炒飯

Gebratener Yangtschou-Reis
Gebratener Reis mit Schinken, Shrimps, Erbsen und Zwiebeln, garniert mit Eierstreifen (s. Seite 216).

上海燻魚

Geräucherter Fisch nach Schanghai-Art
Marinierter und fritierter Fisch mit würziger Sauce, kalt serviert (s. Seite 214).

王太守八寶豆腐

Acht-Juwelen-Bohnenquark
Schmackhaftes Gericht aus püriertem Bohnenquark mit Huhn, Schinken, Pilzen und Nüssen (s. Seite 215).

冰糖元蹄

Schweinefüßchen mit Kandiszucker
Zartes Fleischgericht, gewürzt mit Ingwer, Frühlingszwiebeln, Sojasauce und Kandiszucker und am Stück serviert (s. Seite 214).

GEMÜSE

Fischduft-Auberginen

魚香茄子

ZUTATEN

15 g eingeweichte Wolkenohren (s. Seite 39)
etwa 700 g Auberginen
Pflanzenöl zum Fritieren
1½ EL Erdnuß- oder Maiskeimöl
5 Knoblauchzehen (feingehackt)
1 1-cm-Stück frischer Ingwer (feingehackt)
3 Frühlingszwiebeln (in 3-cm-Stücke geschnitten, weiße und grüne Teile getrennt)
1½ EL Chilipaste (s. Seite 226)
1 EL Reiswein oder halbtrockener Sherry
1 TL Salz
1½ TL Zucker
1 EL helle Sojasauce
½ TL Kartoffelmehl (in 3 EL Wasser angerührt)
1 EL Reiswein- oder Weißweinessig

Mit 3 weiteren Gerichten ausreichend für 6 Personen

Abbildung auf der gegenüberliegenden Seite

In Szetschuan gibt es eine Reihe von Gerichten, die genau so aromatisiert werden wie man traditionsgemäß Fisch würzt. Für die Würze verwendet man Chilipaste mit Knoblauch, Ingwer und Frühlingszwiebeln und läßt sie auf die Hauptzutaten einwirken. Den letzten Pfiff bekommt sie durch die Beigabe von Reiswein, Zucker und Essig, als Kennzeichen der Szetschuan-Küche. Das köstliche Gericht kann heiß oder kalt gereicht werden.

1. Die eingeweichten Pilze in schmale Streifen schneiden.
2. Von den Auberginen in Längsrichtung einzelne Streifen abschälen, so daß dazwischen abwechslungsweise ein Streifen Schale bleibt. (Wenn sie ganz geschält werden, schrumpfen sie beim Kochen zu sehr ein). Die Auberginen längs in Streifen, dann quer in Stücke in der Größe von Pommes frites schneiden.
3. Die Wok zur Hälfte mit Öl füllen und auf 180° erhitzen. Die Auberginenstücke hineingeben und 2 Minuten fritieren. Herausnehmen und auf Küchenkrepp abtropfen lassen. (Dies kann einige Stunden vorher gemacht werden.)
4. Das Öl zur Wiederverwendung aus der Wok in einen verschließbaren Behälter gießen, die Wok wieder erhitzen und 1 EL Öl eingießen. Den Knoblauch anbraten, dann den Ingwer und die weißen Frühlingszwiebeln dazugeben. Unter ständigem Rühren und Wenden die Chilipaste, die Auberginen und die Pilze hineingeben. Wenn die Pilze »springen«, die Hitze reduzieren. Den Wein eintröpfeln, Salz, Zucker und Sojasauce untermischen. Das angerührte Kartoffelmehl und die grünen Frühlingszwiebeln hinzufügen, nochmals gut durchmischen und vom Feuer nehmen. Den Essig darüberträufeln, rasch durchrühren, auf einer vorgewärmten Platte anrichten und sofort servieren.

Gegenüberliegende Seite, im Uhrzeigersinn von oben: Fischduft-Auberginen (s. oben); Geschmorte Bambussprossen mit chinesischen Pilzen (s. Seite 152); Acht-Juwelen-Gemüseplatte (s. Seite 153)

Geschmorte Bambussprossen mit chinesischen Pilzen

乾燒二冬

ZUTATEN

12–16 eingeweichte chinesische Pilze (s. Seite 39)
700 g Bambussprossen aus der Dose (Winterbambus)
Pflanzenöl zum Fritieren
je eine Prise Salz und Zucker
1½ EL dunkle Sojasauce
2 TL helle Sojasauce
2 EL des Pilz-Einweichwassers

Mit 2 anderen Gerichten ausreichend für 4 Personen

Abbildung auf Seite 151

Dies ist ein klassisches vegetarisches Gericht der östlichen Regionalküche, das auch zu einer Vielzahl von Fleischgerichten serviert werden kann.

1. Die Pilze ausdrücken (sie sollten aber noch feucht sein) und das Wasser beiseite stellen.
2. Die Bambussprossen rollschneiden oder in kleine, keilförmige Stücke. Auf Küchenpapier auslegen.
3. Die Wok zur Hälfte mit Öl füllen und auf 190° erhitzen. Die Bambussprossen vorsichtig hineingleiten lassen und etwa 1½ Minuten fritieren. Mit der Siebkelle herausnehmen und auf Küchenkrepp abtropfen lassen. Das Öl bis auf 3 EL zur Wiederverwendung in einen verschließbaren Behälter umfüllen.
4. Die Wok mit dem Öl stark erhitzen, die Pilze hineingeben und 1 Minute pfannenrühren. Die Bambussprossen unterheben und unter ständigem Wenden noch 1 Minute braten.
5. Mit Salz, Zucker, den Sojasaucen und dem Pilzwasser würzen. Bei kleiner Hitze noch etwas köcheln, bis die Flüssigkeit eingekocht und nur noch Öl vorhanden ist. Auf einer vorgewärmten Platte heiß servieren.

Bohnenquark-Puffer

豆腐泡

ZUTATEN

4 Bohnenquark-Kuchen
Pflanzenöl zum Fritieren

Ergibt 16 Puffer

Als Zutat verwendet im Rezept auf Seite 153

Die fritierten Puffer halten bis zu 2 Wochen im Kühlschrank, im Gegensatz zu frischem Bohnenquark, den man nur 2–3 Tage aufbewahren kann. Sie sind nützliche Zutaten und Beilagen zu Fleisch, Fisch und Gemüse, da sie die Saucen aufsaugen und den Gerichten eine interessante Struktur verleihen.

1. Die Kuchen in jeweils 4 Würfel schneiden und auf Küchenpapier legen, damit überschüssige Feuchtigkeit entzogen wird.
2. Die Wok zur Hälfte mit Öl füllen und auf 200° erhitzen. Die Bohnenquarkwürfel vorsichtig in das siedende Öl gleiten lassen und 15 Minuten fritieren, bis sie goldbraun sind. Herausnehmen und auf Küchenpapier entfetten.

Acht-Juwelen-Gemüse-platte

八寶齋會

Die Zahl 8 hat in China eine besondere Bedeutung, denn nach buddhistischer Lehre, die für einige Jahrhunderte China stark beeinflußt hat, gibt es im Leben acht Schätze: Perlen, Rhombus, das steinerne Schlaginstrument, Rhinozeroshorn, Münze, Spiegel, Bücher und das Blatt des Wermutstrauchs. Die Symbolik der acht Schätze hat sich auch in der chinesischen Nahrung niedergeschlagen: jedes Gericht, das sich aus acht oder mehr Hauptzutaten zusammensetzt, kann sich mit der Bezeichnung »Acht Juwelen« schmücken.

1. Die Pilze und Goldnadeln aus dem Wasser nehmen und abtropfen lassen. Die großen Pilze teilen.
2. Die Glasnudeln mit kochendem Wasser übergießen und 30 Minuten einweichen. So quellen sie auf und werden elastisch. In einen Durchschlag schütten und mit der Küchenschere einige Male durchschneiden.
3. In einem Topf Wasser mit ½ TL Salz und ½ EL des Öls zum Kochen bringen, die Zuckererbsen hineingeben, kurz aufwallen lassen, dann in einen Durchschlag schütten und mit kaltem Wasser abschrecken.
4. Die Wok stark erhitzen, das restliche Öl hineingeben und herumschwenken. Den Ingwer und die Frühlingszwiebeln kurz pfannenbraten, dann den Bohnenquark unterrühren und die Pilze darüber verteilen. Die Hitze etwas reduzieren und nacheinander die Glasnudeln, Goldnadeln, Bohnenquark-Puffer, Babymais, Strohpilze und die Ginkgonüsse dazugeben und alles gut durchmischen. Mit Salz, Zucker und Sojasauce würzen und die Brühe dazugießen. Kurz kochen, bis ein Teil der Brühe absorbiert und verdampft ist, dann die Zuckererbsen unterheben. Mit Sesamöl beträufeln, auf einer warmen Platte anrichten und sofort servieren.

ZUTATEN

2 gehäufte EL Wolkenohren (eingeweicht, s. Seite 39)
15 g Goldnadeln bzw. Lilienknospen (eingeweicht, s. Seite 39)
50 g Glasnudeln
1 TL Salz
4½ EL Erdnuß- oder Maiskeimöl
100 g Zuckererbsen
6 dünne Scheiben frischer Ingwer
6 Frühlingszwiebeln (diagonal in Scheiben geschnitten)
1 EL fermentierter roter Bohnenquark (mit 1 TL Lake oder Wasser zerdrückt)
8 Bohnenquark-Puffer (halbiert, s. Seite 152)
8 Babymaiskolben aus der Dose (längs halbiert)
100 g Strohpilze aus der Dose
100 g Ginkgonüsse aus der Dose
1½ Tassen Gemüse- oder klare Brühe (mit ½ TL Kartoffelmehl verrührt)
eine Prise Zucker
2½ EL helle Sojasauce
Sesamöl

Mit 3 weiteren Gerichten ausreichend für 6 Personen

Abbildung auf Seite 151

Geschmorte gefüllte Paprikaschoten

釀青椒

ZUTATEN

5 mittelgroße rote und grüne Paprika (geviertelt und Samen entfernt)
4–5 getrocknete chinesische Pilze (eingeweicht, s. Seite 39)
350 g durchwachsenes Schweinefleisch
2 EL getrocknete Shrimps (abgespült)
4–5 Frühlingszwiebeln (in dünne Ringe geschnitten)
50 g Bambussprossen aus der Dose (feingehackt)
1 Eiweiß (leicht geschlagen)
4 EL Erdnuß- oder Maiskeimöl
2 EL Reiswein oder halbtrockener Sherry

FÜR DIE MARINADE

je eine Prise Salz und Zucker
1 TL dunkle Sojasauce
1 TL helle Sojasauce
2 TL Reiswein oder halbtrockener Sherry
1½ TL Kartoffelmehl
6 EL Wasser
1 TL Sesamöl

FÜR DIE SAUCE

1½ TL Kartoffelmehl
1 Tasse Brühe und Pilz-Einweichwasser
1½ EL Erdnuß- oder Maiskeimöl
5 Knoblauchzehen (feingehackt)
2½ EL fermentierte schwarze Bohnen
eine Prise Zucker und 1 TL Öl
2–3 frische Chilischoten (Samen entfernt und in Ringe geschnitten)

Als Hauptmahlzeit ausreichend für 5–6 Personen

Abbildung auf der gegenüberliegenden Seite

Zarte und dennoch knackige Paprikaschoten, gefüllt mit Schweinefleisch und leicht aromatisiert vom Geschmack der Shrimps. Die Schwarze-Bohnen-Sauce verleiht dem Gericht eine zusätzliche Geschmacksdimension.

1. Die Paprikaschoten 1–2 Minuten blanchieren, mit kaltem Wasser abschrecken und gut abtropfen lassen.
2. Die Pilze ausdrücken und feinwürfeln. Das Einweichwasser beiseite stellen.
3. Das Schweinefleisch zusammen mit den Shrimps feinhacken und in eine große Schüssel geben.
4. *Marinieren:* Salz, Zucker, Sojasauce, Reiswein, Kartoffelmehl und die Hälfte des Wassers in einer Richtung unter das Fleisch rühren. Den Rest des Wassers tropfenweise einrühren.
5. Die Pilze, Frühlingszwiebeln und Bambussprossen untermischen und 15–30 Minuten stehenlassen, dann das Sesamöl und das Eiweiß einrühren.
6. Die Paprikaviertel mit der Fleischmischung füllen.
7. Die Wok stark erhitzen, 2 EL Öl hineingießen und herumschwenken. Die Hälfte der Schoten mit der Fleischseite nach unten hineingeben und 1 Minute bräunen. Bei kleiner Hitze weitere 3–4 Minuten zugedeckt schmoren, dabei einmal umdrehen.
8. Einen Eßlöffel des Reisweins darüberträufeln, dann vom Feuer nehmen und warm stellen.
9. Die Wok ausreiben und die zweite Hälfte der Paprikastücke auf die gleiche Weise garen. Die Wok wieder säubern.
10. *Die Sauce zubereiten:* Zunächst das Kartoffelmehl in der Brühe und dem Pilzwasser auflösen. Die schwarzen Bohnen abspülen, zerdrücken und mit dem Zucker und Öl anrühren. Die Wok stark erhitzen, 1½ EL Öl hineingeben, herumschwenken und den Knoblauch kurz anbraten. Die schwarzen Bohnen und die Chilis dazugeben und mischen. Dann die Brühe hineingießen und die Hitze reduzieren. Sobald die Sauce aufkocht, über die angerichteten Paprikaschoten löffeln und servieren.

Gegenüberliegende Seite, im Uhrzeigersinn von oben: Rotgeschmorte Klöße (s. Seite 157); Geschmorte gefüllte Paprikaschoten (s. oben); Mehlklöße, gekocht und fritiert (s. Seite 156)

Mehlklöße, gekocht oder fritiert

麵筋

ZUTATEN

1 kg Hartweizenmehl
1 EL Salz
600 ml kaltes oder lauwarmes Wasser
Pflanzenöl zum Fritieren

Ergibt etwa 40–45 Klöße

Abbildung auf Seite 155

Für die buddhistischen Vegetarier in China sind diese Klöße Ersatz für Fleisch und daher unverzichtbarer Bestandteil ihrer vegetarischen Küche. In China, Taiwan und Hongkong kann man sie bereits gekocht kaufen.

1. Das Mehl in eine Schüssel sieben, das Salz zugeben und nach und nach das Wasser. Zu einem Teig verarbeiten, der zwar fest, aber nicht zu hart sein soll.
2. Den Teig gründlich durchkneten, bis er geschmeidig und elastisch ist. Falls Sie einen Mixer verwenden, das Knetwerk etwa 4–6 Minuten einstellen. Zugedeckt 1 Stunde stehenlassen.
3. Den Teig in einen Durchschlag geben und in das Spülbecken mit geschlossenem Auslauf stellen.
4. Kaltes Wasser über den Teig laufen lassen und diesen dabei mit beiden Händen kneten und pressen. So wird das Mehl buchstäblich herausgewaschen, so daß nur das Gluten bzw. der Kleberanteil zurückbleibt. Wenn das Wasser im Spülbecken zu milchig geworden ist, muß es erneuert werden. Nach 10–12 Minuten ist es dann klarer, eher wolkig als trübe, und der Teig hat nun eine weiche, schwammige Struktur. Noch weitere 2 Minuten waschen und dann ausdrücken. Er ist nun fertig für die Herstellung der Klöße (a).
5. Mit der Hand etwa 40–45 Stücke formen und mit kleinem Zwischenraum auf eine Platte setzen (b).

a

b

6. Die Klöße können gekocht oder fritiert werden. Zum Kochen erhitzt man reichlich Wasser in einem großen Topf, gibt die Klöße, wenn nötig in zwei Raten, in das kochende Wasser und gart sie 4–5 Minuten. Wenn sie oben schwim-

men, sind sie fertig (c). Zum Fritieren füllt man die Wok zur Hälfte mit Öl und erhitzt auf 190°. Jeweils 10 der Klöße 2 Minuten fritieren, bis sie leicht braun sind. Sie sinken im heißen Öl zunächst auf den Boden, kommen dann aber sprudelnd hoch (d). Mit Stäbchen oder einer Siebkelle herausnehmen und auf Küchenpapier abtropfen lassen.

c

d

Anmerkung: Gekochte Klöße halten 2 Tage im Kühlschrank, fritierte 1 Woche. Sie lassen sich natürlich auch einfrieren.

Rotgeschmorte Mehlklöße

紅燒麵筋

Während die Klöße langsam schmoren, durchdringt die Sojasauce sie und färbt sie rötlich. Die Bambussprossen liefern den strukturellen Kontrast zu den schwammigen Klößen und den zarten Pilzen. Nach buddhistischer Tradition werden bei diesem vegetarischen Gericht weder Ingwer noch Knoblauch, Frühlingszwiebeln oder Reiswein verwendet.

ZUTATEN

20 getrocknete chinesische Pilze (mit kochendem Wasser eingeweicht, s. Seite 39)
20 gekochte Klöße (s. Seite 156)
4 EL Erdnuß- oder Maiskeimöl
175 g Bambussprossen aus der Dose (in dünne Scheiben geschnitten)
eine Prise Salz
2½ EL dunkle Sojasauce
1 TL Zucker
2–3 TL Sesamöl

Mit 3 weiteren Gerichten ausreichend für 4 Personen.

Abbildung auf Seite 155

1. Die eingeweichten Pilze ausdrücken und das Einweichwasser beiseite stellen.
2. Die gekochten Klöße ausdrücken.
3. Die Wok stark erhitzen, 2 EL Öl hineingeben und herumschwenken. Die Pilze unter Rühren und Wenden erhitzen, dann noch 1 EL Öl dazugießen und die Bambussprossen daruntermischen. Das restliche Öl eingießen und die Klöße darunterheben.
4. Das Einweichwasser von den Pilzen hineingießen (¼–½ l), mit Salz, Sojasauce und Zucker würzen und zum Kochen bringen. Zugedeckt bei kleiner Hitze 30 Minuten köcheln, bis die Brühe fast eingekocht ist.
5. Bei stärkerer Hitze nochmals kurz rühren und wenden, bis der Rest der Flüssigkeit absorbiert ist.
6. Anrichten, mit dem Sesamöl beträufeln und heiß servieren.

Pi-Pa-Bohnenquark

琵琶豆腐

ZUTATEN

6 getrocknete chinesische Pilze (eingeweicht, s. Seite 39)
4 Kuchen Bohnenquark
eine Prise Salz
1 Eigelb
2 EL Mehl mit einer Messerspitze Backpulver
Pflanzenöl zum Fritieren
2 Knoblauchzehen (feingehackt)
1 1-cm-Stück frischer Ingwer (zu Seidenfäden geschnitten, s. Seite 34)
4 Frühlingszwiebeln (diagonal in Scheiben geschnitten, weiße und grüne Teile getrennt)
50 g Char-siu (s. Seite 134) oder Schinken (kleingewürfelt)

FÜR DIE SAUCE

1½ TL Kartoffelmehl
9 EL Pilz-Einweichwasser
1½ EL Austernsauce
½ EL dunkle Sojasauce

Mit 2–3 anderen Gerichten ausreichend für 4–6 Personen

Abbildung auf Seite 161

So genannt, weil der zerdrückte Bohnenquark zu Stücken geformt wird, die dem bekannten chinesischen Musikinstrument, der Pi Pa, ähneln.

1. Die Pilze ausdrücken und in sehr feine Scheiben schneiden. Das Einweichwasser beiseite stellen.
2. Den Bohnenquark durch ein Sieb passieren. Im Sieb verbliebene Bestandteile wegwerfen.
3. Den passierten Bohnenquark mit dem Salz, Eigelb und dem mit dem Mehl vermischten Backpulver zu einer Paste verrühren. 10 Minuten stehenlassen.
4. *Die Sauce vorbereiten:* Kartoffelmehl, Pilzwasser, Austern- und Sojasauce mischen.
5. Die Wok zur Hälfte mit Öl füllen und auf 190° erhitzen.
6. Bevor das Öl ganz heiß ist, 6 chinesische Suppenwürfel oder normale Eßlöffel hineintauchen und mit der Bohnenquarkmischung füllen (a). Wenn das Öl heiß genug ist, den Bohnenquark aus den Löffeln in die Wok gleiten lassen (b). Falls notwendig, ein Messer zu Hilfe nehmen. Die Stücke sollen die Form von Birnenhälften behalten.
7. Die Stücke 3–4 Minuten fritieren, dabei wenden (c), bis sie goldbraun sind und im Öl schwimmen. Mit einem Sieblöffel herausnehmen, auf Küchenkrepp abtropfen lassen und auf einer warmen Platte anrichten.

a

b

c

d

8. Das Öl abfüllen und die Wok ausreiben.
9. Die Wok wieder stark erhitzen, Öl hineingeben, herumschwenken, den Knoblauch, Ingwer und die weißen Frühlingszwiebeln anbraten. Die Pilze, dann das Fleisch oder den Schinken dazugeben und kurz pfannenrühren.
10. Die Sauce eingießen und bei mittlerer Hitze unter ständigem Rühren binden lassen. Die grünen Frühlingszwiebeln untermischen und die Sauce über die Bohnenquarkstücke löffeln. Sofort auftragen.

Pock-Ma-Bohnenquark

麻婆豆腐

Dieses weltweit bekannte Szetschuan-Gericht war die Erfindung der Frau des Küchenchefs Ch'en Shan-fu, der in der zweiten Hälfte des 19. Jahrhunderts in der Provinzhauptstadt Tschengtu arbeitete. Wie die Pockennarben auf ihrem Gesicht ihr den Spitznamen »Pock-Ma« oder Pockenweib einbrachten, haben sie ihren Namen mit dem nach ihr benannten Gericht zugleich unsterblich gemacht.

ZUTATEN

100 g mageres Schweinefleisch
20 g eingelegtes Szetschuan-Gemüse (gespült und trockengetupft)
4 Kuchen Bohnenquark
1 TL Kartoffelmehl
1 EL Wasser
4 EL Erdnuß- oder Maiskeimöl
3 Knoblauchzehen (feingehackt)
1 EL scharfe Bohnenpaste
1 TL helle Sojasauce
1 TL Zucker
1 Tasse klare Brühe (s. Seite 225)
1 TL Chiliöl (s. Seite 225)
1 TL Sesamöl
½ TL gerösteter, gemahlener Szetschuanpfeffer
2 Frühlingszwiebeln (nur die weißen Teile, in feine Ringe geschnitten)

FÜR DIE MARINADE

je eine Prise Salz, Zucker
1 TL helle Sojasauce
1 TL dunkle Sojasauce
1½ TL Reiswein oder halbtrockener Sherry
1 TL Sesamöl

Mit 2–3 weiteren Gerichten ausreichend für 4–6 Personen

Abbildung auf Seite 161

1. Das Schweinefleisch feinhacken.
2. *Marinieren:* Salz, Zucker, Sojasaucen, Reiswein und Öl unter das Fleisch mischen und 15–30 Minuten ziehen lassen.
3. Das Szetschuan-Gemüse in feine Würfel schneiden (Streichholzköpfe). Den Bohnenquark in 1-cm-Würfel schneiden und in ein Sieb zum Abtropfen geben.
4. Kartoffelmehl mit dem Wasser zum Andicken verrühren.
5. Die Wok stark erhitzen, bis sich Rauch entwickelt, das Öl zugießen und herumschwenken. Knoblauch ganz kurz anbraten, dann das Schweinefleisch hineingeben und pfannenbraten, bis es halb gar ist. Szetschuan-Gemüse, Bohnenpaste, Sojasauce und Zucker untermischen und weiter pfannenrühren, bis das Fleisch die Sauce aufgesogen hat. Die Brühe dazugießen und langsam bei kleiner Hitze zum Kochen bringen.
6. Den Bohnenquark vorsichtig unterheben und darauf achten, daß die Kuchen nicht zerbrechen. 2 Minuten kochen, damit er den Geschmack der anderen Zutaten aufnehmen kann. Die Sauce mit dem angerührten Kartoffelmehl binden und alles auf eine warme Platte geben.
7. Chili- und Sesamöl darübertröpfeln. Mit Szetschuanpfeffer und den Frühlingszwiebeln bestreuen und heiß servieren.

Pfannengebratene Broccoli mit Rindfleisch

芥蘭炒牛肉

ZUTATEN

150 g Rindsfilet
500–600 g Broccoli (geputzt)
4 EL Erdnuß- oder Maiskeimöl
4 dünne Scheiben frischer Ingwer
je eine Prise Salz und Zucker
1–2 Knoblauchzehen (diagonal in dünne Scheiben geschnitten)
2 Frühlingszwiebeln (in 1-cm-Stücke geschnitten, weiße und grüne Teile getrennt)
½ EL Reiswein oder halbtrockener Sherry

FÜR DIE MARINADE

je eine Prise Salz, Zucker und schwarzer Pfeffer
1 TL dunkle Sojasauce
1 TL Reiswein oder halbtrockener Sherry
½ TL Kartoffelmehl (mit 1 EL Wasser angerührt)
1 TL Erdnuß- oder Maiskeimöl

FÜR DIE SAUCE

½ TL Kartoffelmehl (mit 4 EL Wasser angerührt)
1–1½ EL Austernsauce
½ EL dunkle Sojasauce

Mit 3 anderen Gerichten ausreichend für 4 Personen

Abbildung auf der gegenüberliegenden Seite

Wie häufig in der chinesischen Küche, dient auch hier das Fleisch als Ergänzung zum Gemüse. Die chinesischen Broccoli mit ihrem spezifischen Geschmack, ähnlich dem Spargel, passen sehr gut zu den samtweichen Fleischscheiben. Statt der chinesischen Broccoli können auch europäische verwendet werden.

1. Das Fleisch quer zur Faser in 5 mm dicke mundgerechte Scheiben schneiden.
2. *Marinieren:* Salz, Zucker, Pfeffer, Sojasauce, Reiswein und das angerührte Kartoffelmehl in einer Richtung unter das Fleisch rühren und 15–30 Minuten stehenlassen. Dann das Öl einrühren.
3. Die Broccoli in etwa 8 cm lange Stücke schneiden.
4. *Die Sauce vorbereiten:* Das angerührte Kartoffelmehl, Austern- und Sojasauce mischen.
5. Die Wok stark erhitzen. 1–2 EL Öl hineingeben und herumschwenken. Den Ingwer kurz anbraten und die Broccoli dazugeben. 1 Minute pfannenrühren. Falls die Broccoli anzubrennen drohen, die Hitze reduzieren. Salz und Zucker darüberstreuen. 4–5 EL Wasser dazugießen und bei mittlerer Hitze 4–5 Minuten zugedeckt kochen. Die Broccoli sollten noch knackig sein. Mit einem Sieblöffel herausnehmen, auf eine vorgewärmte Platte geben und warm stellen.
6. Die Wok ausspülen und trockenreiben. Stark erhitzen, das Öl zugeben und herumschwenken. Knoblauch anbraten, dann die weißen Frühlingszwiebeln. Das Fleisch daruntermischen und 30 Sekunden pfannenbraten. Den Reiswein seitlich eintröpfeln und weiterrühren. Die angerührte Sauce darübergießen und untermischen. Wenn sie gebunden hat, die grünen Frühlingszwiebeln dazugeben und vom Feuer nehmen.
7. Die Fleischmischung über die Broccoli löffeln und sofort heiß servieren.

Gegenüberliegende Seite, im Uhrzeigersinn von oben: Pfannengebratene Broccoli mit Rindfleisch (s. oben); Pi-Pa-Bohnenquark (s. Seite 158); Fritierter Bohnenquark im Tontopf (s. Seite 162); Pock-Ma-Bohnenquark (s. Seite 159)

Fritierter Bohnenquark im Tontopf

煲仔豆腐

ZUTATEN

5 chinesische Pilze (eingeweicht, s. Seite 39)
4 Kuchen Bohnenquark (abgetropft)
4 große Blätter Chinakohl
3 EL Erdnuß- oder Maiskeimöl
2 dünne Scheiben frischer Ingwer
eine Prise Salz
Pflanzenöl zum Fritieren

FÜR DIE SAUCE

1 TL Kartoffelmehl
5 EL Pilz-Einweichwasser oder klare Brühe
2 TL dunkle Sojasauce
2 EL Austernsauce
1–2 Knoblauchzehen (feingehackt)
2–3 Frühlingszwiebeln (in 3-cm-Stücke geschnitten, weiße und grüne Teile getrennt)

Mit 2 weiteren Gerichten ausreichend für 4 Personen

Abbildung auf Seite 161

In Südchina und Hongkong werden – besonders während der Wintermonate – bestimmte Gerichte gern in einem feuerfesten Tontopf gegart. Diese Art der Zubereitung umfaßt sowohl Fleisch als auch Überbleibsel, Fisch, Meeresfrüchte, Gemüse und Bohnenquark. Man nennt sie Tontopf-Gerichte. Die Hauptzutaten sind oft fritiert, dann im Tontopf mit den anderen Zutaten gemischt und kurz vor dem Servieren fertiggegart. Statt eines Tontopfes kann man sich auch mit einem emaillierten oder kupfernen Topf behelfen.

1. Die eingeweichten Pilze ausdrücken und in dünne Streifen schneiden. Das Einweichwasser beiseite stellen.
2. Die Bohnenquark-Kuchen in jeweils 3 rechteckige Stücke schneiden, auf Küchenkrepp legen, damit das überschüssige Wasser aufgesogen wird. Darauf achten, daß sie nicht zerbrechen.
3. Die Kohlblätter quer in 3 cm breite Streifen schneiden.
4. Die Wok auf starker Flamme erhitzen. 1 EL des Öls zugeben und herumschwenken. Den Ingwer anbraten, dann den Kohl dazugeben und 30 Sekunden pfannenbraten. Nach Belieben salzen und zugedeckt bei reduzierter Hitze 2–3 Minuten braten. Der Kohl muß noch knackig sein. Mit dem Sieblöffel herausnehmen und in den vorgewärmten irdenen Topf legen.
5. *Die Sauce zubereiten:* Kartoffelmehl, Pilzwasser oder Brühe, Soja- und Austernsauce mischen. Eine Pfanne oder zweite Wok erhitzen, das restliche Öl hineingeben und herumschwenken. Den Knoblauch anbraten, bis er Farbe angenommen hat, dann die weißen Frühlingszwiebeln und die Pilze daruntermischen. 30 Sekunden pfannenrühren und die Sauce darübergießen. Die Hitze reduzieren und weiterrühren, bis die Sauce gebunden hat. Vom Feuer nehmen.
6. Die Wok zur Hälfte mit Öl füllen und auf 200° erhitzen. Den Bohnenquark vorsichtig hineingeben und 4 Minuten fritieren, bis er goldbraun ist. Dabei einmal wenden. Mit einem Sieblöffel herausnehmen und auf Küchenpapier abtropfen lassen.
7. Die Bohnenquarkstücke auf den Kohl im Tontopf legen und die grünen Frühlingszwiebeln darauf verteilen. Die Sauce wieder erhitzen und darüberlöffeln.
8. Den Tontopf 1–2 Minuten erhitzen und auftragen.

Gefüllte chinesische Pilze

釀冬菇

Ein delikates gedämpftes Gericht, das besonders bei den Kantonesen und in Fukien sehr beliebt ist. Das Eiweiß lockert das Fleisch, und die Bambussprossen oder Wasserkastanien bilden den Kontrast zu der sonst zartweichen Struktur des Gerichts. Die transparente Sauce wirkt wie eine Glasur auf der Füllung.

1. Das Schweinefleisch feinhacken und in eine Schüssel geben.
2. *Marinieren:* Ingwer, Salz, Zucker, Sojasauce, Pfeffer, Reiswein und angerührtes Kartoffelmehl gut mit dem Fleisch mischen und dabei ca. 30 Sekunden in die gleiche Richtung rühren, bis das Fleisch gleichmäßig von der Marinade umhüllt ist. Das Eiweiß dazugeben und in einer Richtung weiterrühren, bis die Masse sämig und leicht ist. 15 Minuten stehenlassen.
3. Die Bambussprossen oder Wasserkastanien unter die Fleischmischung heben, dann die Frühlingszwiebeln. Nun noch den Eßlöffel Öl einrühren – und die Füllung ist fertig.
4. Die eingeweichten Pilze vorsichtig ausdrücken (sie sollten aber noch feucht sein). Das Einweichwasser beiseite stellen. Die harten Stiele der Pilze wegschneiden.
5. Die Pilzkappen mit der Unterseite nach oben auf die Handfläche legen, mit der Fleischmasse gehäuft füllen und die Oberfläche glattstreichen. Die Kappen mit der gefüllten Seite nach oben (möglichst in einer Lage) auf eine feuerfeste Platte bzw. einen Teller setzen.
6. Die Platte in einen Dämpfer geben und fest zugedeckt bei starker Hitze 10 Minuten dämpfen (s. Seite 44).
7. *Die Sauce zubereiten:* Kurz vor Ende der Garzeit das angerührte Kartoffelmehl, Pilzbrühe, Austern- und Sojasauce mischen und in einem kleinen Topf zum Kochen bringen. Wenn die Sauce gebunden hat, das Öl einrühren.
8. Die Pilze aus dem Dämpfer nehmen, anrichten, die Sauce darüberlöffeln und heiß servieren.

ZUTATEN

- 28 chinesische Hutpilze, eingeweicht (s. Seite 39)
- 100 g Schweinefleisch
- 50 g Bambussprossen oder 3–4 Wasserkastanien aus der Dose (feingehackt)
- 5 Frühlingszwiebeln (in feine Ringe geschnitten)
- 1 EL Erdnuß- oder Maiskeimöl

FÜR DIE MARINADE

- 2–4 dünne Scheiben frischer Ingwer (feingehackt)
- je eine Prise Salz, Zucker und weißer Pfeffer
- 2 TL helle Sojasauce
- 1 TL Reiswein oder halbtrockener Sherry
- ½ TL Kartoffelmehl (mit 1 EL Wasser angerührt)
- 1 Eiweiß

FÜR DIE SAUCE

- ½ TL Kartoffelmehl (in 1 EL Wasser angerührt)
- 1¼ Tassen Pilz-Einweichbrühe
- 1 EL Austernsauce
- 1 EL dunkle Sojasauce
- 2 EL Erdnuß- oder Maiskeimöl

Mit 3–4 anderen Gerichten ausreichend für 6 Personen

Abbildung auf Seite 165

Geschmorte Bambussprossen

冒冬筍

ZUTATEN

8 eingeweichte chinesische Pilze (s. Seite 39)
25 g getrocknete Shrimps (abgespült)
450 g Bambussprossen
2 EL helle Sojasauce
2 TL Zucker
5 EL Erdnuß- oder Maiskeimöl
100 g mageres Schweinefleisch (in dünne Streifen geschnitten)
1¼ Tassen klare Brühe, einschließlich Einweichwasser der Shrimps
1 TL Kartoffelmehl (in 1 EL Wasser angerührt)
2–3 TL Sesamöl

Mit 3 weiteren Gerichten ausreichend für 6 Personen

Abbildung auf der gegenüberliegenden Seite

In Fukien bereitet man dieses Gericht aus frischen Winterbambussprossen. Hier müssen Sie mit Dosenware vorliebnehmen, die jedoch fast genauso knackig ist.

1. Die eingeweichten Pilze ausdrücken (sie sollten aber noch feucht sein) und in dünne Streifen schneiden.
2. Die Shrimps in einer kleinen Schale mit so viel kochendem Wasser übergießen, daß sie gerade bedeckt sind. 15 Minuten stehenlassen, dann absieben. Das Einweichwasser beiseite stellen.
3. Die Bambussprossen in etwa 5 cm lange, 1 cm breite und ½ cm dicke Streifen schneiden. Mit Sojasauce und Zucker mischen und 5 Minuten stehenlassen.
4. Die Wok stark erhitzen, bis sich Rauch entwickelt. Das Öl hineingeben und herumschwenken. Die Bambussprossen mit einem Sieblöffel aus der Sauce nehmen, gut abtropfen lassen und in die Wok geben. Sofort das Schweinefleisch mit der Sauce vermischen, in der die Bambussprossen mariniert waren. Die Bambussprossen in der Wok wenden, so daß sie ringsum von Öl umhüllt sind, und herausnehmen.
5. Die Shrimps in die Wok geben, rühren, dann die Pilze daruntermischen und schließlich das Fleisch. 1 Minute pfannenbraten, bis das Fleisch beinahe gar ist.
6. Die Bambussprossen wieder daruntermischen, die Brühe darübergießen und bei reduzierter Hitze 10 Minuten zugedeckt köcheln. Die Sauce sollte dann bis auf 5–6 EL eingekocht sein.
7. Die Sauce mit dem angerührten Kartoffelmehl binden.
8. Vom Feuer nehmen und auf einer vorgewärmten Platte anrichten.

Gegenüberliegende Seite, im Uhrzeigersinn von oben: Pfannengebratene Bohnensprossen mit geschnetzeltem Schweinefleisch (s. Seite 166); Geschmorte Bambussprossen (s. oben); Gefüllte chinesische Pilze (s. Seite 163); Pfannengebratener Chinakohl mit getrockneten Shrimps (s. Seite 167)

Pfannengebratene Bohnensprossen mit geschnetzeltem Schweinefleisch

肉絲芽菜

ZUTATEN

175 g mageres Schweinefleisch
1 grüne Peperonischote (längs) halbiert, Samen entfernt)
6 EL Erdnuß- oder Maiskeimöl
3 dünne Scheiben frischer Ingwer (in Seidenfäden geschnitten, s. Seite 35)
500 g Bohnensprossen
eine Prise Salz
2–3 Knoblauchzehen (feingehackt)
3 Frühlingszwiebeln (längs halbiert und in 5 cm lange Stücke geschnitten, weiße und grüne Teile getrennt)
2 TL Reiswein oder halbtrockener Sherry

FÜR DIE MARINADE

je eine Prise Salz, Zucker und weißer Pfeffer
2 TL helle Sojasauce
1 TL Reiswein oder halbtrockener Sherry
½ TL Kartoffelmehl
1 EL Wasser

FÜR DIE SAUCE

½ TL Kartoffelmehl
3 EL Wasser
2 EL Austernsauce

Mit 2 weiteren Gerichten ausreichend für 4 Personen

Abbildung auf Seite 165

Eine Mischung aus Fleisch und Gemüse ist in der chinesischen Küche alltäglich. Obwohl nur wenig Fleisch beigegeben wird, ist die Geschmacksverbesserung des Gemüsegerichts doch ganz beachtlich.

1. Das Schweinefleisch in streichholzgroße Streifen schneiden und in eine Schüssel geben.
2. *Marinieren:* Salz, Zucker, Pfeffer, Sojasauce, Reiswein, Kartoffelmehl und Wasser mit dem Fleisch vermischen und dabei immer in die gleiche Richtung rühren, dann 20 Minuten stehenlassen.
3. Die Peperoni in feine Streifen schneiden.
4. *Die Sauce vorbereiten:* Kartoffelmehl, Wasser und Austernsauce mischen.
5. Die Wok stark erhitzen, bis sich Rauch entwickelt, 3 EL des Öls hineingeben und herumschwenken. Den Ingwer kurz anbraten, dann die Bohnensprossen und die Peperonistreifen dazugeben. Salzen und 2½–3 Minuten pfannenrühren. Die Bohnensprossen und Peperoni werden dann gar, aber noch knackig sein. Vom Feuer nehmen und warm halten.
6. Die Wok spülen und ausreiben. Erneut stark erhitzen, das restliche Öl hineingeben und herumschwenken. Den Knoblauch anbraten, dann die weißen Frühlingszwiebeln dazugeben. Kurz rühren und das Fleisch daruntermischen. 30 Sekunden pfannenbraten, den Wein seitlich einträufeln und noch 30–60 Sekunden weiterrühren, bis das Fleisch gar ist. Die Hitze reduzieren und die Sauce darübergießen. Wenn sie sämig geworden ist, die grünen Frühlingszwiebeln darunterheben. Die Fleischmischung mit der Sauce über die Bohnensprossen löffeln und sofort heiß servieren.

Pfannengerührter Chinakohl mit getrockneten Shrimps

Ein preiswertes, bekömmliches Gericht und einfach in der Zubereitung, das in Kanton so populär ist wie in Schanghai, wo man es allerdings nur mit getrockneten Shrimps würzt.

1 Die Shrimps (a) mit kochendem Wasser übergießen und 30 Minuten stehenlassen (b). Absieben und das Einweichwasser beiseite stellen.

a

b

2. Den Kohl säubern, die Blätter gleichmäßig übereinanderlegen (c) und quer in schmale Streifen schneiden (d). Die harten Strunkteile entfernen.

c

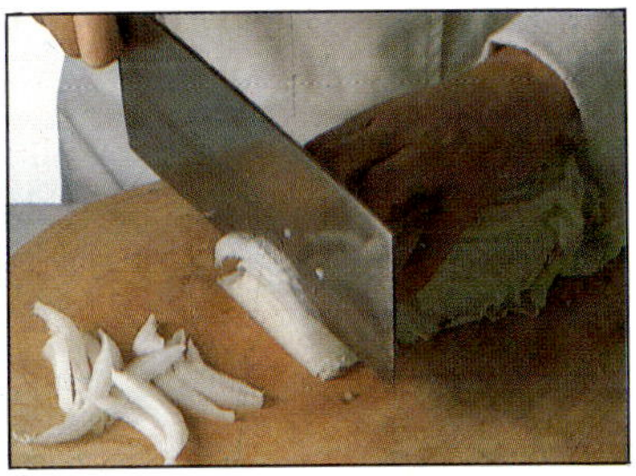

d

3. Die Wok stark erhitzen, das Öl zugeben und herumschwenken. Die weißen Frühlingszwiebeln kurz pfannenbraten, dann den Ingwer dazugeben. Die Shrimps daruntermischen. Sie werden »explodieren«, wenn sie mit dem heißen Öl in Berührung kommen. Kurz pfannenrühren.

4. Den Kohl in die Wok schütten und 1 Minute pfannenrühren und wenden, damit er das Aroma der anderen Zutaten aufnehmen kann. Die Hitze notfalls reduzieren. Nun die Einweichbrühe der Shrimps dazugießen, salzen und zugedeckt 1–2 Minuten kochen, bis der Kohl gar, aber noch knackig ist. Die grünen Frühlingszwiebeln daruntermischen, vom Feuer nehmen, anrichten und sofort heiß servieren.

ZUTATEN

25 g getrocknete Shrimps
1 kg Chinakohl
3–4 EL Erdnuß- oder Maiskeimöl
4 Frühlingszwiebeln (in 3-cm-Stücke geschnitten, weiße und grüne Teile getrennt)
4 dünne Scheiben frischer Ingwer
eine Prise Salz

Mit 2–3 anderen Gerichten ausreichend für 4–6 Personen

Abbildung auf Seite 165

紹菜炒蝦米

素菜

Ein vegetarisches Menü

Vegetarische Gerichte müssen nicht fade und geschmacksarm sein. Ein Beispiel hierfür ist das folgende Menü für 8 Personen. Für Nichtvegetarier und weniger Orthodoxe wirkt die Beigabe von Austernsauce Wunder. Vergessen Sie sie also nicht.

冬菇芥蘭花

Pfannengebratene Broccoli mit chinesischen Pilzen
Pfannengebratene Hutpilze mit Broccoli in einer hellen Soja- und Austernsauce (s. Seite 220).

七彩沙律

Regenbogen-Salat
Kurz pfannengebratenes Gemüse mit einem delikaten Dressing aus Sesampaste und Essig (s. Seite 217).

清炒芽菜

Pfannengebratene Bohnensprossen
Leicht angebratene Bohnensprossen mit einer Soja-Austernsauce (s. Seite 219).

腐乳椒絲炒菠菜

Pfannengebratener Spinat mit Bohnenkäse-Sauce
Spinat, pfannengebraten mit Knoblauch und Chili und als Besonderheit eine Bohnenkäse-Sauce (s. Seite 220).

羅漢齋

Lohans Entzücken
Ein buddhistisches Gericht, daher ohne die üblichen chinesischen Würzen wie Ingwer, Knoblauch oder Frühlingszwiebeln (s. Seite 218).

醬油豆腐

Bohnenquark mit einfacher Sauce
Gewürfelter Bohnenquark, kurz pfannengebraten und mit Sojasauce und Frühlingszwiebeln serviert (s. Seite 219).

REIS, NUDELN UND TEIGTASCHEN

Gekochter Reis

白飯

ZUTATEN

1 Tasse bzw. 190 g weißer Langkornreis
1½ Tassen bzw. 350 ml Wasser
2 TL Erdnuß- oder Maiskeimöl

Mit anderen Gerichten ausreichend für 4–5 Personen

Abbildung auf der gegenüberliegenden Seite

Gekochter Reis, mit anderen Gerichten serviert, ist die Grundnahrung des Chinesen. Das allgemeine Maß in China für die zum Kochen des Reises benötigte Wassermenge ist der Zeigefinger: Man hält ihn mit der Spitze auf die Oberfläche des Reises in dem Topf und füllt bis zum ersten Gelenk des Fingers mit Wasser an. Für diejenigen jedoch, die weniger Erfahrung haben oder kleinere Mengen kochen wollen, dient die folgende Tabelle als Richtmaß. Der Reis muß durchgegart, aber nicht zu einer klebrigen Masse zerkocht sein.

Reis	Wasser	Öl	Gekochter Reis
1 Tasse bzw. 190 g	1½ Tassen bzw. 350 ml	2 TL	3 Tassen
2 Tassen bzw. 380 g	2½ Tassen bzw. 600 ml	4 TL	6 Tassen
3 Tassen bzw. 570 g	3¼ Tassen bzw. 800 ml	6 TL	9 Tassen

1. Den Reis mit kaltem Wasser in einer Schüssel waschen, dabei die Körner mit den Fingerspitzen reiben. Das Wasser 3–4mal wechseln und absieben.
2. Den Reis in einen schweren Topf geben, am besten einen aus Kupfer. Öl und Wasser dazugießen. (Das Öl verhindert das Überkochen und das Ankleben des Reises am Topfboden. Auch dient es zur Geschmacksverbesserung.)
3. Zugedeckt zum Kochen bringen. Den Reis gründlich durchrühren, offen oder zugedeckt weiterkochen, bis das Wasser eingekocht ist und nur noch Tröpfchen um die Reiskörner zu sehen sind. Die Hitze dann auf ein Minimum reduzieren.
4. Einen Asbest- oder Gitteruntersetzer unter den Topf schieben und den Reis zugedeckt noch 12–15 Minuten ziehen lassen.
5. Vor dem Servieren den Reis mit einem Löffel auflockern und anrichten.

Gegenüberliegende Seite, im Uhrzeigersinn von oben: Rindfleisch-Reis (s. Seite 173); Einfach gebratener Reis (s. Seite 172); Gekochter Reis (s. oben); Gebratener Klebreis (s. Seite 172)

Einfach gebratener Reis

淨炒飯

ZUTATEN

3 Tassen gekochter Reis (mindestens 3–4 Stunden vorher gekocht, s. Seite 170)
2 EL Erdnuß- oder Maiskeimöl
2 Frühlingszwiebeln (in Ringe geschnitten, weiße und grüne Teile getrennt)
1 großes Ei (mit 2 TL Öl und einer Prise Salz leicht geschlagen)
eine Prise Salz
2 TL dunkle Sojasauce
2 EL klare Brühe (falls notwendig)

Mit einem weiteren Gericht ausreichend für 2 Personen

Abbildung auf Seite 171

Wenn gekochter Reis mit Eiern gebraten wird, nennt man ihn einfach gebratener Reis. Er sagt besonders denjenigen mehr zu als gekochter Reis, die nicht gewohnt sind, Reis als Hauptnahrung zu verzehren. Gebratener Reis ist geschmackvoller, und übriggebliebener gekochter Reis kann auf diese Weise in ein wohlschmeckendes Gericht verwandelt werden.

1. Den Reis (Klumpen) möglichst gut zerbröseln.
2. Die Wok stark erhitzen, bis sich Rauch entwickelt, das Öl hineingeben und herumschwenken. Die Frühlingszwiebeln dazugeben und kurz braten. Das gerührte Ei darübergießen und 5–10 Sekunden ruhen lassen, damit es am Boden zu stocken anfängt.
3. Den Reis dazugeben und 3–4 Minuten rühren und wenden, bis er durch und durch heiß ist. Mit Salz und Sojasauce abschmecken. Wenn der Reis zu hart ist, die Brühe darüberlöffeln und nochmals durchrühren. Die grünen Frühlingszwiebeln darunterheben und sofort servieren.

Gebratener Klebreis

生炒糯米飯

ZUTATEN

500 g weißer Klebreis
25 g getrocknete Shrimps (durchgespült)
10 getrocknete chinesische Pilze (in ¼ l Wasser eingeweicht, s. Seite 39)
1 große luftgetrocknete chinesische Schweinswurst
1 große luftgetrocknete chinesische Entenleberwurst
2 EL Erdnuß- oder Maiskeimöl
1 TL Salz
4–6 Frühlingszwiebeln (in Ringe geschnitten, weiße und grüne Teile getrennt)
175 g gerösteter Schweinebauch (in Scheiben geschnitten, s. Seite 146)
1 EL dunkle Sojasauce
1 Sträußchen Koriander

Als Hauptmahlzeit ausreichend für 4–5 Personen

Abbildung auf Seite 171

Im Rohzustand gebratener und dann gegarter Klebreis wird lockerer und schmackhafter als gedämpfter. Die hier kaum erhältlichen chinesischen Würste können mit Kabanossi, Landjägern oder ähnlichen Wurstsorten ersetzt werden.

1. Den Reis mit den Händen in einer Schüssel gründlich waschen, dabei das Wasser 3–4mal wechseln. Mit reichlich frischem Wasser 5–6 Stunden einweichen. Kurz vor dem Garen absieben.
2. So viel kochendes Wasser über die Shrimps gießen, daß sie bedeckt sind, und 20 Minuten stehenlassen. Das Einweichwasser abgießen und beiseite stellen.
3. Die eingeweichten Pilze ausdrücken (sie sollten aber noch feucht sein) und in Streifen schneiden. Das Einweichwasser aufbewahren.
4. Die luftgetrockneten Würste waschen und in Scheiben schneiden. (Statt der chinesischen Würste kann man auch Bratwürste oder eine ähnliche Wurstsorte nehmen.)
5. Die Wok stark erhitzen, bis sich Rauch entwickelt, das Öl zugeben und herumschwenken. Die Würste und die Shrimps 1 Minute pfannenbraten. Die Pilze daruntermischen.

6. Den Reis dazugeben und 10–12mal wenden und mischen. Die Hitze reduzieren, wenn er anbrennen sollte. Etwa 6 EL des Einweichwassers von den Shrimps und Pilzen darüberlöffeln und zugedeckt bei mittlerer bis schwacher Hitze 2 Minuten kochen. Wieder 6 EL der Einweichbrühe dazugeben, durchrühren und zudecken. Diesen Vorgang noch 4mal wiederholen. Wenn das Einweichwasser verbraucht ist, normales Wasser nehmen.
7. Salzen, die weißen Frühlingszwiebeln und das Schweinefleisch darunterheben und wenden, dann wieder mit 6 EL Wasser begießen und 4–5 Minuten zugedeckt köcheln. Diesen Vorgang 3–4mal wiederholen. Der Reis sollte nun gar sein.
8. Den Reis vom Feuer nehmen, Sojasauce, grüne Frühlingszwiebeln und den zerpflückten Koriander (ersatzweise Petersilie) daruntermischen und sofort servieren.

Rindfleisch-Reis

生炒牛肉飯

In diesem Gericht wird der köstliche Rindfleischgeschmack vom Reis aufgenommen, während er gegart wird.

1. Das Rindfleisch feinhacken.
2. *Marinieren:* Salz, Zucker, Pfeffer, Sojasauce, Reiswein und Kartoffelmehl unter das Fleisch mischen und nach jedem Schritt in einer Richtung weiterrühren. Das Wasser löffelweise einrühren und 15 Minuten stehenlassen. Dann das Öl daruntermischen.
3. Den Reis mit der Hand oder 2 Gabeln zerbröseln.
4. Die Wok stark erhitzen, bis sich Rauch entwickelt, 3 EL des Öls hineingeben und herumschwenken. Den Knoblauch anbraten, dann den Ingwer und die Frühlingszwiebeln dazumischen. Das Fleisch hineingeben, pfannenrühren und dabei die Fleischklumpen auseinanderstochern. Wenn es halb gar ist, den Reiswein seitlich einträufeln und rühren, bis er absorbiert ist. Das geschlagene Ei in die Wok gießen, den Reis dazugeben und gut durchmischen. 2 Minuten pfannenbraten, bis der Reis heiß ist. Das restliche Öl seitwärts hineintröpfeln und unter den Reis rühren. Vom Feuer nehmen.
5. Die Hälfte des Salats und die grünen Frühlingszwiebeln darunterheben und auf einer vorgewärmten Platte anrichten Zum Schluß den restlichen Salat darüberstreuen.

ZUTATEN

3 Tassen gekochter Reis (mindestens 3–4 Stunden vorher gekocht, s. Seite 170)
250 g Rindfleisch zum Braten
4–5 EL Erdnuß- oder Maiskeimöl
4 Knoblauchzehen (feingehackt)
1 Stückchen frischer Ingwer (feingehackt)
4 Frühlingszwiebeln (in Ringe geschnitten, weiße und grüne Teile getrennt)
1 Ei (leicht geschlagen)
2–4 Salatblätter (feingeschnitten)

FÜR DIE MARINADE

je eine Prise Salz, Zucker und schwarzer Pfeffer
2 TL helle Sojasauce
2 TL dunkle Sojasauce
1 TL Reiswein oder halbtrockener Sherry
½ TL Kartoffelmehl
3–4 EL Wasser
1 EL Erdnuß- oder Maiskeimöl

Als Hauptgericht ausreichend für 2 Personen

Abbildung auf Seite 171

Yin-Yang-Reis

鴛鴦飯

ZUTATEN

500 g mageres Schweinefleisch
1 kg Tomaten
12 EL Erdnuß- oder Maiskeimöl
1 Knoblauchzehe (feingehackt)
je eine Prise Salz und Zucker
4½ Tassen gekochter Reis (s. Seite 170)
3–4 Knoblauchzehen (in Seidenfäden geschnitten, s. Seite 35)
1 EL Reiswein oder halbtrockener Sherry
6 große Eiweiß (mit ½ TL Salz geschlagen)
2 grüne Erbsen (blanchiert)

FÜR DIE MARINADE

je eine Prise Salz und Zucker
1 EL helle Sojasauce
1 TL Reiswein oder halbtrockener Sherry
eine Prise schwarzer Pfeffer
1 TL Kartoffelmehl (mit 1–2 EL Wasser angerührt)
1–2 EL Erdnuß- oder Maiskeimöl

FÜR DIE SAUCE

Saft der Tomaten
2 TL Kartoffelmehl
1 EL helle Sojasauce
1 EL Austernsauce

Als Hauptmahlzeit ausreichend für 3–4, als letzter Gang für 8–10 Personen

Abbildung auf der gegenüberliegenden Seite

Yin und Yang bezeichnen das dualistische Prinzip der chinesischen Philosophie. Es symbolisiert Sonne und Mond, männlich und weiblich. Bei diesem Gericht werden Eiweiß und Tomaten benutzt, um das Symbol von Yin und Yang farblich darzustellen.

1. Das Schweinefleisch in feine Streifen schneiden.
2. *Marinieren:* Salz, Zucker, Sojasauce, Reiswein, Pfeffer und Kartoffelmehl in einer Richtung mit dem Schweinefleisch verrühren. 20–30 Minuten stehenlassen, dann das Öl einrühren.
3. Die Tomaten blanchieren und schälen. Samen entfernen und in Würfel schneiden. In ein Sieb geben und über einer Schüssel abtropfen lassen. Den Saft aufbewahren.
4. Die Wok stark erhitzen, 2 EL des Öls hineingeben und herumschwenken. Den Knoblauch kurz anbraten, dann die Tomaten dazugeben. Einige Male wenden und dabei das Salz und den Zucker einstreuen. Bei mäßiger Hitze zugedeckt 5 Minuten kochen. Wieder in das Sieb geben und über der Schüssel abtropfen lassen. Den Tomatensaft zusammen mit dem bereits vorhandenen für die Sauce beiseite stellen. Die Tomaten warm halten.
5. *Die Sauce vorbereiten:* Tomatensaft, Kartoffelmehl, Sojasauce und Austernsauce gut mischen.
6. Den Reis auf einer Platte ausbreiten und warm stellen.
7. Die Wok ausreiben und wieder stark erhitzen. 4 EL des Öls hineingeben und herumschwenken. Den Knoblauch kurz anbraten und das Fleisch dazugeben. 1 Minute pfannenbraten, bis das Fleisch eine helle Farbe hat und halb gar ist. Seitlich den Reiswein einträufeln und weiterrühren. Die angerührte Sauce darübergießen und durchmischen. Das Fleisch über den Reis löffeln.
8. Die Wok wieder spülen und ausreiben, stark erhitzen, die restlichen 6 EL Öl hineingeben und herumschwenken. Das Eiweiß einrühren und notfalls die Hitze reduzieren. Wenn es flockig ist, auf die rechte Seite der Reisplatte löffeln, also die Yin-Seite. Die linke Kante in Plattenmitte zu einer Kurve entsprechend dem Yin-Yang-Symbol formen.
9. Auf die linke oder Yang-Seite die Tomaten löffeln. Eine Erbse auf jede Hälfte legen und sofort heiß servieren.

Gegenüberliegende Seite im Uhrzeigersinn von oben: Frühlingszwiebelkuchen (s. Seite 178); Yin-Yang-Reis (s. oben); Gekochte Teigtaschen (s. Seite 176); Geschmorte Teigtaschen (s. Seite 177)

Gekochte Teigtaschen nach nordchinesischer Art

餃子

ZUTATEN

FÜR DEN TEIG

600 g Mehl
400 ml Wasser

FÜR DIE FÜLLUNG

25 g getrocknete Shrimps (gespült)
1 TL Reiswein oder halbtrockener Sherry
900 g Chinakohl (geputzt)
2 TL Salz
450 g durchwachsenes Schweinefleisch (feingehackt)
12 Frühlingszwiebeln (in feine Ringe geschnitten)

FÜR DIE MARINADE

1½ TL Salz
eine Prise Pfeffer
2 TL Reiswein oder halbtrockener Sherry
3 EL Sesamöl
3 EL Erdnuß- oder Maiskeimöl

FÜR DIE DIPS

helle oder dunkle Sojasauce
Essig, Chingkiang-Wein oder Chiliöl (s. Seite 225)

Als erster Gang ausreichend für 10 Personen. Ergibt etwa 100 Teigtaschen

Abbildung auf Seite 175

Diese Teigtaschen, »Chiao-tzu« genannt, sind bei den Nordchinesen äußerst beliebt, besonders an Neujahr. Manchmal werden sie als Hauptgericht gegessen, wobei es Leute gibt, die nicht selten 50 Stück schaffen. Für die Füllung werden vielerlei Kombinationen verwendet, meist Gemüse mit Fleisch oder Fisch. Die Teigtaschen sollten immer auch etwas Brühe enthalten.

1. *Den Teig zubereiten:* Mehl in eine Schüssel sieben. Das Wasser langsam einrühren, dann kneten, bis der Teig glatt ist. Er sollte elastisch und nicht zu trocken sein. Bei Raumtemperatur bedeckt 30 Minuten stehenlassen.
2. *Die Füllung zubereiten:* Die Shrimps mit kochendem Wasser übergießen, so daß sie gerade bedeckt sind, und 15–20 Minuten stehenlassen. Absieben und die Brühe beiseite stellen. Die Shrimps auf Streichholzkopfgröße schneiden (s. Seite 38), den Reiswein untermischen.
3. Den Chinakohl quer zum Strunk in möglichst feine Streifen schneiden und dann grobhacken. Harte Strünke herausschneiden. In eine Schüssel geben, salzen und 30 Minuten stehenlassen.
4. *Marinieren:* Salz, Pfeffer, Reiswein und Öl mit dem Fleisch vermischen. 3 EL der Shrimpsbrühe – falls notwendig, mit Wasser ergänzt – dazugeben und 1 Minute in einer Richtung einrühren. Dann die Shrimps und Frühlingszwiebeln darunterheben.
5. Den Kohl ausdrücken und unter das Fleisch mischen.
6. Den Teig in 4 gleich große Stücke teilen. Jedes Stück auf einem bemehlten Brett zu einer 2 cm dicken Rolle formen und dann in kleine Stücke von 1½ cm Länge schneiden. Den restlichen Teig zugedeckt stehenlassen.
7. Die Stücke nun mit der Hand zu Kugeln rollen und dann etwas flachdrücken. Auf einem bemehlten Brett zu dünnen runden Fladen von 7–8 cm Durchmesser ausrollen. Die Mitte sollte ein wenig dicker sein als die Ränder.
8. Die Fladen auf die flache Hand legen und 1½ TL der Füllung in die Mitte setzen. Nun zusammenklappen, die beiden Ränder zusammendrücken (a), dann die Ränder rechts und links zwischen Daumen und Zeigefinger zusammendrücken (b). Die Teigtaschen auf ein bemehltes Brett setzen.

9. In einem großen Topf 1¾ l Wasser zum Kochen bringen. Jeweils 20 Teigtaschen vorsichtig hineingleiten lassen und in Bewegung halten, damit sie nicht am Boden an-

a

b

kleben. Zugedeckt wieder zum Kochen bringen, dann die Hitze reduzieren und 8–10 Minuten köcheln, bis sie alle an der Oberfläche schwimmen. (Beim Elektroherd, wo schnelle Temperaturänderungen unmöglich sind, reduziert man die Hitze durch löffelweise Zugabe von kaltem Wasser. Wenn das Wasser zu stark brodelt, platzen die Täschchen).

10. Die gegarten Teigtaschen anrichten und warm halten, bis alle gekocht sind. Heiß mit den Dips servieren.

Geschmorte Teigtaschen nach nordchinesischer Art

鍋貼

Diese köstlichen Teigtaschen sind unten knusprig angebraten und oben dampfgegart. Die Zubereitung von Schritt 2–7 ist die gleiche wie bei den gekochten Teigtaschen.

ZUTATEN

wie für gekochte Teigtaschen

FÜR DEN TEIG

wie Schritt 1 für Frühlingszwiebelkuchen (s. Seite 178)

FÜR DAS SCHMOREN (JE PFANNENFÜLLUNG)

2 EL Erdnuß- oder Maiskeimöl
120 ml heißes Wasser (gemischt mit 2 TL Öl und 1 TL Reisweinessig)
1 TL Mehl (mit 2 EL Wasser angerührt)

Als erster Gang ausreichend für 10 Personen. Ergibt 100 Teigtaschen

Abbildung auf Seite 175

8. Die Fladen mit der bemehlten Seite nach oben auslegen und am oberen Rand des Halbkreises 6 kleine Falten eindrücken (a). 2 TL der Fleischfüllung hineingeben, den unteren Halbkreis wie eine Muschelschale drüberklappen (b) und am Rand entlang zusammendrücken. Die gefüllten Taschen auf ein bemehltes Backbrett legen.

a

b

9. Eine große Bratpfanne mit Deckel erhitzen. Das Öl hineingeben und gut herumschwenken. Die Hitze reduzieren und die Teigtaschen nebeneinander in die Pfanne setzen. Zugedeckt 3 Minuten braten. Die Heißwassermischung zwischen den Teigtaschen eingießen und bei guter Hitze zugedeckt etwa 7 Minuten kochen, bis das Wasser fast eingekocht ist und die Teigtaschen unten goldbraun angebraten sind. Das angerührte Mehl um die Taschen herum eintröpfeln, das dann einen knusprigen Film zwischen den Chiao-tzu bildet. 1–2 Minuten zugedeckt weiterkochen.
10. Die Teigtaschen mit einer großen Spatel aus der Pfanne nehmen und auf einer vorgewärmten Platte mit der gebratenen Seite nach oben anrichten.

Frühlingszwiebelkuchen

蔥油餅

ZUTATEN

550 g Weizenmehl
350 ml kochendes Wasser
1–2 EL kaltes Wasser
1–2 TL Sesamöl
1½ TL Salz
100 g Margarine oder Schmalz
350 g Frühlingszwiebeln (in feine Ringe geschnitten)
Pflanzenöl zum Fritieren

Als Imbiß ausreichend für 6, als erster Gang für 10–12 und als Vorspeise für noch mehr Personen.

Abbildung auf Seite 175

Wenn der beißende Wind aus der Mongolei durch Peking pfeift, ist die Zeit für diese herzhaften, durch die Frühlingszwiebeln besonders schmackhaften öligen Kuchen gekommen. Sie werden oft mit Tee oder Reiswein als ganze Mahlzeit oder als Imbiß gereicht. Traditionsgemäß wird Schweine- oder Entenschmalz für die Zubereitung verwendet, eine gute Margarine ist jedoch ein durchaus annehmbarer Ersatz.

1. Das Mehl in eine große Schüssel sieben. Nach und nach mit einer Gabel das kochende Wasser einrühren. Mit den Fingern zerreiben, solange das Mehl noch warm ist. Das kalte Wasser zugeben und den Teig kneten, bis er elastisch, aber nicht zu fest ist. Zugedeckt 30 Minuten bei Raumtemperatur stehenlassen.
2. Ein Brett und ein Wellholz mit dem Sesamöl einölen.
3. Den Teig nochmals durchkneten und in 6 gleich große Stücke teilen.
4. Die Teigstücke zu runden Fladen von 16–18 cm Durchmesser ausrollen, die Mitte etwas dicker als die Ränder.
5. Die Fladen mit Salz bestreuen, das dann mit den Fingern leicht in den Teig eingedrückt wird.
6. Auf jedem Fladen etwa 15 g Margarine oder Schmalz gleichmäßig verstreichen, den Rand dabei aussparen.
7. 5 EL Frühlingszwiebeln auf die Fladen streuen, in die Mitte mehr als zum Rand hin.
8. Die Fladen nun wie einen Strudel einrollen. Dabei achtgeben, daß die Frühlingszwiebeln nicht seitlich herausfallen.

9. Die Enden der Rolle zusammendrücken (a) und zur Mitte hin einrollen (b). Die eine Hälfte über die andere ziehen (c) und etwas weiterdrehen. Dann zu einem Bällchen zusammendrücken und -rollen (d).

a

b

c

d

10. Die Bällchen nun beidseitig etwas ausrollen, damit dicke runde Kuchen von etwa 15 cm Durchmesser entstehen. Es macht nichts, wenn sie stellenweise etwas aufreißen sollten.

11. Eine Bratpfanne erhitzen und 2 EL Öl darin schwenken. Einen Kuchen hineingeben, die Hitze reduzieren und zugedeckt 4–5 Minuten braten, bis er unten schön goldbraun gefleckt ist. Den Kuchen umdrehen und nochmals so lange braten. Aus der Pfanne nehmen, auf Küchenpapier abtropfen lassen und warm stellen.

12. Alle 6 Kuchen auf die gleiche Weise braten. Eventuell das Öl in der Pfanne ergänzen.

13. Die Kuchen in jeweils 6–8 Stücke schneiden und heiß servieren. Als Vorspeise in kleinere, mundgerechte Stücke schneiden.

Anmerkung: Die Kuchen können im voraus zubereitet werden. Man kann sie aufwärmen, indem man sie entweder in einer Pfanne mit etwas Öl kurz aufbrät oder sie etwa 15 Minuten im vorgeheizten Ofen (bei 180°) auf dem Rost erhitzt. Auch zum Einfrieren eignen sich die Kuchen.

Gebratene Yi-Nudeln

干燒尹麵

ZUTATEN

2 Yi-Nudelkuchen (225 g)
25 g getrocknete Shrimps (gespült)
3½ EL Erdnuß- oder Maiskeimöl
3 Knoblauchzehen (feingehackt)
1 kleines Stück frischer Ingwer (feingehackt)
250 g gekochtes weißes Krabbenfleisch
eine Prise Salz
1 l klare Brühe (s. Seite 225)
6 Frühlingszwiebeln (in 5 cm lange Seidenfäden geschnitten, s. Seite 34)
½ EL helle Sojasauce
3 EL Austernsauce

Als Abschluß eines Menüs mit 5–6 Gerichten ausreichend für 8 Personen

Abbildung auf der gegenüberliegenden Seite

In China nennt man sie »Nudeln des Hauses Yi«. Das Gericht soll von dem Gelehrten Yi Ping-shou im 18. Jahrhundert erfunden worden sein. Yi, mit seiner besonderen Vorliebe für Nudeln, wünschte den Teig nur mit Eiern zubereitet, ohne Wasser, dann fritiert und darauf in der besten Brühe geschmort. Die Yi-Nudeln gibt es in chinesischen Geschäften als bereits fritierte Fladen zu kaufen.

1. In einem großen Topf 2–2½ l Wasser zum Kochen bringen. Die Nudelkuchen in 3–4 Stücke brechen und ins Wasser geben. Wieder zum Sieden bringen und 1 Minute kochen. In einen Durchschlag schütten. (Wenn die Kuchen im voraus gekocht werden, sollte man sie mit kaltem Wasser abschrecken.)

2. Die Shrimps mit so viel kochendem Wasser begießen, daß sie gerade bedeckt sind, und 15 Minuten stehenlassen. Abgießen und das Einweichwasser beiseite stellen. Die Shrimps mittelfein hacken.

3. Die Wok stark erhitzen (bis sich Rauch entwickelt). ½ EL des Öls hineingeben und schwenken. Die Shrimps 1–2 Minuten pfannenbraten und in einem Schüsselchen beiseite stellen.

4. Die Wok ausspülen und ausreiben. Wieder erhitzen, das restliche Öl hineingeben und herumschwenken. Den Knoblauch anbraten, und wenn er Aroma entwickelt, den Ingwer dazugeben. Das Krabbenfleisch unter Wenden und Rühren dazumischen und salzen.

5. Die klare Brühe dazugießen und zum Kochen bringen. Die Nudeln hineingeben, gut durchmischen und bei mittlerer Hitze kochen, bis die meiste Brühe absorbiert ist. Die Frühlingszwiebeln darunterheben, mit Soja- und Austernsauce abschmecken.

6. Auf einer vorgewärmten Platte anrichten, mit den Shrimps bestreuen und heiß servieren.

Anmerkung: Übriggebliebene Nudeln lassen sich mit etwas Brühe gut aufwärmen.

Gegenüberliegende Seite, im Uhrzeigersinn von oben: Nudeln mit Bohnenpaste-Sauce (s. Seite 185); Nudeln mit Ingwer und Frühlingszwiebeln (s. Seite 183); Zweigesichtige Nudeln mit Schweinefleisch (s. Seite 182); Gebratene Reisstäbchen, Singapur-Art (s. Seite 184)

Zweigesichtige Nudeln mit Schweinefleisch

兩面黃炒麵

ZUTATEN

225–250 g getrocknete oder 350 g frische chinesische Eiernudeln
250 g mageres Schweinefleisch
6 getrocknete chinesische Pilze (eingeweicht, s. Seite 39)
12 EL Erdnuß- oder Maiskeimöl
2–3 Knoblauchzehen (feingehackt)
6 Frühlingszwiebeln (in 3-cm-Stücke geschnitten, weiße und grüne Teile getrennt)
1 EL Reiswein oder halbtrockener Sherry
250 g Bohnensprossen
chinesischer roter Essig

FÜR DIE MARINADE

je eine Prise Salz, Zucker und schwarzer Pfeffer
1 TL helle Sojasauce
1 TL dunkle Sojasauce
1 TL Reiswein oder halbtrockener Sherry
¾ TL Kartoffelmehl (mit 1 EL Wasser angerührt)

FÜR DIE SAUCE

2½ TL Kartoffelmehl
300 ml Brühe und Pilzwasser
eine Prise Salz
1 EL dunkle Sojasauce
2 TL helle Sojasauce
1½ EL Austernsauce

Als Imbiß ausreichend für 3, mit 4 weiteren Gerichten für 8 Personen

Abbildung auf Seite 181

Ein gebratenes Nudelgericht, auf beiden Seiten knusprig und goldbraun – daher der Name – und in der Mitte feucht und weich. Der Kontrast in der Struktur wird noch gesteigert durch die pfannengebratenen Zutaten und die Sauce. Die Nudelbeilage können Sie nach eigenem Ermessen variieren, zum Beispiel mit Hühnerfleisch, Garnelen oder Gemüse.

1. Die Nudeln in einen Topf mit 1½ l siedendem Wasser geben und kochen, bis sie *al dente* sind. (Für getrocknete Nudeln rechnet man 4, bei frischen 1–1½ Minuten. Beachten Sie die Kochanweisung auf der Packung.)
2. In einen Durchschlag schütten und gut mit kaltem Wasser durchspülen. Die Nudeln zum Trocknen ausbreiten.
3. Das Schweinefleisch in streichholzkopfgroße Würfelchen schneiden.
4. *Marinieren:* Salz, Zucker, Pfeffer, Sojasauce, Reiswein und angerührtes Kartoffelmehl gründlich mit dem Fleisch vermischen und dabei immer in die gleiche Richtung rühren; 15–30 Minuten stehenlassen.
5. Die eingeweichten Pilze ausdrücken (sie sollten aber noch feucht sein) und in feine Streifen schneiden. Das Pilzwasser aufbewahren.
6. *Die Sauce vorbereiten:* Das Kartoffelmehl mit der Brühe verrühren, Salz, die Sojasaucen, Austernsauce und das Pilzwasser dazumischen und beiseite stellen.
7. Eine große Bratpfanne stark erhitzen, 7 EL Öl hineingeben. Wenn das Öl raucht, die Nudeln gleichmäßig über die ganze Pfannenfläche verteilen. 1 Minute braten, bis sie goldbraun sind. Die Hitze so regulieren, daß die Nudeln nicht anbrennen. Den angebratenen Nudelkuchen wenden und auch die andere Seite goldbraun braten. Die Nudeln auf einer Platte warm stellen.
8. Eine Wok stark erhitzen, 3 EL Öl hineingeben und herumschwenken. Den Knoblauch anbraten, dann ⅔ der weißen Frühlingszwiebeln dazugeben und kurz pfannenbraten. Das Fleisch daruntermischen und weiter pfannenrühren, bis es eine helle Farbe annimmt. Seitlich den Reiswein einträufeln und gut rühren, bis er absorbiert ist, dann die Pilze und ⅔ der grünen Frühlingszwiebeln daruntermischen. Ein paarmal wenden und rühren, dann auf eine warme Platte geben.

9. Die Wok ausspülen und ausreiben. Stark erhitzen, 2 EL Öl hineingeben und schwenken. Die restlichen weißen Frühlingszwiebeln kurz anbraten, dann die Bohnensprossen daruntermischen. Nicht länger als 2 Minuten pfannenbraten, damit das Gemüse schön knackig bleibt, und schließlich die restlichen grünen Frühlingszwiebeln darunterheben und auf eine warme Platte geben.
10. Die Hitze reduzieren und die angerührte Sauce in die Wok gießen. Langsam zum Kochen bringen, dabei rühren, damit sich keine Klumpen bilden. Das Schweinefleisch und die Bohnensprossen zur Sauce geben und gut durchmischen. Wenn alles heiß ist, über den Nudelkuchen löffeln.
11. Um das Servieren zu erleichtern, den Nudelkuchen ein paarmal durchschneiden. In China wird zu diesem Gericht roter Essig gereicht, zur Förderung der Verdauung.

Nudeln mit Ingwer und Frühlingszwiebeln

薑蔥拌麵

Wenn Sie ein schnelles, einfaches, aber doch appetitliches geschwenktes Nudelgericht haben wollen – hier ist das Rezept.

ZUTATEN

150 g getrocknete oder 250 g frische Eiernudeln
3 EL Erdnuß- oder Maiskeimöl
1 5-cm-Stück frischer Ingwer (in Seidenfäden geschnitten, s. Seite 35)
8 Frühlingszwiebeln (in 5 cm lange Seidenfäden geschnitten, s. Seite 34)
eine Prise Salz
2 EL Austernsauce

Ausreichend für 2 Personen

Abbildung auf Seite 181

1. Die Nudeln in 1½ l kochendes Wasser geben und *al dente* kochen. Gewöhnlich sind frische Nudeln in 1½ Minuten, getrocknete in 4 Minuten gar. Beachten Sie die Kochanleitung auf der Packung.
2. Die Nudeln in einen Durchschlag schütten, abtropfen lassen und warm stellen.
3. Die Wok stark erhitzen, das Öl hineingeben und herumschwenken. Den Ingwer, dann nach einigen Sekunden die Frühlingszwiebeln in die Wok geben, salzen, durchrühren und vom Feuer nehmen.
4. Die Nudeln wieder in die Wok geben, mit Stäbchen rühren und wenden, dann die Austernsauce darüberlöffeln. Alles durchschütteln und noch einmal wenden. Auf einer warmen Platte anrichten und servieren.

Variation: Geschwenkte Nudeln mit Gurken und Schinken. Eine halbe Gärtnergurke und 150 g Schinken in streichholzgroße Streifen schneiden. Die Nudeln wie zuvor abkochen. Gurke und Schinken sowie 3 EL Öl dazugeben, gut vermischen und servieren.

Gebratene Reisstäbchen Singapur

星洲炒米

ZUTATEN

100 g frische oder tiefgefrorene Shrimps oder Garnelen (geschält)
175 g getrocknete Reisstäbchen (rice sticks)
150 ml (ca. 10 EL) Erdnuß- oder Maiskeimöl
1 Ei (leicht geschlagen)
1 kleine Zwiebel (längs feingeschnitten)
1 kleine grüne Paprikaschote (Samen entfernt und in feine 5 cm lange Streifen geschnitten)
100 g Char-Siu (s. Seite 134, wie die Paprika geschnitten)
1 TL Currypulver

FÜR DIE MARINADE

eine Prise Salz
½ TL Maisstärke
½ Eiweiß

FÜR DIE SAUCE

4 EL klare Brühe
je eine Prise Salz und Zucker
1 EL helle Sojasauce

Als Imbiß ausreichend für 3–4 Personen

Abbildung auf Seite 181

Gebratene Reisstäbchen sind ein beliebtes Gericht Fukiens, und als Einwohner von dort im 19. Jahrhundert nach Singapur auswanderten, nahmen sie auch ihre gewohnte Regionalküche mit. Allmählich verwendeten sie dort auch Curry, der dann von der südchinesischen Küche übernommen wurde.

1. Falls gefrorene Shrimps verwendet werden, langsam auftauen und trockentupfen. Bei Verwendung von Garnelen Darm entfernen und in 4 Teile schneiden.
2. *Marinieren:* Erst das Salz und die Maisstärke unter die Shrimps mischen, dann in einer Richtung das Eiweiß dazurühren. Im Kühlschrank 2–3 Stunden ziehen lassen.
3. Die Reisstäbchen in heißem, nicht aber kochendem Wasser 30 Minuten einweichen. Absieben und mehrmals durchschneiden, damit sie besser zu handhaben sind.
4. *Die Sauce vorbereiten:* Brühe, Salz, Zucker und helle Sojasauce mischen.
5. Eine Bratpfanne stark erhitzen, 1 EL des Öls hineingeben und schwenken. Die Hitze reduzieren, das geschlagene Ei wie für ein Omelett in die Pfanne gießen und beidseitig anbraten. Auf eine warme Platte geben und in 5 cm lange schmale Streifen schneiden.
6. Die Wok stark erhitzen, 4 EL des Öls hineingeben und herumschwenken. Die Zwiebel 30 Sekunden pfannenbraten, dann die Shrimps daruntermischen. Noch 1 Minute pfannenrühren, bis sie Farbe angenommen haben. Mit einem Sieblöffel herausnehmen und möglichst alles Öl in die Wok abtropfen lassen.
7. Die Paprikastreifen 30 Sekunden in der Wok anbraten, dann das Fleisch dazugeben und noch 1 Minute pfannenbraten. Herausnehmen und beiseite stellen.
8. Noch 4 EL des Öls in die Wok gießen. Das Currypulver dazugeben und nach einigen Sekunden die Reisstäbchen und die Sauce. Die Stäbchen rühren und wenden, bis sie die Sauce nahezu aufgesaugt haben. Das restliche Öl darüberträufeln, damit sie nicht zusammenkleben. Probieren, ob die Stäbchen *al dente* sind. Andernfalls noch 2–3 EL Wasser oder Brühe dazugeben und bei schwacher Hitze zugedeckt weitere 1–2 Minuten ziehen lassen. Die Zwiebel, Shrimps, Paprika, Fleisch und die Eistreifen unter die Reisstäbchen heben. Auf einer vorgewärmten Platte anrichten und heiß servieren.

Nudeln mit Bohnenpaste-Sauce

炸醬麵

Weil im Norden Chinas sehr viel Weizen angebaut wird, sind Teigwaren das wichtigste Grundnahrungsmittel der dortigen Bevölkerung. Im Gegensatz zu den Südchinesen, die Nudeln gerne in der Brühe bzw. als Suppe essen, bevorzugen die Nordchinesen dazu eine Sauce. Dies ist eine berühmte Sauce der Peking-Küche.

1. *Die Bohnenpaste zubereiten:* Das Fleisch von Hand oder im Mixer feinhacken. Die Wok stark erhitzen, das Öl eingießen und schwenken. Die Frühlingszwiebeln unter ständigem Rühren kurz anbraten, bis sie Aroma entwickeln. Das Schweinefleisch dazugeben und 1 Minute pfannenbraten, dabei das Fleisch auseinanderstochern, damit sich keine Klumpen bilden können. Seitlich den Reiswein einträufeln, unterrühren und noch 1–2 Minuten weiterbraten. Vom Feuer nehmen und in ein Sieb schütten, damit der sich gebildete Saft abtropfen kann.
2. Die Wok ausreiben, die 350 ml Öl hineingießen und auf 170° erhitzen. Die Gelbe-Bohnen-Sauce und die Hoisin-Sauce vorsichtig in das Öl geben und die Hitze reduzieren. Wenn es spritzt, kurz zudecken. Das Öl muß die Paste bedecken. Etwa 6–7 Minuten fritieren, bis die Sauce dick wird. In Bewegung halten, damit sie nicht anbackt.
3. Das Schweinefleisch dazugeben und noch 10–12 Minuten fritieren. Dabei immer wieder rühren, damit die Sauce nicht anbrennt.
4. Vom Feuer nehmen und abkühlen lassen. Die pastenartige Sauce in ein Glas mit Verschluß oder in einen Steinguttopf füllen und fingerdick mit Öl bedecken. In der kühlen Speisekammer oder im Kühlschrank hält sie mehrere Monate.
5. *Das Nudelgericht zubereiten:* 1 l Wasser mit ½ TL Salz und 1½ TL Öl zum Kochen bringen. Die Bohnensprossen ins siedende Wasser geben und sobald es wieder aufkocht, mit einem Sieb herausnehmen und abschrecken.
6. In einem großen Topf wieder reichlich Wasser mit dem restlichen Salz zum Sieden bringen und die Nudeln abkochen. Abgießen und auf einer warmen Platte anrichten. Mit den Bohnensprossen und den Gurkenstreifen bestreuen.
7. Zum Essen nimmt sich jeder nach Belieben bis zu einem Eßlöffel der Bohnenpaste-Sauce und mischt sie unter die Nudeln.

ZUTATEN

FÜR DIE BOHNENPASTE

500 g durchwachsenes Schweinefleisch (1/10 Fettanteil)
3 EL Erdnuß- oder Maiskeimöl
350 g Frühlingszwiebeln (in kleine Ringe geschnitten)
1 EL Reiswein oder halbtrockener Sherry
350 ml Erdnuß- oder Maiskeimöl
700 g pürierte Gelbe-Bohnen-Sauce
350 g Hiosin-Sauce

FÜR DAS NUDELGERICHT

1½ TL Salz
1½ TL Erdnuß- oder Maiskeimöl
250 g Bohnensprossen
500 g getrocknete chinesische Nudeln oder Spaghetti
½ Salatgurke (etwa 350 g, in 5 cm lange feine Streifen geschnitten)

Als leichte Mahlzeit ausreichend für 4 Personen

Abbildung auf Seite 181

混合菜

Ein gemischtes Regional-Menü

Wenn Sie ein Menü zusammenstellen, sollten Sie Gerichte aus verschiedenen Regionen auswählen, um die unterschiedlichen Geschmacksrichtungen der vier Regionalküchen von China kennenzulernen. Dieses Menü für 8 Personen ist als Starthilfe gedacht.

獅子頭 **Löwenköpfe**
Zarte Schweinefleischklößchen, umgeben von knackigem Kohl und Wasserkastanien (s. Seite 222).

八寶飯 **Acht-Juwelen-Reispudding**
Ein dekoratives Dessert aus gekochtem Reis und Dörrobst, serviert mit Sirup (s. Seite 224).

麻辣子雞

Yu-Ling's scharfes Huhn
Ein interessantes Gericht, das seine Schärfe von Chilischoten und Szetschuanpfeffer bekommt (s. Seite 223).

蠔豉髮菜，好市發財

Getrocknete Austern mit Haar-Seegras
Ein ungewöhnliches Neujahrsgericht aus pfannengebratenem Schweinefleisch, Austern und Pilzen mit Haar-Seegras (s. Seite 221).

葱爆羊肉

Lamm mit Frühlingszwiebeln
Zartes pfannengebratenes Lammfleisch mit reichlich Frühlingszwiebeln. Eines der bekanntesten Gerichte der Peking-Küche (s. Seite 223).

白灼時菜

Einfach gekochtes Gemüse
Eine chinesische Kohlart (Blütenkohl), kurz gekocht und mit Austernsauce serviert (s. Seite 222).

NACHSPEISEN

Mandel-Bohnenquark

杏仁豆腐

ZUTATEN

1 l Wasser
7 g geschnittenes Agar-Agar
5 EL Zucker
175 ml Kondensmilch
1 EL Mandelessenz
1 Dose Lychees

Ausreichend für 6 Personen

Abbildung auf der gegenüberliegenden Seite

Die Chinesen mit ihrer angeborenen Phantasie geben einem Gericht häufig den Namen einer Zutat, die in Wirklichkeit gar nicht dabei ist. Dieses köstliche Dessert sieht zwar aus wie Bohnenquark, tatsächlich ist aber keiner darin enthalten.

1. Das Wasser zum Kochen bringen und das Agar-Agar unter gelegentlichem Rühren 20–25 Minuten bei kleiner Hitze köcheln, bis es sich aufgelöst hat.
2. Den Zucker unter ständigem Rühren darin auflösen.
3. Den Topf vom Feuer nehmen und die Milch einrühren.
4. Die Flüssigkeit durch ein Sieb in eine Servierschüssel gießen.
5. Die Mandelessenz einrühren. Abkühlen lassen und dann in den Kühlschrank stellen.
6. Die fest gewordene Masse in rautenförmige Stücke schneiden. Anrichten und die Lychees darüberlöffeln. Kalt servieren.

Anmerkung: Es können auch andere Früchte wie Kiwis, Pfirsiche, Trauben, Ananas, Mangos etc. verwendet werden. Statt Agar-Agar kann man auch 6 TL gemahlene Gelatine nehmen, die jedoch lediglich erhitzt und nicht gekocht werden darf.

Gegenüberliegende Seite, im Uhrzeigersinn von oben: Goldfaden-Äpfel oder -bananen (s. Seite 190); Mandel-Bohnenquark (s. oben); Pfannkuchen mit Rote-Bohnen-Paste (s. Seite 191)

Goldfadenäpfel oder -bananen

拔絲香蕉蘋果

ZUTATEN

3 Äpfel oder nicht ganz reife Bananen
1 EL Mehl
Pflanzenöl zum Fritieren
6 EL frisches Erdnuß- oder Maiskeimöl
9 EL Zucker
1 gehäufter TL Sesamsamen

FÜR DEN TEIG

100 g selbsttreibendes Mehl
1 großes Ei (leicht geschlagen)
8 EL Wasser
1 EL Erdnuß- oder Maiskeimöl

Ausreichend für 6–8 Personen

Abbildung auf Seite 189

In diesem Rezept wird eine praktische und narrensichere Methode zum Karamelisieren von Zucker in ein paar Löffeln heißen Öls angewendet. Das Öl trennt sich vom Karamelzucker und kann später wiederverwendet werden.

1. *Den Teig zubereiten:* Das Mehl in eine Schüssel sieben und das Ei einrühren. Nach und nach das Wasser zugeben und zu einem cremigen Teig verrühren. 15 Minuten stehenlassen und dann das Öl darunterrühren.
2. Die Äpfel oder Bananen schälen; Äpfel in 8 Segmente schneiden, Bananen rollschneiden (s. Seite 34). Die Stücke rundum gleichmäßig mit Mehl bestäuben.
3. Die Wok zur Hälfte mit Öl füllen und auf 180° erhitzen. Nacheinander die Fruchtstücke in den Teig tauchen und 2–3 Minuten fritieren, bis sie anfangen, Farbe anzunehmen. Mit dem Sieb herausholen und auf Küchenpapier abtropfen lassen. (Dies kann Stunden vorher gemacht werden.) Das Öl wieder auf 180° erhitzen und die Stücke ein zweites Mal etwa 1 Minute fritieren, bis sie goldbraun und knusprig sind. Auf Küchenkrepp abtropfen lassen.
4. Eine große Schüssel mit Wasser füllen, ein paar Eiswürfel hineingeben und bereithalten.
5. Eine gut gesäuberte Wok stark erhitzen. Das frische Öl zugeben und erhitzen, bis es raucht. Den Zucker dazuschütten und bei mäßiger Hitze unter ständigem Rühren in dem Öl auflösen (a). Der Zucker wird braun, sobald er fast aufgelöst ist. Dann sofort alle fritierten Obststücke hineingeben (b) und den Sesamsamen darüberstreuen (c). Die Stücke in dem karamelisierten Zucker wenden, damit sie ringsum bedeckt sind (d). Dies muß schnell und sorgfältig geschehen. Auf eine Platte geben (e) und dann Stück für Stück in das Eiswasser tauchen. Die Zuckerhülle wird dann Fäden ziehen (f).

a

b

c

d

e

f

6. Die Stücke rasch aus dem Wasser nehmen und servieren.

Pfannkuchen mit Rote-Bohnen-Paste

Dieses Gericht der nordchinesischen Regionalküche besteht aus gefüllten Pfannkuchen. Es ist knusprig und weich zugleich.

1. In einer Schüssel Mehl, das Ei und Wasser zu einem cremig-flüssigen Teig verrühren. In 2 gleich große Portionen teilen.
2. Eine Pfanne leicht einölen und mit Papier ausreiben. Eine Portion der Teigmischung bis auf 1 TL in die Pfanne gießen und verlaufen lassen.
3. Bei kleiner Hitze 2 Minuten braten. Nicht wenden. Die Unterseite kontrollieren, sie darf keine braunen Flecken bekommen.
4. Den Pfannkuchen herausnehmen und auf eine leicht gefettete Platte legen.
5. Die zweite Portion des Teigs braten.

ZUTATEN

1 großes Ei (leicht geschlagen)
5 EL Mehl
4 EL Wasser
etwas Erdnuß- oder Maiskeimöl
4 EL Rote-Bohnen-Paste
Pflanzenöl zum Fritieren

Ausreichend für 4–6 Personen

Abbildung auf Seite 189

豆沙鍋餅

6. 2 EL der Rote-Bohnen-Paste auf das mittlere Drittel jeden Pfannkuchens streichen. Den Rand etwa 3 cm breit aussparen. Das untere Drittel des Pfannkuchens nach oben über die Bohnenpaste klappen (a), dann die rechte und linke Seite nach innen (b). Den Rand des oberen Drittels

a

b

c

d

mit etwas geschlagenem Ei oder Wasser bestreichen (c), herunterklappen und leicht andrücken (d). Damit ist die Tasche geschlossen.

7. Die Wok zur Hälfte mit Öl füllen und auf 180° erhitzen. Die Taschen mit der gefalteten Seite nach unten in das Öl gleiten lassen und 3–4 Minuten fritieren. Vorsichtig wenden, damit sie gleichmäßig braun werden. Die Taschen werden sich aufblähen, daher Vorsicht, daß sie nicht platzen. Mit einem flachen Sieblöffel aus dem Öl nehmen und abtropfen lassen.
8. Das Öl wieder auf 180° erhitzen und die Pfannkuchen nochmals einige Sekunden fritieren, damit sie schön knusprig werden. Auf Küchenkrepp zum Abtropfen legen.
9. Die Taschen quer in je 8 Streifen schneiden und sofort servieren.

SPEZIALMENÜS

FRITIERTE APPETITHAPPEN

Fritierte Won-tans

Die kleinen Teigtaschen werden gern als Vorspeise oder Snack serviert und sind fester Bestandteil des kantonesischen Dim-sum.

ZUTATEN

6 Garnelen ohne Kopf
1 Eiweiß (leicht geschlagen)
72 Won-tan-Hüllen (ca. 7–8 cm im Quadrat)
Pflanzenöl zum Fritieren

FÜR DIE SÜSS-SAURE SAUCE

300 ml Wasser
4 EL Zucker
3 EL Reisweinessig
eine Prise Salz
2 EL Tomatenketchup
2½ TL Kartoffelmehl (in 2 EL Wasser aufgelöst)
rote Lebensmittelfarbe

Ausreichend für 8 Personen

1. *Die Sauce zubereiten:* In einem Pfännchen Wasser, Zucker, Essig, Salz und Ketchup zum Köcheln bringen. Mit dem angerührten Kartoffelmehl binden und die Farbe unterrühren. Beiseite stellen und abkühlen lassen.

2. Tiefgefrorene Garnelen auftauen, die Schalen und den Darm entfernen. Trockentupfen und in jeweils 6 Würfel schneiden.

3. *Die Won-tans füllen:* 2 Hüllen aufeinander und diagonal auf die Handfläche legen. Auf die untere Ecke einen Garnelenwürfel legen (a) und nicht ganz bis zur Hälfte einrollen (b). Die rechte oder linke Ecke der unteren Hülle mit dem Zeigefinger mit Eiweiß bestreichen, die beiden Ecken gegeneinanderfalten und zusammendrücken (c). Die beiden noch freien Ecken der aufeinanderliegenden Hüllen auseinanderziehen (d). Die Ecken umdrehen, und damit ist der Garnelenwürfel in der Mitte eingewickelt. Alle Won-tans auf diese Weise füllen und falten.

4. Die Wok zur Hälfte mit Öl füllen und auf 180° erhitzen. Nur so viele Won-tans auf einmal hineingeben, daß sie frei im Öl schwimmen

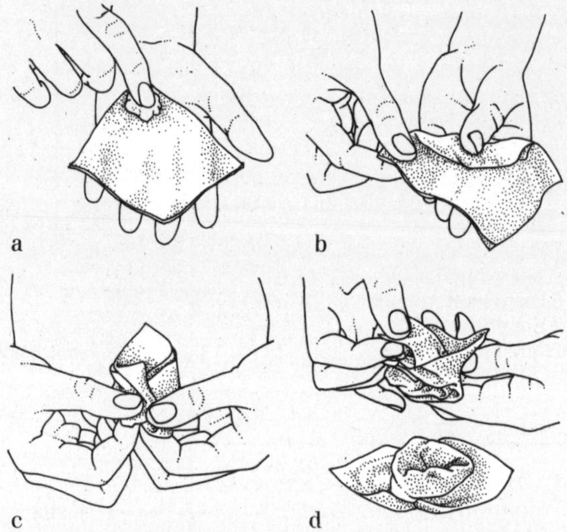

können. Jeweils 40–60 Sekunden fritieren, bis sie goldbraun sind. Mit einem Sieblöffel herausholen und auf Küchenpapier abtropfen lassen.

5. Die Won-tans bleiben mehrere Stunden knusprig und können heiß oder kalt gegessen werden.

6. Mit den Won-tans wird die süß-saure Sauce gereicht. Man ißt die kleinen Teigtaschen mit den Stäbchen oder mit den Fingern.

Anmerkung: Wenn die Won-tans zu lange (oder über Nacht) stehen, sind sie nicht mehr knusprig. Sie können dann für eine Suppe verwendet werden (s. Seite 66).

Fritierte Fünfgewürzrollen

炸五香卷

Das Fünfgewürzpulver gibt dem Gericht nicht nur seinen Namen, sondern auch das typische Aroma. In Fukien, wo das Gericht herstammt, verwendet man Enteneier wegen ihres kräftigeren Geschmacks.

ZUTATEN

1 Paket mit 225 g getrockneten Bohnenquark-Blättern (meist 8 Stück, etwa 15×30 cm)
12 Frühlingszwiebeln (nur die weißen Teile, in kleine Ringe geschnitten)
175 g Wasserkastanien aus der Dose
750 g durchwachsenes Schweinefleisch
3 EL Kartoffelmehl
2 Eigelb
Pflanzenöl zum Fritieren

FÜR DIE MARINADE

1 TL Salz
2 TL helle Sojasauce
2½ TL Zucker
2 EL Reiswein
2 TL Sesamöl
2 TL Fünfgewürzpulver
1½ Eiweiß

FÜR DIE DIPS

Tomatenketchup
Chilisauce
1 EL dunkle Sojasauce (gemischt mit 1 TL scharfem Senf)

Ausreichend für 12 Personen

1. Die Bohnenquark-Blätter etwa 4 Minuten in kaltem Wasser einweichen, bis sie weich und biegsam sind. Die Scheiben vorsichtig auseinandernehmen, mit Küchenkrepp abtupfen, auf einem Küchentuch stapeln und abdecken, damit sie feucht bleiben. Dies kann 2–3 Stunden im voraus gemacht werden.
2. Die Wasserkastanien mittelfein hacken.
3. Das Schweinefleisch ebenfalls mittelfein hakken und in eine große Schüssel geben.
4. *Marinieren:* Salz, Sojasauce, Zucker, Reiswein, Öl, Fünfgewürzpulver und Eiweiß gründlich mit dem Fleisch mischen und 5 Minuten stehenlassen. Dann die Frühlingszwiebeln und die Wasserkastanien daruntermischen und schließlich das Kartoffelmehl darüberstäuben und in einer Richtung einrühren.
5. Die Fleischmischung in 16 Portionen teilen.
6. Die Bohnenquark-Blätter quer auf ein Küchenbrett legen und halbieren.
7. Jeweils eine Portion der Fleischfüllung in Form einer Wurst rollen und auf den unteren Rand des Bohnenquark-Blatts setzen (a). Den gegenüberliegenden Rand des Blatts mit Eigelb bestreichen, die Wurst fest in das Blatt einrollen und die bestrichene Kante leicht andrücken (b). Die beiden seitlichen Enden der Rollen offen lassen und mit der »Naht« nach unten auf ein Brett legen. Mit einem feuchten Tuch abdecken.
8. Die Wok zur Hälfte mit Öl füllen und auf 190° erhitzen. Jeweils ca. 8 Rollen vorsichtig hineingleiten lassen (sie müssen frei im Öl schwimmen) und etwa 8 Minuten fritieren. Die Rollen mit einem Sieblöffel herausnehmen, auf Küchenpapier abtropfen lassen und den Rest ausbacken.

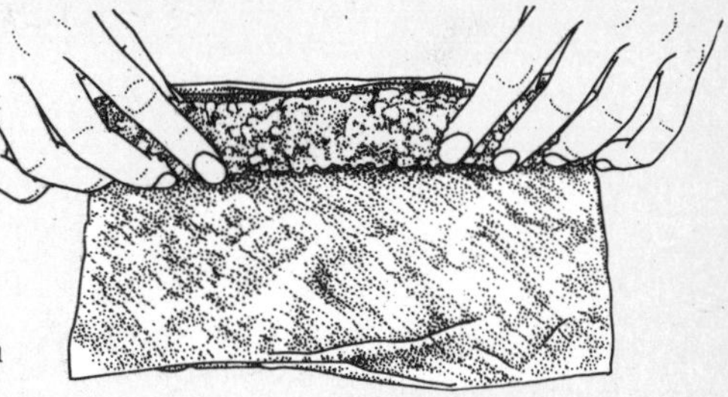

a

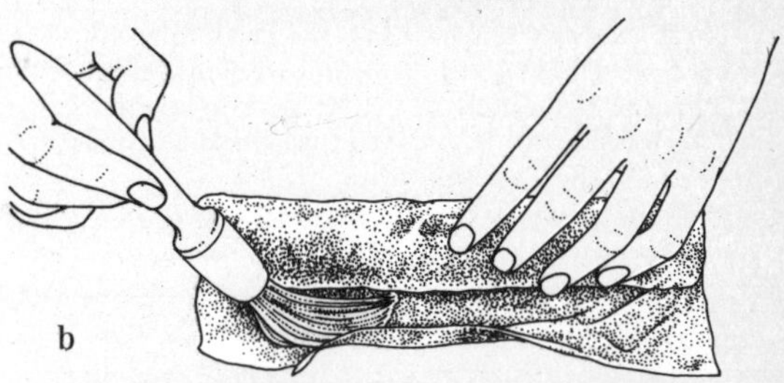

b

9. Die Rollen jeweils in 5 Stücke schneiden und auf einer vorgewärmten Platte anrichten. Die Dips in kleinen Schälchen in die Mitte der Platte stellen oder auf dem Tisch verteilen.

Spezial-Frühlingsrollen

特式春卷

Frühlingsrollen sind knusprig fritierte Teigtaschen mit einer Füllung. Je würziger die Füllung und je dünner die Teighülle, desto köstlicher schmecken sie.

ZUTATEN

500 g Karotten (geputzt und in feine Streifen geschnitten)
175 g Glasnudeln
10 mittelgroße eingeweichte chinesische Pilze (s. Seite 39)
250 g mageres Schweinefleisch
200 g rohe Shrimps oder 300 g Garnelen mit Schale (aber ohne Kopf)
250 g Zuckererbsen (geputzt)
5 EL Erdnuß- oder Maiskeimöl
4 Knoblauchzehen (feingehackt)
1 2-cm-Stück frischer Ingwer (feingehackt)
6–8 Frühlingszwiebeln (in kleine Ringe geschnitten)
1 EL Reiswein oder halbtrockener Sherry
175 g Bambussprossen (in streichholzgroße Streifen geschnitten)
2 EL helle Sojasauce
30–35 Frühlingsrollen-Hüllen (etwa 22×22 cm)
1 Eiweiß (leicht geschlagen)
Pflanzenöl zum Fritieren

FÜR DIE MARINADE

je eine Prise Salz, Zucker und weißer Pfeffer
2 TL helle Sojasauce
1 TL Reiswein oder halbtrockener Sherry
1 TL Sesamöl
1 TL Kartoffelmehl (in 1½ EL Wasser aufgelöst)

FÜR DIE SHRIMPS-MARINADE

je eine Prise Salz, Zucker und weißer Pfeffer
2 TL helle Sojasauce
1 TL Sesamöl

Ausreichend für 10–15 Personen

1. Die Karotten in eine Schüssel geben, mit 1 TL Salz bestreuen und 30 Minuten stehenlassen, um sie zu entwässern. Dann auf Küchenpapier ausbreiten.
2. Die Glasnudeln mit 1 l kochendem Wasser übergießen und 30 Minuten darin aufweichen. Absieben und mit einer Küchenschere etwas zerschneiden.
3. Die eingeweichten Pilze ausdrücken und von Hand in dünne Scheiben schneiden.
4. Das Schweinefleisch in streichholzgroße Stäbchen schneiden.
5. *Marinieren:* Salz, Zucker, Pfeffer, Sojasauce, Reiswein, Öl und angerührtes Kartoffelmehl gründlich mit dem Fleisch mischen und 15–30 Minuten stehenlassen.
6. Die Garnelen säubern (s. Seite 39) und wie das Fleisch in Streifen schneiden. Shrimps werden ganz gelassen oder halbiert.
7. *Die Shrimps-Marinade zubereiten:* Salz, Zucker, Pfeffer, Sojasauce und Öl mit den Garnelen oder Shrimps mischen und 15 Minuten stehenlassen.
8. Die Schoten diagonal in Streifen schneiden (etwa so groß wie die Bambussprossen).
9. Die Wok stark erhitzen, bis sich Rauch entwickelt, 3 EL Öl hineingeben und herumschwenken. Den Knoblauch, je die Hälfte des Ingwers und der Frühlingszwiebeln anbraten. Wenn der Knoblauch Farbe annimmt, das Fleisch dazugeben und 30 Sekunden pfannenbraten. Dann die Shrimps oder Garnelen daruntermischen und noch 1 Minute braten. Den Reiswein am Rand einträufeln, dann die Pilze und Bambussprossen darunterheben. Wenn alles heiß ist, vom Feuer nehmen und abkühlen lassen.
10. Das restliche Öl in die Wok geben, herumschwenken und die übrigen Frühlingszwiebeln und den Ingwer anbraten. Die Zuckerschoten 1 Minute pfannenbraten, dann bei reduzierter Hitze die Karotten und schließlich die Glasnudeln darunterheben. Wenn alles heiß ist, mit dem Salz und der hellen Sojasauce abschmecken, vom Feuer nehmen und abkühlen lassen.
11. Die Frühlingsrollen folgendermaßen falten: Das Teigblatt mit der Ecke nach unten auf ein Brett legen und 2 EL der Gemüsemischung etwas unterhalb der Mitte daraufgeben. 1 EL der anderen Füllung daraufsetzen und auf etwa 12 cm Breite auseinanderstreichen. Von der unteren Ecke her aufrollen (a), dabei die seitlichen Ecken einklappen

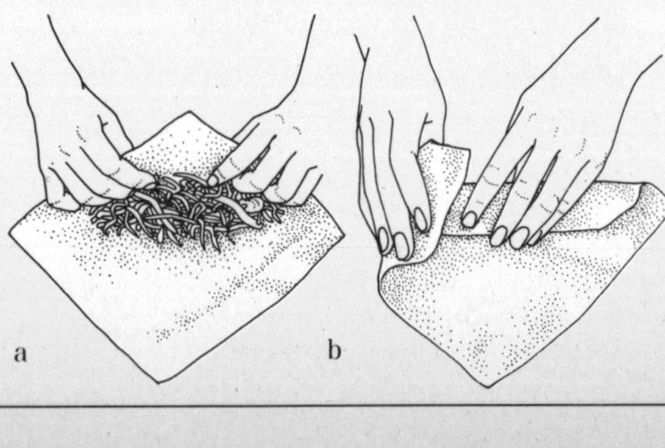

a b

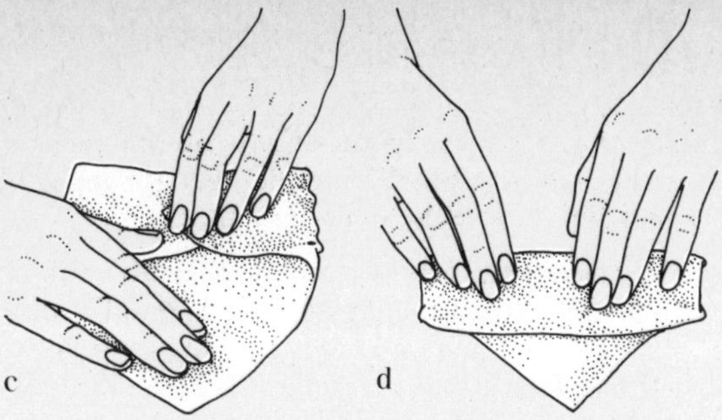

c d

und mit einrollen (b). Den oberen Rand des Teigblattes mit Eiweiß bestreichen (c), zusammenrollen (d) und fest andrücken.

12. Die Wok zur Hälfte mit Öl füllen und auf 180° erhitzen. So viele Rollen hineingleiten lassen, daß sie frei im Öl schwimmen, und etwa 4 Minuten fritieren, bis sie hellbraun sind. Mit einer Siebkelle herausnehmen und auf Küchenpapier abtropfen lassen. Wenn alle fritiert sind, das Öl wieder auf 180° erhitzen und die Frühlingsrollen nochmals in die Wok geben, bis sie goldbraun und knusprig sind. Wieder abtropfen lassen und servieren.

Anmerkung: Frühlingsrollen können nach dem ersten Fritieren eingefroren werden. Der zweite Fritiervorgang erfolgt dann nach dem langsamen Auftauen, kurz vor dem Servieren.

Gefüllte Krabbenscheren

百花釀蟹鉗

Die mit Garnelen gefüllten Krabbenscheren sind so appetitlich wie sie aussehen und eignen sich daher ganz besonders als Vorspeise. Das Gericht kann bis Schritt 6 im voraus zubereitet werden, der Rest wird kurz vor dem Auftragen erledigt.

ZUTATEN

500 g frische oder gefrorene Garnelen in der Schale (ohne Kopf)
70 g Schweinespeck
4 EL Maisstärke
12 frische oder gefrorene, gekochte Krabbenscheren (ohne Schale)
Pflanzenöl zum Fritieren

FÜR DIE MARINADE

1 TL Salz
eine Prise Zucker
1 TL Maisstärke
1 Eiweiß (leicht geschlagen)
1 TL Sesamöl

FÜR DIE DIPS

Chilisauce
Worcestershiresauce

Ausreichend für 6 Personen

1. Gefrorene Garnelen und Krabbenscheren langsam auftauen. Schalen und Darm von den Garnelen entfernen (s. Seite 39) und mit Küchenpapier trockentupfen.

2. Die Garnelen und den Schweinespeck mittelfein hacken.

3. *Marinieren:* Salz, Zucker und Stärke mit den Garnelen und dem Schweinespeck mischen. 1 Minute in einer Richtung rühren, dann das Eiweiß dazugeben und weiterrühren, bis die Mischung elastisch geworden ist. 30 Minuten bedeckt im Kühlschrank stehenlassen, dann das Sesamöl daruntermischen.

4. Die 4 EL Stärke in ein Schüsselchen geben und nacheinander die Scheren mit dem fleischigen Teil in die Stärke tauchen (a). Überschüssige Stärke abklopfen.

5. *Die Scheren füllen:* Die Garnelenpaste in 12 Portionen teilen. Einen Teller leicht einölen. Mit nassen Händen jeweils eine Portion der Füllung auf die fleischige, offene Seite der Scheren drücken und ringsum (auf den

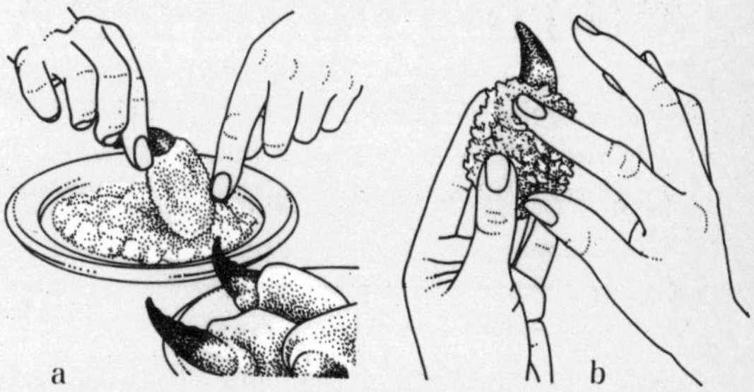

a b

Scheren) gut zustreichen (b). Die Scheren auf den geölten Teller legen.

6. Die Wok zur Hälfte mit Öl füllen und auf 180° erhitzen. Die Hälfte der Scheren nacheinander in das Öl gleiten lassen und etwa 4 Minuten fritieren, bis sie goldbraun sind. Mit der Siebkelle herausnehmen und den Rest fritieren.

7. Alle Scheren zusammen nochmals einige Sekunden fritieren. Herausnehmen und abtropfen lassen. Mit den separat in Schälchen verteilten Dipsaucen servieren.

Fritierte Milch

炸牛奶

Ein sehr populäres Gericht in Hongkong, das der ausgeprägten Vorliebe der Chinesen nach Kontrast zwischen knuspriger und zarter Struktur entgegenkommt: eine zarte, cremige Füllung, eingehüllt in einen knusprig fritierten Teig. Das Rezept schmeckt auch ohne Krabbenfleisch.

ZUTATEN

100 g feste Kokosnuß-creme (im Block)
100 g gekochtes Krabben-fleisch
1¼ TL Salz
eine Prise weißer Pfeffer
5 EL Maisstärke
600 ml Milch
Pflanzenöl zum Fritieren

FÜR DEN TEIG

150 g Weizenmehl
5 EL Maisstärke
1½ TL Backpulver
knapp ¼ l Wasser
2 EL Erdnuß- oder Mais-keimöl

Ausreichend für 8 Personen

1. Die Kokosnußcreme in eine Schüssel hobeln oder raspeln.
2. Das Krabbenfleisch, Salz und Pfeffer dazugeben.
3. Die Stärke und etwas von der Milch hinzufügen und zu einer glatten Paste verrühren. In eine Pfanne geben und bei mittlerer Flamme erhitzen. Dabei nach und nach die restliche Milch einrühren. Wenn die Mischung dick geworden ist, vom Feuer nehmen.
4. Die Paste in einen flachen viereckigen und mit Öl ausgestrichenen Behälter gießen und 2 Stunden in den Kühlschrank stellen oder zugedeckt über Nacht stehenlassen.
5. *Den Teig zubereiten:* Das Mehl und die Stärke in eine Schüssel sieben und das Backpulver dazugeben. Nach und nach das Wasser einrühren. Den glatten, flüssigen Teig bei Zimmertemperatur mindestens 30 Minuten ruhen lassen. Dann das Öl darunterrühren.
6. Die erstarrte Milchmischung mit einer geölten Spatel lösen und in 32 rautenförmige Stücke schneiden.
7. Die Wok zur Hälfte mit Öl füllen und auf 190° erhitzen. Die Stücke nacheinander in den Teig tauchen und etwa 3 Minuten fritieren, bis sie goldbraun sind. Nur soviel Stücke auf einmal in die Wok geben, daß sie frei im Öl schwimmen können. Mit einer Siebkelle herausnehmen und auf Küchenkrepp abtropfen lassen. Etwaige Teigfäden an den Rändern wegschneiden.
8. Um sie außen knusprig zu machen, werden die Stücke ein zweites Mal bei 190° etwa 1 Minute fritiert. Wieder auf Küchenkrepp abtropfen lassen und sofort servieren.

Fritierte Phönixschwanz-Garnelen

紙包蝦

Dieses Gericht wurde nach dem chinesischen Symbol für Schönheit, dem Phönix, benannt, dessen langem, graziösem Schwanz die fertigen Garnelen ähneln.

ZUTATEN

500 g frische oder gefrorene rohe Garnelen oder Hummerkrabben in der Schale (ohne Kopf)
je eine Prise Salz und weißer Pfeffer
1 große grüne Paprikaschote (Samen entfernt)

FÜR DEN TEIG

150 g Mehl
5 EL Maisstärke
1½ TL Backpulver
knapp ¼ l Wasser
eine Prise Salz
2 EL Erdnuß- oder Maiskeimöl

Ausreichend für 6 Personen

1. *Den Teig zubereiten:* Das Mehl und die Stärke in eine Schüssel sieben und das Backpulver dazugeben. Nach und nach das Wasser einrühren und den glatten, flüssigen Teig mindestens 30 Minuten stehenlassen. Kurz vor Gebrauch salzen und das Öl einrühren.
2. Gefrorene Garnelen auftauen. Schalen bis auf die Schwanzflosse entfernen, den Darm herausschneiden (s. Seite 39). Die Garnelen trokkentupfen.
3. In die Unterseite der Garnelen quer drei Schnitte machen, jedoch nicht durchschneiden. So können sie sich beim Fritieren nicht krümmen. Mit Pfeffer und Salz bestreuen.
4. Die Paprikaschoten in viereckige Stückchen schneiden.
5. Die Wok zur Hälfte mit Öl füllen und auf 190° erhitzen.
6. Die Garnelen am Schwanz halten und in den flüssigen Teig tauchen. Den Teig etwas abtropfen lassen und die Garnelen in das Öl glei-

ten lassen. Nur so viele Garnelen auf einmal in die Wok geben, wie frei im Öl schwimmen können. Etwa 3 Minuten fritieren, bis sie goldbraun sind. Auf Küchenkrepp abtropfen lassen.

7. Beim letzten Teil der Garnelen die Paprikastücke mit fritieren.
8. Die Paprikastücke in die Mitte einer Platte häufen und die Garnelen mit dem Schwanz nach außen sternförmig darum herum anordnen und servieren.

Anmerkung: Zum Aufwärmen die Garnelen entweder 30 Sekunden fritieren oder auf dem Grillrost im Backofen erhitzen.

Garnelen in Reispapier

Dieses klassische Gericht ist eine der berühmten kantonesischen Dim-sum-Delikatessen.

ZUTATEN

500 g frische oder gefrorene rohe Garnelen oder Hummerkrabben in der Schale (ohne Kopf)
1 Eiweiß (leicht geschlagen)
1 TL Salz
eine Prise Zucker
2 TL Maisstärke
75 g Schweinespeck (mittelfein gehackt)
75 g magerer Schinken (mittelfein gehackt)
100 g Bambussprossen (mittelfein gehackt)
4–6 Frühlingszwiebeln (in feine Ringe geschnitten)
15 Blätter Reispapier
Pflanzenöl zum Fritieren
Chilisauce

Ergibt 30 Rollen

1. Gefrorene Garnelen auftauen. Schalen und Darm entfernen und das Fleisch trockentupfen.
2. Die Garnelen grobhacken und in eine Schüssel geben.
3. Das Eiweiß, Salz, Zucker und Stärke zu den Garnelen geben und gut durchmischen (immer in einer Richtung rühren).
4. Den Speck, Schinken und Bambussprossen darunterheben, dann die Frühlingszwiebeln.
5. Das Reispapier in 30 Quadrate von je 10 × 10 cm schneiden.
6. Ein Schälchen mit kaltem Wasser bereitstellen. Ein Reispapierstück auf ein Brett legen und 1 EL der Füllung daraufgeben, dann wie eine Zigarre zusammenrollen. Die beiden Enden offen lassen. Den »Saum« der Rolle mit Wasser benetzen und fest andrücken.
7. Die Wok zur Hälfte mit Öl füllen und auf 190° erhitzen. Die Hälfte der Rollen in das Öl gleiten lassen und etwa 3 Minuten fritieren. Die Füllung dürfte dann gar und das Reispapier knusprig sein. Mit einem Sieblöffel herausnehmen und auf Küchenkrepp abtropfen lassen, dann die zweite Hälfte fritieren.
8. Das Öl wieder auf 180° erhitzen und die Rollen nochmals einige Sekunden hineingeben. Sie werden dann besonders zart und knusprig. Auf Küchenpapier abtropfen lassen.
9. Die Rollen heiß mit der Chilisauce als Dip servieren.

EIN SZETSCHUAN-MENÜ

Duftende und knusprige Ente

香酥鴨

Goldbraun fritiert ist das Fleisch trotzdem so weich und zart, daß man es mit den Stäbchen vom Knochen lösen kann. Und darin liegt das Geheimnis dieser nach Szetschuan-Art zubereiteten Ente.

ZUTATEN

1 bratfertige Ente (etwa 2 kg)
2 EL helle Sojasauce
2–3 EL Mehl
Pflanzenöl zum Fritieren
12 Lotosblatt-Brötchen (s. unten)
gemahlener und gerösteter Szetschuanpfeffer und Salz zum Servieren (s. Seite 52, ohne Fünfgewürzpulver)

FÜR DIE MARINADE

2 EL Reiswein oder halbtrockener Sherry
1 EL Salz
1 TL Fünfgewürzpulver
4 Scheiben frischer Ingwer
3 Frühlingszwiebeln (halbiert)

Mit 3 weiteren Gerichten ausreichend für 6 Personen

1. *Marinieren:* Die Ente innen und außen mit dem Reiswein und dem Fünfgewürzpulver einreiben. Den Ingwer und die Frühlingszwiebeln in das Innere der Ente geben und mindestens 6 Stunden oder über Nacht an einem luftigen Platz aufhängen.
2. Die Ente in einen tiefen Teller oder eine flache Schüssel legen und in einen Dämpfer setzen. 1¾–2 Stunden dämpfen (s. Seite 45). In der Schüssel wird sich dann Fett und Brühe angesammelt haben, die anderweitig verwendet werden können.
3. Die Ente herausnehmen und die Brühe im Innern mit in die Schüssel auslaufen lassen. Die Ente vorsichtig auf eine andere Platte legen und 30 Minuten zum Trocknen stehenlassen.
4. Die Frühlingszwiebeln und den Ingwer aus dem Innern der Ente herauslöffeln.
5. Die Ente außen mit der Sojasauce einpinseln und mit dem Mehl bestäuben.
6. Die Wok zur Hälfte mit Öl füllen und auf 190° erhitzen. Die Ente vorsichtig hineingeben und bei mäßiger Hitze 2 Minuten fritieren. Dann die Ente mit 2 Holzlöffeln vorsichtig umdrehen und weitere 2 Minuten fritieren. Den Vorgang nochmals wiederholen, also insgesamt 8 Minuten fritieren. Die Haut sollte nun goldbraun sein. Die Ente herausnehmen und auf Küchenkrepp abtropfen lassen.
7. Die Lotosblatt-Brötchen 5 Minuten dämpfen.
8. Die Ente auf eine vorgewärmte Platte legen und die Brötchen darum herum anrichten. Das Fleisch ist so weich, daß man es mit Stäbchen ablösen kann. Nun stippt man die Fleischstückchen in die Mischung aus gemahlenem Szetschuanpfeffer und Salz. Statt der traditionellen Lotosblatt-Brötchen kann man auch Silberfaden-Brötchen dazureichen.

Brötchen als Beilage

荷葉夾

Die beiden Brötchensorten verdanken ihren Namen der Ähnlichkeit mit Lotosblättern und Silberfäden. Sie sind die traditionellen Beilagen zur oben beschriebenen Szetschuan-Ente.

Lotos-Brötchen

ZUTATEN

½ TL Trockenhefe
1 TL Zucker
175 ml lauwarmes Wasser
275 g Mehl
10 g Schweineschmalz
etwas Mehl
1 EL Erdnuß- oder Maiskeimöl

Ergibt 24 Brötchen

1. Die Hefe mit dem Zucker und dem Wasser in einem Schüsselchen verrühren und an einen warmen Platz stellen, bis sich Schaum an der Oberfläche bildet.
2. Das Mehl in eine Schüssel sieben. Das Schweineschmalz hineinreiben. Die angerührte Hefelösung dazugeben und zu einem glatten Teig verarbeiten. Mit einem feuchten Küchentuch zudecken und an einem warmen Platz mindestens 1 Stunde stehenlassen, bis der Teig aufgegangen ist.
3. Den Teig auf einem bemehlten Brett nochmals durchkneten und in 2 Hälften teilen.

4. Die Teile jeweils zu einer 30 cm langen Rolle formen, dann quer in 12 Stücke schneiden.
5. Die Stückchen mit den Händen ein wenig flachdrücken.
6. Mit dem leicht bemehlten Wellholz zu einem runden Fladen von 5 cm Durchmesser ausrollen, nach dem Rand zu etwas dünner als in der Mitte.
7. Die Hälfte des Fladens mit Öl bestreichen und die andere Hälfte darüberklappen, so daß ein Halbkreis entsteht (a).
8. Mit einem Messer die Oberfläche der Kuchen gitterförmig einritzen. Dann mit dem Messerrücken 2 Kerben von 1 cm Tiefe in den Rand eindrücken (b).

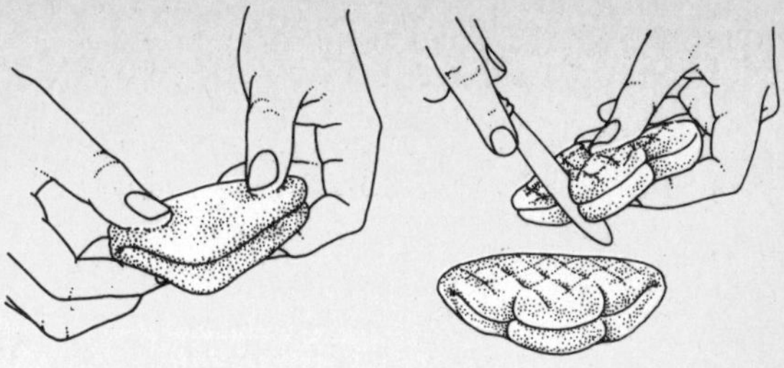

a b

9. Die Brötchen einlagig auf einem nassen Tuch in einen Dämpfereinsatz legen und bei guter Hitze 12 Minuten dämpfen (s. Seite 45). Vom Feuer nehmen, die Brötchen kurz auf ein Gitter legen, dann auf einer vorgewärmten Platte anrichten und servieren.

Silberfaden-Brötchen

銀絲卷

ZUTATEN	
3/4 TL Trockenhefe	85 g Schweinschmalz
2 TL Zucker	etwas Mehl
270 ml lauwarmes Wasser	2½ EL Zucker
425 g Mehl	*Ergibt 18–20 Brötchen*

1. Die Hefe mit dem Wasser und dem Zucker in einem Schüsselchen anrühren. An einem warmen Platz stehenlassen, bis sich Schaum an der Oberfläche bildet.
2. Das Mehl in eine Schüssel sieben. 10 g des Schmalzes hineinbröseln und die angerührte Hefe dazugeben. Die Masse zu einem glatten Teig mischen und kneten. Mit einem feuchten Tuch bedeckt mindestens 1 Stunde an einem warmen Platz stehenlassen, bis er auf das doppelte Volumen aufgegangen ist.
3. Das restliche Schmalz und den Zucker zu einer Paste rühren oder kneten.
4. Den Teig noch einmal durchkneten.
5. Den Teig nun mit einem leicht bemehlten Wellholz zu einem runden oder länglichen Fladen von 50 cm ausrollen. Die Oberfläche mit der Zucker-Schmalz-Mischung bestreichen, am besten mit dem Messerrücken. Den Fladen nun kontinuierlich auf etwa 7–8 cm Breite zusammenfalten und die flache Rolle quer in 3 mm breite »Silberfäden« schneiden (a).
6. Jeweils 7–8 der Fäden nehmen und damit einen 30 cm langen Strang drehen (b).

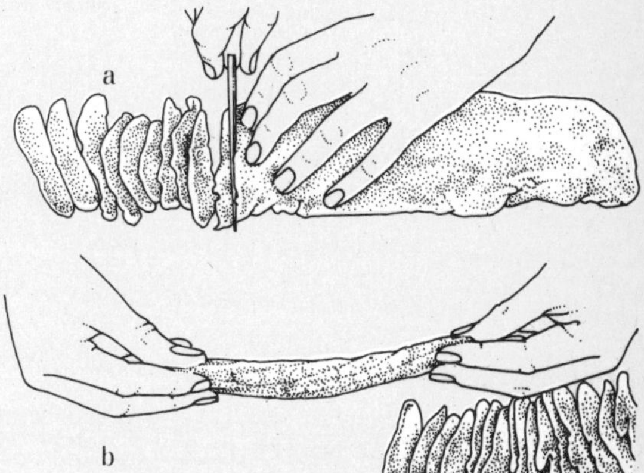

7. Die Stränge auf ein bemehltes Brett legen und Spiralen daraus drehen (c). Der untere Durchmesser der Türmchen beträgt etwa 5 cm (d).

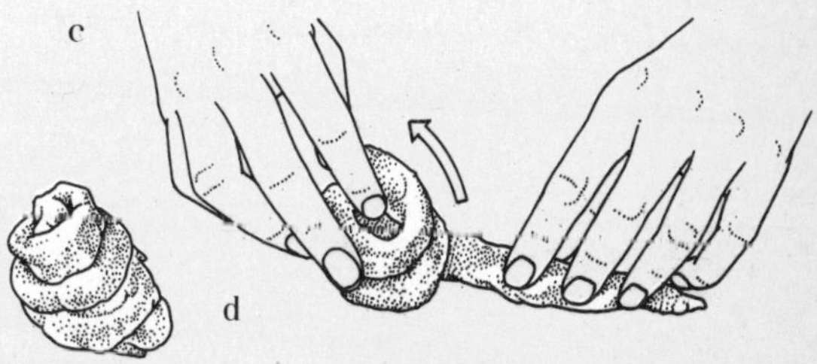

8. Einlagig auf einem nassen Tuch in einen Dämpfereinsatz legen. Bei guter Hitze 15 Minuten dämpfen (s. Seite 45). Herausnehmen, kurz auf ein Gitter setzen, dann servieren.

Scharf-saure Suppe

酸辣湯

Pfefferscharf und von sämiger Konsistenz, überrascht diese in Szetschuan und Peking beliebte Bauernsuppe mit ihrem Aroma und Nachgeschmack. Die Suppe ist auch bei Europäern sehr populär. Nach dem Originalrezept braucht man dazu frisches Hühner- oder Entenblut. Es geht aber auch ohne diese Zutat, gegen die viele eine Abneigung haben und die außerdem nicht so ohne weiteres zur Verfügung steht. In den meisten Restaurants außerhalb Chinas wird diese Suppe sowieso ohne das Blut zubereitet.

ZUTATEN

100 g mageres Schweinefleisch
6 eingeweichte chinesische Pilze (s. Seite 39)
15 g Wolkenohren (eingeweicht, s. Seite 39)
25 g Goldnadeln (eingeweicht, s. Seite 39)
2 Bohnenquark-Kuchen (abgetropft)
2 EL Kartoffelmehl
4 EL Wasser
1,5 l klare Brühe (s. Seite 225)
2 Eier (leicht geschlagen mit 2 TL Erdnuß- oder Maiskeimöl und einer Prise Salz)
25–50 g frischer Koriander (in Stücke gezupft)

FÜR DIE MARINADE

je eine Prise Salz und schwarzer Pfeffer
1 TL dunkle Sojasauce
1 TL Reiswein oder halbtrockener Sherry
1 TL Kartoffelmehl
1–2 EL Wasser
1 TL Sesamöl

ZUM WÜRZEN

1½ TL Salz
¾ TL Zucker
1 EL helle Sojasauce
1 EL dunkle Sojasauce
3–4 EL Reiswein- oder Weißweinessig
1–½ TL schwarzer Pfeffer
1 Schuß Sesamöl

Ausreichend für 6–8 Personen

1. Das Schweinefleisch in feine, streichholzgroße Streifen schneiden.
2. *Marinieren:* Salz, Sojasauce, Pfeffer und Reiswein gründlich mit dem Fleisch mischen. Das Kartoffelmehl darüberstreuen und das Wasser in einer Richtung einrühren. Das Fleisch 15-30 Minuten oder länger ziehen lassen. Dann das Sesamöl unterrühren.
3. Die Pilze und die Goldnadeln ausdrücken. Die Pilze in möglichst dünne Streifen schneiden, die Goldnadeln in 6 cm lange Stücke. Die Wolkenohren in gleich große Stücke teilen.
4. Die Bohnenquark-Kuchen in 5 mm dicke Stücke schneiden, dann in 3 cm lange Scheibchen.
5. Das Kartoffelmehl in einer Tasse anrühren.
6. Die Brühe in einen großen Topf gießen, Pilze, Wolkenohren und Goldnadeln dazugeben. Mit Salz, Zucker und Sojasauce würzen. Zum Kochen bringen und das Schweinefleisch einrühren. Dabei zusammenklebende Stücke trennen. Darauf den Bohnenquark dazugeben, und sobald die Suppe wieder aufkocht, das nochmals durchgerührte und aufgelöste Kartoffelmehl einrühren. Langsam wieder zum Kochen bringen.
7. Das geschlagene Ei langsam über den Rükken einer Gabel einrühren und die Suppe sofort vom Feuer nehmen. Zugedeckt knapp 1 Minute stehenlassen, damit das Ei flockig wird.
8. Den zerzupften Koriander einstreuen.
9. Den schwarzen Pfeffer und den Essig daruntermischen.
10. Die Suppe sehr heiß servieren. Nach Belieben noch mit Sesamöl beträufeln. Für diejenigen, die sie noch schärfer und saurer lieben, Pfeffer und Essig zum Nachwürzen servieren.

Anmerkung: Übriggebliebene Suppe kann aufgewärmt werden. Man muß dann jedoch mit Pfeffer und Essig nachwürzen.

Geschnetzeltes Schweinefleisch mit Fischaroma

魚香肉絲

Ein weiteres Szetschuan-Gericht, für das die spezielle Fischaroma-Sauce verwendet wird (s. Seite 150).

ZUTATEN

500 g mageres Schweinefleisch
15 g Wolkenohren (eingeweicht, s. Seite 39)
6 Wasserkastanien
50–75 g Bambussprossen aus der Dose
5–6 EL Erdnuß- oder Maiskeimöl
5–6 Knoblauchzehen (feingehackt)
1 kleines Stück frischer Ingwer (feingehackt)
4–5 Frühlingszwiebeln (in feine Ringe geschnitten, weiße und grüne Teile getrennt)
1–2 EL Chilipaste (s. Seite 226)
1 EL Reiswein oder halbtrockener Sherry
2–3 TL Reiswein- oder Weißweinessig

FÜR DIE MARINADE

eine Prise Salz
1 TL Kartoffelmehl (in 1 EL Wasser aufgelöst)
1 TL Erdnuß- oder Maiskeimöl
1 TL Sesamöl

FÜR DIE SAUCE

3/4 TL Kartoffelmehl (in 4 EL Wasser oder Brühe aufgelöst)
1½ EL helle Sojasauce
1½ TL Zucker

Mit 2 weiteren Gerichten ausreichend für 4 Personen

1. Das Schweinefleisch in dünne, 5–6 cm lange Streifen schneiden.
2. *Marinieren:* Salz und das angerührte Kartoffelmehl mit dem Fleisch vermischen. 20–30 Minuten stehenlassen, dann die beiden Ölsorten unterrühren.
3. Die Wolkenohren, Wasserkastanien und Bambussprossen in dünne Streifen schneiden.
4. *Die Sauce vorbereiten:* Das aufgelöste Kartoffelmehl, Sojasauce und Zucker mischen. Die grünen Frühlingszwiebeln erst kurz vor dem Kochen dazugeben.
5. Die Wok stark erhitzen, das Öl hineingeben und schwenken. Den Knoblauch ganz kurz anbraten, dann den Ingwer und die weißen Frühlingszwiebeln dazumischen. Ein paarmal rühren und nun die Chilipaste, das Schweinefleisch, Wolkenohren, Wasserkastanien und Bambussprossen dazugeben. 1 Minute pfannenbraten, dabei zusammenklebende Fleischstücke trennen. Seitlich den Reiswein einträufeln und noch 1½–2 Minuten pfannenrühren, bis das Fleisch eine helle Farbe angenommen hat. Die Sauce eingießen und rühren, bis sie gebunden hat.
6. Vom Feuer nehmen, mit dem Essig würzen und sofort servieren.

Fritierte grüne Bohnen

乾煸四季豆

Ein typisches Gericht der Szetschuan-Küche mit kontrastreichen Geschmacksnuancen. Eigentlich werden die Bohnen erst pfannengebraten, hier sind sie aus Zeitgründen aber nur fritiert.

ZUTATEN

500 g grüne Bohnen (geputzt)
2 EL getrocknete Shrimps (durchgespült)
25 g eingelegtes Szetschuangemüse (gespült)
Pflanzenöl zum Fritieren
3–4 Knoblauchzehen (feingehackt)
1 1-cm-Stück frischer Ingwer (feingehackt)
eine Prise Salz
1 EL helle Sojasauce
2 TL Zucker
2 EL des Shrimps-Einweichwassers
2 TL Reiswein- oder Weißweinessig
1 TL Sesamöl
2 Frühlingszwiebeln (in schmale Ringe geschnitten)

Mit 2–3 anderen Gerichten ausreichend für 4–6 Personen

1. Die Shrimps mit so viel kochendem Wasser begießen, daß sie gerade bedeckt sind, und 15 Minuten stehenlassen. Dann das Einweichwasser absieben und beiseite stellen. Die Shrimps streichholzkopfgroß schneiden (s. Seite 38)
2. Das Szetschuan-Gemüse von Hand hacken (nicht mit einer Maschine), etwa so fein wie die Shrimps.
3. Die Wok zur Hälfte mit Öl füllen und auf 190° erhitzen. Die Bohnen hineingeben und etwa 4–5 Minuten fritieren. Mit einer Siebkelle herausholen und auf Küchenkrepp abtropfen lassen. Das Öl aus der Wok bis auf 2–3 EL zur Wiederverwendung in einen verschließbaren Behälter gießen.
4. Die Wok wieder stark erhitzen. Den Knoblauch kurz anbraten, den Ingwer dazugeben

und dann die Shrimps. Durchrühren und das Szetschuan-Gemüse unterheben. Die Hitze etwas reduzieren.

5. Salz, Sojasauce, Zucker und Shrimpswasser dazugeben und schließlich die Bohnen. Die Temperatur wieder erhöhen. Pfannenbraten und schütteln, bis die Flüssigkeit absorbiert ist.
6. Mit dem Essig und dem Sesamöl beträufeln, die Frühlingszwiebeln darüberstreuen und anrichten.

Anmerkung: Da sich der Geschmack dieses Gerichts verbessert, wenn man es etwas stehenläßt, kann man es als ersten Gang eines Menüs zubereiten und warm stellen oder schon Stunden vorher kochen und kurz vor dem Servieren wieder aufwärmen. Auch kalt schmecken die Bohnen vorzüglich.

Päng-Päng-Huhn

棒棒雞

Der Name des Gerichts kommt nicht von der interessanten und scharfen Sauce, sondern von dem Holzstock (Päng in Mandarin), mit dem das Hühnerfleisch geklopft wird, um die Haut zu lösen. Dieses Gericht der Szetschuan-Küche ist auch unter dem Namen Bon-Bon-Huhn bekannt.

ZUTATEN

250 g geschälte Salatgurke
1 TL Salz
500 g Hühnerbrust mit Haut
gut ½ l klare Brühe oder Wasser
8 Frühlingszwiebeln (nur die weißen Teile, in Seidenfäden geschnitten, s. Seite 34)

FÜR DIE SAUCE

4 TL Sesampaste
2 EL helle Sojasauce
1 TL Reiswein- oder Weißweinessig
1½ TL Zucker
4 TL Chiliöl mit Flocken (s. Seite 225)
½ TL gerösteteter Szetschuanpfeffer (s. Seite 21)
1 TL Sesamöl

Als erster Gang ausreichend für 4–5 Personen

1. Die Gurke längs halbieren, ausschaben und in kleine Stücke schneiden.
2. Die Gurkenstückchen zum Entwässern mit Salz bestreuen und stehenlassen.
3. Die Brühe zum Kochen bringen, die Hühnerbrust hineingeben und 15 Minuten garziehen lassen. Das Fleisch herausnehmen und abkühlen lassen.
4. *Die Sauce zubereiten:* Die zuvor gut durchgerührte Sesampaste mit Sojasauce, Essig, Zukker, Chiliöl, Pfeffer und Sesamöl mischen.
5. Die Gurkenstücke unter kaltem Wasser durchspülen, leicht ausdrücken und hübsch auf einer Platte anordnen.
6. Wenn die Hühnerbrüste abgekühlt sind, die Hautseite mit einem Holzlöffel leicht klopfen. Die Haut abziehen und das Fleisch nach der Faser zu Streifen auseinanderpflücken. Nach Belieben auch die Haut in Streifen schneiden. In der Mitte der Platte anrichten.
7. Die Frühlingszwiebeln über das Hühnerfleisch streuen.
8. Kurz vor dem Servieren die Sauce unter das Fleisch mischen und kalt reichen.

Anmerkung: Das Gericht kann im voraus zubereitet und im Kühlschrank aufbewahrt werden. Es empfiehlt sich jedoch, die Sauce erst kurz vor dem Servieren anzurühren.

EIN KANTON-MENÜ

Gedämpfter Rotbarsch

清蒸鱸魚

Rotbarsch und Streifenbarsch sind die beliebtesten Fische der in Europa und Amerika lebenden Chinesen. Es überrascht nicht, daß sie ihn einfach gedämpft bevorzugen, gewürzt mit Ingwer, Frühlingszwiebeln und Sojasauce.

ZUTATEN

1 Seebarsch von etwa 1 kg (ausgenommen und gesäubert, mit Kopf)
je eine Prise Salz und Zucker
1 2 cm langes Stück frischer Ingwer (in Silberfäden geschnitten, s. Seite 35)
5–7 Frühlingszwiebeln (grüne und weiße Teile getrennt, in Silberfäden geschnitten, s. Seite 34)
4–5 EL Erdnuß- oder Maiskeimöl
2–3 EL helle Sojasauce

Als Hauptgericht ausreichend für 2, mit 2–3 weiteren Gängen für 4–6 Personen

1. Den Fisch abspülen und trockentupfen. Beidseitig 2–3 diagonale Schnitte anbringen. In eine flache Schüssel oder einen Dämpfereinsatz legen.
2. Den Fisch bei guter Hitze etwa 8 Minuten dämpfen (s. Seite 45), bis das Fleisch weich ist. Die Platte mit dem Fisch herausnehmen. Wenn sich zu viel Kondenswasser angesammelt hat, etwas davon abschöpfen oder mit Küchenpapier aufsaugen.
3. Den Fisch mit dem Salz und Zucker bestreuen. Dann den Ingwer, die grünen und darüber die weißen Frühlingszwiebeln auf dem Fisch verteilen.
4. Das Öl in einem Pfännchen erhitzen, bis es raucht, dann über den Ingwer und die Frühlingszwiebeln auf den Fisch löffeln. Die Sojasauce darüberträufeln und heiß servieren.

Spargel mit Krabbenfleisch

蟹扒蘆筍

Das Krabbenfleisch in diesem Rezept erhöht den delikaten Geschmack des Spargels, während seine zarte Farbe dem Gericht ein appetitliches Aussehen verleiht.

ZUTATEN

750 g Spargel (geputzt und geschält)
5 EL Erdnuß- oder Maiskeimöl
4 Scheiben frischer Ingwer
1 EL Reiswein oder halbtrockener Sherry
eine Prise Salz
1/10 l Kraftbrühe (s. Seite 225)
1–2 Knoblauchzehen (feingehackt)
1 Stückchen frischer Ingwer (zu Silberfäden geschnitten, s. Seite 35)
2–3 Frühlingszwiebeln (nur die weißen Teile, in schmale Ringe geschnitten)
250 g gekochtes Krabbenfleisch

FÜR DIE SAUCE

¾ TL Kartoffelmehl
5 EL klare Brühe oder Wasser
2 EL Austernsauce
Salz

Mit 3–4 weiteren Gerichten ausreichend für 6 Personen

1. Den Spargel in Stücke schneiden, die Kopfteile 5 cm lang, den Rest 3 cm lang.
2. *Die Sauce vorbereiten:* Kartoffelmehl, Brühe, Austernsauce und Salz mischen.
3. Die Wok stark erhitzen, bis sich Rauch entwickelt, 3 EL Öl hineingeben und schwenken. Den Ingwer kurz anbraten. Die Spargelstücke dazugeben und pfannenbraten, bis sie heiß sind. Die Hälfte des Reisweins seitlich einträufeln und rühren, bis er absorbiert ist. Nun die Hitze reduzieren. Die Brühe mit dem Salz hineingießen, zum Kochen bringen und zugedeckt bei kleiner Hitze je nach Stärke der Spargelstücke 4–8 Minuten köcheln. Den Spargel jedoch nicht zu weich kochen, er sollte noch Biß haben. In eine vorgewärmte Schüssel geben und warm stellen.
4. Die Wok ausspülen und ausreiben. Wieder stark erhitzen, das restliche Öl eingießen und schwenken. Knoblauch, Ingwer und Frühlingszwiebeln anbraten, bis sich Aroma entwickelt. Das Krabbenfleisch daruntermischen und wenn es heiß ist, seitlich den restlichen Reiswein einträufeln und rühren. Nun die Sauce dazurühren. Wenn sie gebunden hat, über den Spargel löffeln und servieren.

Goldene Garnelenbällchen

雪山蝦球

Die Kruste knusprig, die Garnelenpaste darunter fest und doch zart – um dies zu erreichen, sind Salz und Eiweiß unerläßliche Zutaten für diese fritierten Bällchen.

ZUTATEN

6–8 Scheiben Weißbrot ohne Kruste
6 Wasserkastanien aus der Dose
50 g Schweinespeck
500 g rohe Garnelen oder Hummerkrabben ohne Kopf
Pflanzenöl zum Fritieren

FÜR DIE MARINADE

1 TL Salz, eine Prise Zucker
1 TL Maisstärke
1 Eiweiß (leicht geschlagen)

Als Vorgericht ausreichend für 6 Personen, ergibt etwa 24 Bällchen

1. Das Brot – am besten vom Tag zuvor – in kleine Würfel schneiden.
2. Die Wasserkastanien feinhacken.
3. Den Schweinespeck feinhacken und in eine große Schüssel geben.
4. Schalen und Darm der Garnelen entfernen (s. Seite 39).
5. Die Garnelen mit dem Küchenbeil flachdrücken und feinhacken. Zu dem Speck in die Schüssel geben.
6. *Marinieren:* Salz und Zucker über die Garnelen streuen. Das Kartoffelmehl darüberstäuben und daruntermischen, dabei immer in die gleiche Richtung rühren.
7. Die Wasserkastanien darunterheben.
8. Das Eiweiß dazugeben und wieder 2 Minuten in einer Richtung rühren. Dies gibt der Paste eine feste und zugleich elastische Konsistenz.
9. Etwa 30 Minuten in den Kühlschrank stellen. Die Paste kann auch einige Zeit vorher angerührt und bedeckt im Kühlschrank aufbewahrt werden.
10. Die Brotwürfel auf einer Platte ausbreiten.
11. Jeweils aus einem Eßlöffel Paste mit den Händen Kugeln formen und in den Brotwürfeln wälzen, bis sie ringsum bedeckt sind.
12. Die Wok zur Hälfte mit Öl füllen und auf 180° erhitzen. So viele Bällchen hineingeben, wie frei im Öl schwimmen können, und 2–3 Minuten fritieren, bis das Brot außen goldbraun ist. Mit einem Sieblöffel herausnehmen, abtropfen lassen und sofort servieren.

Fritierte Garnelen

干烧明蝦

Nach dem Originalrezept nimmt man dazu große Garnelen. Ich habe es auf solche mittlerer Größe abgestimmt.

ZUTATEN

750 g frische oder tiefgefrorene rohe Garnelen oder Hummerkrabben in der Schale (ohne Kopf)
eine Prise Meersalz
Pflanzenöl zum Fritieren und Braten
4 Knoblauchzehen (feingehackt)
1 2-cm-Stück frischer Ingwer (feingehackt)
2 frische grüne Chilischoten (Samen entfernt, gehackt)
4 Frühlingszwiebeln (in kleine Ringe geschnitten, weiße und grüne Teile getrennt)

FÜR DIE SAUCE

¼ TL Kartoffelmehl
2 EL helle Sojasauce
2 TL Zucker
1 EL Reiswein oder halbtrockener Sherry
1 EL Ketchup

Mit 3–4 weiteren Gerichten ausreichend für 6–8 Personen

1. Tiefgefrorene Garnelen langsam auftauen. Die Schalen außen gründlich waschen, die Beine entfernen. Wenn möglich, den Darm herausziehen (s. Seite 90). Wenn dies nicht gelingt, ist es für das Gericht kein Nachteil. Die Garnelen mit Küchenpapier trockentupfen und in eine große Schüssel legen.
2. Ringsum mit etwas Salz bestreuen und 20 Minuten stehenlassen.
3. *Die Sauce vorbereiten:* Kartoffelmehl, Sojasauce, Zucker, Reiswein und Ketchup mischen.
4. Die Wok zur Hälfte mit Öl füllen und auf 180° erhitzen. Die Garnelen 20 Sekunden »durch das Öl gehen lassen«. Vom Feuer nehmen und sofort mit einem Sieblöffel herausholen und abtropfen lassen. Die Garnelen haben nun eine rosa Farbe und sind fast gar.

5. Das Öl aus der Wok bis auf 2–3 EL zur Wiederverwendung in einen verschließbaren Behälter gießen.

6. Das verbleibende Öl in der Wok wieder stark erhitzen, den Knoblauch kurz anbraten, dann nacheinander den Ingwer, Chilischoten und die weißen Frühlingszwiebeln einrühren. Die Garnelen wieder in die Wok geben und möglichst einlagig nebeneinanderlegen. Die Hitze reduzieren und die Garnelen 30 Sekunden schmoren lassen, damit sie das Aroma des Knoblauchs und Ingwers aufnehmen können. Dann wenden und nochmals 30 Sekunden schmoren. Nicht anbrennen lassen!

7. Die angerührte Sauce über die Garnelen gießen. Wenden und rühren, bis die Sauce absorbiert ist. Die grünen Frühlingszwiebeln darüberstreuen und das Gericht auf einer vorgewärmten Platte servieren.

8. Die Garnelen mit Stäbchen zu essen, ist für manchen Europäer vielleicht etwas ungewohnt. Man nimmt die Garnelen mit den Stäbchen hoch und beißt davon ab. Die Schalen, die sich leicht vom Fleisch lösen, faßt man mit den Stäbchen vom Mund weg und legt sie auf den Tellerrand. Wichtig ist, daß man die Schalen, die ja mit Sauce überzogen sind, mit in den Mund nimmt.

Fritiertes Rindsfilet mit Mango

香芒牛肉

Dieses erlesene neuzeitliche Gericht stammt aus dem südlichen China, wo es köstliche frische Mangos gibt. Die Schärfe des Ingwers, die natürliche Süße der Mangos und die aromatische Sauce ergeben eine ungewöhnliche Geschmackskombination.

ZUTATEN

500 g Rindsfilet
1 große, nicht zu reife Mango
Pflanzenöl zum Fritieren
4 Knoblauchzehen (feingehackt)
4 Frühlingszwiebeln (in 3-cm-Stücke geschnitten, weiße und grüne Teile getrennt)
1 2 cm langes Stück frischer Ingwer (zu Silberfäden geschnitten, s. Seite 35)
1 EL Reiswein oder halbtrockener Sherry

FÜR DIE MARINADE

eine Prise Salz
½ TL Zucker
1 TL helle Sojasauce
1 TL dunkle Sojasauce
1 TL Reiswein oder halbtrockener Sherry
eine Prise schwarzer Pfeffer
1½ TL Kartoffelmehl
2 EL Wasser

FÜR DIE SAUCE

½ TL Kartoffelmehl
2 TL Austernsauce
1 TL helle Sojasauce
3 EL Wasser

Mit 2 anderen Gerichten ausreichend für 4 Personen

1. Das Filet quer zur Faser in 1 cm dicke und 5 cm lange Streifen schneiden. Mit der Breitseite des Küchenbeils leicht klopfen.

2. *Marinieren:* Salz, Zucker, Sojasauce, Reiswein und Pfeffer unter das Fleisch mischen. Mit dem Kartoffelmehl bestreuen und nach und nach das Wasser in einer Richtung einrühren. Im Kühlschrank 20–30 Minuten stehenlassen.

3. Die Mango schälen, das Fleisch vom Kern lösen und in Streifen schneiden.

4. *Die Sauce vorbereiten:* Kartoffelmehl, Austernsauce, Sojasauce und Wasser in einer Tasse anrühren und beiseite stellen.

5. Die Wok zur Hälfte mit Öl füllen und auf 180° erhitzen. Die Fleischstreifen 30 Sekunden »durch das Öl gehen lassen«, um den Fleischsaft einzuschließen, dabei mit einem Holzlöffel vorsichtig hin und her bewegen. Mit einem Sieblöffel herausnehmen und auf eine vorgewärmte Platte legen.

6. Das Öl aus der Wok zur Wiederverwendung bis auf 3 EL in einen verschließbaren Behälter gießen.

7. Die Wok wieder stark erhitzen. Den Knoblauch kurz anbraten, dann den Ingwer dazugeben und schließlich die weißen Frühlingszwiebeln. Durchrühren und das Fleisch darunterheben. Etwa 30 Sekunden pfannenrühren. Seitlich den Reiswein einträufeln und rühren, bis er absorbiert ist. Wenn Sie das Fleisch halbgar bevorzugen, nehmen Sie es jetzt heraus, andernfalls läßt man es noch unter ständigem Rühren und Wenden einige Zeit in der Wok. Auf einer vorgewärmten Platte anrichten.

8. Nochmals 1 EL Öl in die Wok geben, herumschwenken und die Mangostreifen zugedeckt 1 Minute braten.

9. Die angerührte Sauce über die Mangos gießen. Wenn sie gebunden hat, die grünen Frühlingszwiebeln dazugeben. Die Sauce vom Feuer nehmen, über das angerichtete Fleisch löffeln und sofort heiß servieren.

Rote-Bohnen-Kompott

紅豆沙

In China ist es eigentlich nicht üblich, nach der Hauptmahlzeit ein Dessert zu reichen, höchstens gelegentlich Obst. Dieses Mus ist in Kanton sehr beliebt. Es ist dick und nicht zu süß und wird dort heiß und ohne Sahne serviert.

ZUTATEN

250 g rote bzw. Azuki-Bohnen (gespült und abgetropft)
4 EL Klebreis (gespült und abgetropft)
1¾ l Wasser
1 Stück getrocknete Tangerinenschale (gewaschen)
1 EL Erdnuß- oder Maiskeimöl
175 g Zucker
Süße Sahne nach Belieben

Ausreichend für 6 Personen

1. Die Bohnen und den Reis in gut 1 l Wasser mehrere Stunden oder über Nacht einweichen. Nicht absieben.
2. Die Bohnen und den Reis mit dem Einweichwasser in einen großen Topf geben, das restliche Wasser dazugießen. Die Tangerinenschale dazugeben. (Wenn man sie ins kochende Wasser gibt, wird es bitter.) Zum Kochen bringen. Bei reduzierter Hitze 2 Stunden köcheln, gelegentlich umrühren. Das Volumen sollte sich nun für die richtige Konsistenz auf einen knappen Liter reduziert haben, das Wasser die Bohnen gerade noch bedecken.
3. Den Zucker dazugeben und rühren, bis er sich aufgelöst hat. Die Bohnen vom Feuer nehmen, die Tangerinenschale entfernen und abkühlen lassen.
4. Die Bohnen pürieren. In eine mit kaltem Wasser ausgespülte Glasschüssel geben und im Kühlschrank kalt stellen. Mit oder ohne Sahne servieren.

Anmerkung: Ist ein ausgeprägteres Aroma erwünscht, kann man die Tangerinenschale auch mit pürieren.
Das Bohnenkompott schmeckt auch heiß mit Sahne serviert gut.

EIN PEKING-MENÜ

Peking-Ente

北京填鴨

Die in den traditionsreichen Pekinger Restaurants verwendeten Enten werden extra für dieses Gericht gezüchtet und gemästet und in einem speziell dafür konstruierten Ofen geröstet. Eine Peking-Ente kann aber auch nach diesem Rezept auf relativ einfache Weise und mit gutem Resultat zubereitet werden. Die Ente mit der knusprigen dunkelroten Haut wird innen zart und saftig. Nach alter Tradition wurde früher nur die knusprige Haut mit den Pfannkuchen serviert, während das Fleisch mit Bohnensprossen nochmals pfannengebraten und als weiteres Gericht nach der Haut gereicht wurde. Oft wurde aus dem Fleisch auch eine Suppe bereitet. Heute wird neben der Haut meist auch das zarte Fleisch serviert.

ZUTATEN

1 bratfertige Ente von etwa 2 kg
2 EL Honig
300 ml heißes Wasser
1¾ l kochendes Wasser
12 Frühlingszwiebeln (nur die weißen Teile)
1 große Salatgurke (in feine streichholzgroße Streifen geschnitten)
Hoisin-Sauce oder süße Bohnensauce
25–30 Mandarin-Pfannkuchen (s. Seite 210)

Als Hauptgericht ausreichend für 4, mit 3–4 weiteren Gerichten für 6–7 Personen

1. Den Honig mit dem heißen Wasser mischen und warm stellen.
2. Die Ente in einen Durchschlag legen. Mit dem kochenden Wasser auf allen Seiten abbrühen, dann trockentupfen und in eine große Schüssel legen.
3. Die Honigmischung wiederholt über die Ente gießen (einschließlich Hals und Flügel) und mit einem Pinsel verstreichen. Die Ente muß völlig mit der Honigmischung getränkt sein.
4. Die Ente 10–24 Stunden an einem luftigen, kühlen Platz aufhängen, bis die Haut völlig trocken ist. Die Haut *nicht einstechen oder verletzen.*
5. Die Ente mit der Brustseite nach oben auf einen Rost legen und im vorgeheizten Backofen bei 180° 20 Minuten rösten. (Das Tropfblech mit etwas heißem Wasser in den Backofen einschieben, um abtropfendes Fett zu sammeln.) Die Haut wird dann goldbraun sein. Die Ente umdrehen und weitere 25–30 Minuten rösten, dann mit der Brust nach oben noch einmal 20 Minuten rösten. Wenn die Haut zu dunkel wird, die Hitze auf 170° reduzieren; ist sie zu hell, auf 190° erhöhen. Beim Wenden achtgeben, daß die Haut nicht verletzt wird. Die Ente herausnehmen und auf dem Rost ein wenig abkühlen lassen, bevor man sie zum Anrichten aufschneidet.
6. Während die Ente geröstet wird, die Frühlingszwiebeln erst in 5 cm lange Stücke und dann längs in Streifen schneiden. Die Gurken und die Frühlingszwiebeln auf zwei Platten anrichten.
7. Für jede Person 1–2 EL Hoisin-Sauce in Schälchen anrichten.
8. Die Mandarin-Pfannkuchen 10 Minuten dämpfen und auf vorgewärmten Platten anrichten.
9. Bevor Sie die Ente aufschneiden, die Flüssigkeit im Innern in ein Schüsselchen laufen lassen und für andere Zwecke aufbewahren. Die knusprige Haut der Ente in mundgerechten Stücken flach wegschneiden, dann das zarte Fleisch in gleicher Weise in Scheiben schneiden. Auf vorgewärmten Platten anrichten.
10. Zum Essen legt man sich einen Pfannkuchen auf einen Teller, bestreicht ihn mit etwas Hoisin-Sauce, dann legt man ein Stückchen Haut oder Fleisch oder beides drauf, dazu ein Stück Gurke und Frühlingszwiebeln, rollt den Pfannkuchen ein und ißt ihn mit der Hand.

Variante: Geröstete Kanton-Ente
Zunächst nach Schritt 1–4 verfahren. (Die Zeit für das Lufttrocknen kann auf 6–10 Stunden reduziert werden.) Dann mischt man eine Marinade aus 4 TL Salz, 4 TL Zucker, 1½ TL Fünfgewürzpulver und 2 TL Mei-Kueilu-Wein oder Gin und reibt damit die Ente innen und außen sorgfältig ein. Dann wird sie wie die Peking-Ente geröstet. Man reicht dunkle Sojasauce als Dip.

Mandarin-Pfannkuchen

Die Mandarin-Pfannkuchen sind unerläßlich für die Peking-Ente, werden aber auch gerne zu Mushu-Schweinefleisch gereicht (s. Seite 139). Die Nordchinesen haben diese Kuchen gerne etwas fest; dies wird durch Zugabe von einem Eßlöffel kalten Wassers an den Teig erreicht.

ZUTATEN

500 g Weizenmehl
350–400 ml kochendes Wasser
1 EL kaltes Wasser
etwas Mehl
2 TL Sesamöl

Mit Peking-Ente ausreichend für 6 Personen

1. Das Mehl in eine Schüssel sieben, nach und nach das kochende Wasser einrühren und am Schluß das kalte Wasser. Gut durchmischen. Sobald der Teig soweit abgekühlt ist, daß man ihn anfassen kann, auf einem leicht bemehlten Brett gründlich kneten, bis er glatt und elastisch ist. Zugedeckt in einer Schüssel 20–30 Minuten stehenlassen.
2. Den Teig auf einem leicht bemehlten Brett in 2 Hälften teilen und nochmals durchkneten. Möglichst wenig extra Mehl verwenden, sonst schmecken die Pfannkuchen mehlig.
3. Beide Hälften zu einer 40 cm langen Rolle formen und diese quer in jeweils 16 Teile schneiden, also in insgesamt 32 Stück (a).
4. Die Stücke mit den Händen zu runden Fladen von 5–6 cm Durchmesser flachdrücken (b).
5. Mit einem Pinsel die Hälfte der Fladen auf der Oberfläche mit dem Sesamöl bestreichen (c) und die andere Hälfte auf die geölte Fläche legen (d). Die beiden Fladen sollten möglichst genau aufeinanderpassen.

a

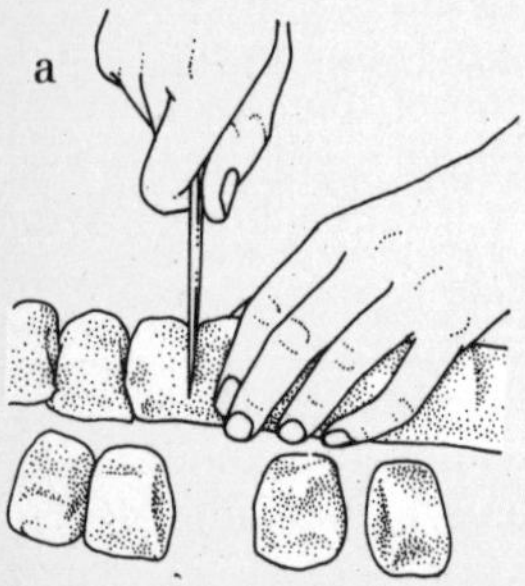

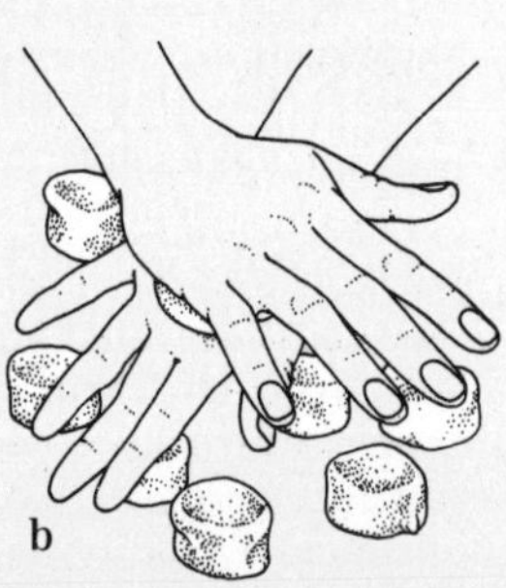

b

6. Mit dem Wellholz jeden Doppelfaden auf einem leicht bemehlten Backbrett auf einen Durchmesser von 15 cm ausrollen (e). Die Fladen sollten schön rund und gleichmäßig dick sein.

c

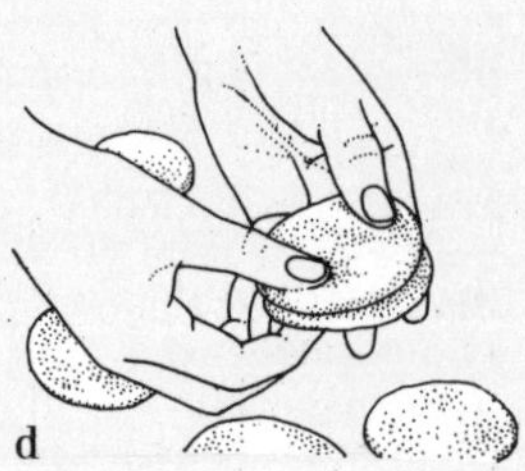

d

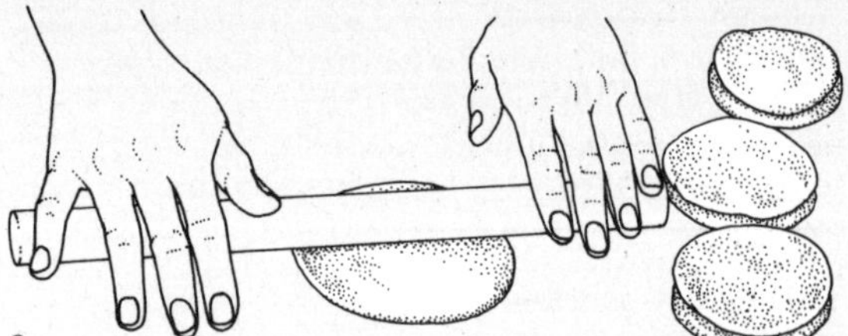

e

7. Eine ungeölte schwere Bratpfanne erhitzen. Die Pfannkuchen auf beiden Seiten 1–2 Minuten braten, bis sich braune Flecken zeigen (f). Nach knapp 1 Minute werden sich die Kuchen teilweise aufblasen, ein Zeichen, daß sie gar sind.

f

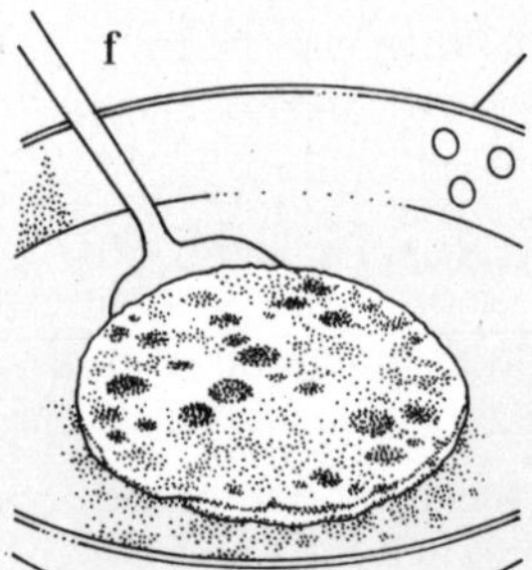

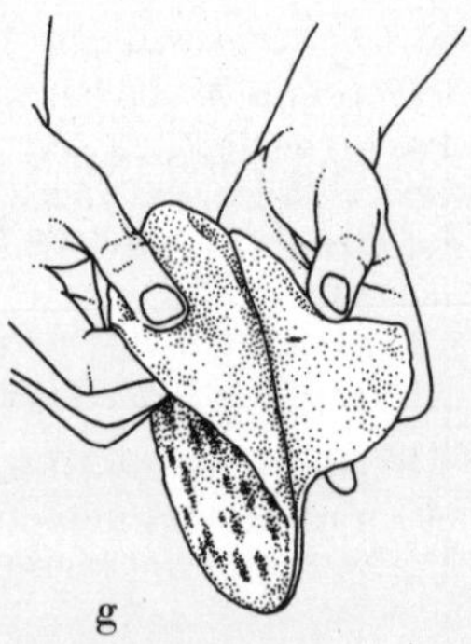

g

8. Die einzeln gebratenen Pfannkuchen auf eine warme Platte legen und sofort die beiden Hälften mit den Händen auseinanderziehen (g). Mit einem Küchentuch abdecken, damit sie nicht austrocknen.
9. Die Pfannkuchen vor dem Servieren 5–10 Minuten in der Wok oder einem geeigneten Topf dämpfen (s. Seite 45).

Fisch in Weinsauce

酒溜魚片

Dies ist ein Fischgericht der Peking-Küche, gleichermaßen delikat im Geschmack und in der Präsentation. Traditionsgemäß verwendet man Wolkenohren als ergänzende Beilage.

ZUTATEN

500–750 g Schollen- oder Flunderfilet ohne Haut
2 EL Wolkenohren (eingeweicht, s. Seite 39)
Pflanzenöl zum Fritieren
4 Knoblauchzehen (feingehackt)
1 1 cm langes Stück frischer Ingwer (feingehackt)

FÜR DIE MARINADE

je eine Prise Salz, Zucker und weißer Pfeffer
1 Eiweiß (mit 1 EL Maisstärke glattgerührt)

FÜR DIE SAUCE

¾ TL Salz
1 EL Maisstärke
150 ml Reiswein oder halbtrockener Weißwein
150 ml klare Brühe

Mit 2 weiteren Gerichten ausreichend für 4 Personen

1. Die Filets trockentupfen und in 5 cm große, mundgerechte Quadrate schneiden.
2. *Marinieren:* Salz, Zucker, Pfeffer und das angerührte Eiweiß vorsichtig mit dem Fisch mischen, so daß die Stücke ringsum von der Marinade eingehüllt sind. 1 Stunde im Kühlschrank stehenlassen.
3. *Die Sauce vorbereiten:* Salz, Wein, Maisstärke und klare Brühe mischen.
4. Die Wolkenohren leicht ausdrücken.
5. Die Wok zur Hälfte mit Öl füllen und auf 100–110° erhitzen. Die Fischstücke 1–2 Minuten fritieren, dabei zusammenklebende Stücke vorsichtig trennen. Wenn sie Farbe angenommen haben, mit einem Sieblöffel herausnehmen, dabei achtgeben, daß sie nicht brechen. Das Öl bis auf 2–3 EL zur Wiederverwendung in einen verschließbaren Behälter gießen.
6. Die Wok wieder stark erhitzen und den Knoblauch kurz anbraten. Den Ingwer dazugeben, dann die Wolkenohren. Kurz pfannenbraten und die Sauce dazugießen. Langsam zum Kochen bringen, dann die Fischstücke hineingeben. In der Sauce leise köcheln, bis sie heiß sind, dann auf einer vorgewärmten Platte anrichten und sofort servieren.

Falsches Seegras

賽干貝鬆

Zu dem authentischen Gericht der nördlichen Regionalküche wird eine besondere Sorte von Seegras verwendet, die hier nicht erhältlich ist. Die in diesem abgewandelten Rezept verwendeten Zutaten ergeben jedoch ein ähnlich köstliches Gericht.

ZUTATEN

500 g junge Kohlblätter (gewaschen und abgetrocknet)
Pflanzenöl zum Fritieren
25 g blanchierte Mandelflocken
eine Prise Salz
2 TL Puderzucker

Ausreichend für 6 Personen

1. Die harten Strünke der Kohlblätter herausschneiden.
2. Jeweils einige Blätter zusammenrollen und quer in möglichst dünne Streifen schneiden. Auf Küchenpapier auslegen, damit sie noch trocknen können. Je trockener die Kohlstreifen sind, desto knuspriger werden sie, ohne ihre frische grüne Farbe zu verlieren. (Die Blätter können einige Stunden vorher geschnitten werden.)
3. Die Wok zur Hälfte mit Öl füllen und auf 200° erhitzen. Die Hälfte der geschnittenen Kohlblätter hineingeben und 2 Minuten fritieren. Sie werden dann knusprig und in der Farbe dunkler sein. Mit dem Sieblöffel herausholen und auf Küchenpapier abtropfen lassen. Die zweite Hälfte fritieren.
4. Die Blätter etwas abkühlen lassen, dann auf eine Platte geben. Mit dem Salz bestreuen und durchmischen, dann den Zukker darübersieben und gut mischen. Mit den Mandeln garnieren und lauwarm servieren. Die Blätter bleiben auch über Nacht knusprig. Nicht in den Kühlschrank stellen.

Chinakohl in Cremesauce

奶油津白

Es ist eine bekannte Tatsache, daß die Chinesen in ihrer Küche keine Milchprodukte verwenden. In diesem klassischen, neuzeitlichen Gericht der nördlichen und östlichen Regionalküche ist jedoch eine kleine Menge von Kondensmilch oder Rahm enthalten. In Peking und Schanghai nimmt man vorwiegend Kondensmilch, selbstverständlich kann man aber auch Rahm verwenden.

ZUTATEN

700–800 g Chinakohl
1¾ TL Salz
4 EL Erdnuß- oder Maiskeimöl
25 g gekochter Schinken (kleingewürfelt)

FÜR DIE SAUCE

1 EL Kartoffelmehl
6 EL klare Brühe
10 EL Kondensmilch

Ausreichend für 6 Personen

1. Den Kohl säubern, die harten äußeren Blätter entfernen, auseinandernehmen und die Blätter quer in breite Streifen schneiden.
2. Etwa 1½ l Wasser in einer großen Kasserolle zum Kochen bringen. 1 TL Salz und 1 EL Öl in das Wasser geben (das Öl verleiht dem Kohl Glanz). Den Kohl 1 Minute kochen, in einen Durchschlag schütten, mit kaltem Wasser abschrecken und abtropfen lassen.
3. *Die Sauce vorbereiten:* Das Kartoffelmehl in der Brühe auflösen, dann die Milch und das restliche Salz einrühren.
4. Eine Wok nicht zu stark erhitzen, das Öl hineingießen und herumschwenken. Den Kohl hineingeben und pfannenbraten, bis er durcherhitzt ist. Den Kohl in der Wok etwas an den Rand schieben, daß in der Mitte eine Vertiefung entsteht.
5. Die Sauce in die Vertiefung gießen und rühren, bis sie dick geworden ist. Den Kohl unter die Sauce mischen. Auf einer warmen Platte anrichten, mit dem Schinken bestreuen und servieren.

Variante: Blumenkohl mit Cremesauce.
Den Blumenkohl (2 Köpfe) in mundgerechte Stücke teilen und wie den Chinakohl zubereiten.

Kohl-Pickles nach Peking-Art

北京泡菜

Das Gericht wird als Vorspeise, Salat oder Beilage serviert. Es hält sich gut 2 Wochen im Kühlschrank. Darauf achten, daß Sie die Szetschuanpfefferkörner nicht mitessen.

ZUTATEN

1 kg Weißkohl (Strunk entfernt und geviertelt)
2 EL Salz
1 1–2-cm-Stück frischer Ingwer (zu Silberfäden geschnitten, s. Seite 35)
5 EL Zucker
2½ EL Erdnuß- oder Maiskeimöl
2½ EL Sesamöl
3 getrocknete Chilischoten (Samen entfernt und feingehackt)
1 TL Szetschuanpfeffer
5 EL Reisweinessig

Ausreichend für 6–8 Personen

1. Die Kohlviertel möglichst fein schneiden oder hobeln (entweder von Hand oder mit einer Küchenmaschine) und in eine große Schüssel geben.
2. Das Salz daruntermischen und bei Raumtemperatur 2–3 Stunden stehenlassen, damit er Wasser zieht. Den Kohl handvollweise ausdrücken und in eine andere Schüssel geben.
3. Den Ingwer als Häufchen in die Mitte auf das Kraut setzen.
4. Den Zucker um den Ingwer herum über den Kohl streuen.
5. Das Erdnußöl und das Sesamöl in einem Pfännchen erhitzen, bis es raucht. Vom Feuer nehmen und Chilischoten und Pfeffer hineingeben. Das heiße Öl über das Häufchen Ingwer und den Kohl träufeln. Es erhitzt den Ingwer, so daß er sein Aroma entwickelt.
6. Den Essig darübertröpfeln und dann gut durchmischen. Bei Zimmertemperatur 2–3 Stunden vor dem Servieren ziehen lassen.

EIN SCHANGHAI-MENÜ

Rot-im-Schnee-Suppe mit Schweinefleisch

雪菜肉絲湯

Knackige Rot-im-Schnee-Pickles (auf den Dosenetiketten steht meist »Kohl-Pickles«), obwohl sehr salzig, geben der Suppe als Einlage einen ungewöhnlichen und köstlichen Geschmack.

ZUTATEN

50 g Glasnudeln
100 g mageres Schweinefleisch
1 200-g-Dose Kohl-Pickles (gehackt)
3 EL Erdnuß- oder Maiskeimöl
4–6 Frühlingszwiebeln (in 2–3-cm-Stücke geschnitten, weiße und grüne Teile getrennt)

FÜR DIE MARINADE

2 TL helle Sojasauce
eine Prise Zucker
1 TL Reiswein oder halbtrockener Sherry
eine Prise weißer Pfeffer
1½ TL Kartoffelmehl
1 EL Wasser
1–2 TL Sesamöl

Ausreichend für 5–6 Personen

1. Die Glasnudeln mit einer Schere kürzer schneiden, damit sie besser zu handhaben sind. Mit knapp 1 l kochendem Wasser übergießen und 30 Minuten einweichen. Absieben.
2. Das Schweinefleisch in feine streichholzgroße Streifen schneiden (s. Seite 38).
3. *Marinieren:* Die Sojasauce, Zucker, Reiswein, Pfeffer und das mit dem Wasser angerührte Kartoffelmehl zu dem Fleisch geben und gründlich durchmischen. 15 Minuten stehenlassen, dann das Sesamöl daruntermischen.
4. Gut 1 l Wasser zum Kochen bringen. Das Öl, die weißen Frühlingszwiebeln und die Glasnudeln hineingeben, dann das gehackte Gemüse. Die Suppe darf nur leicht köcheln.
5. Das Schweinefleisch in die Suppe geben, rühren und dabei zusammenklebende Stücke trennen. Nach einer Minute dürfte das Fleisch Farbe angenommen haben und gar sein. Die Suppe in einer Terrine auftragen.

Fu-yung-Eierfladen

芙蓉蛋片

Fu-yung ist der chinesische Ausdruck für Lotos. In der Poesie benutzt man das Wort, um das hübsche Gesicht eines Mädchens zu beschreiben. Es ist auch ein treffender Name für dieses köstliche Gericht der ostchinesischen Regionalküche.

ZUTATEN

50 g tiefgefrorene grüne Erbsen
1–2 mittelgroße Tomaten
6 Eiweiß
¾ TL Salz
2 TL Maisstärke
Pflanzenöl zum Fritieren
1½ EL Kartoffelmehl
600 ml klare Brühe
25 g Schinken (feingehackt)

Mit 3 anderen Gerichten ausreichend für 4 Personen

1. Die Erbsen blanchieren und absieben.
2. Die Tomaten kurz brühen, dann die Haut abziehen, halbieren, die Samen entfernen und die Hälften würfeln.
3. Das Eiweiß mit dem Salz und der Stärke rühren oder leicht schlagen, damit eine glatte Masse entsteht.
4. Die Wok zur Hälfte mit Öl füllen und auf 110° erhitzen. Mit einem großen Löffel jeweils 2 EL der Masse in das Öl gießen. Wenn die Fladen an die Oberfläche kommen, sofort mit einer Siebkelle herausnehmen und in eine Schüssel legen. Die ganze Eiweißmasse nacheinander so ausbacken. Die Temperatur beim Fritieren ständig auf der angegebenen Temperatur halten, damit die Fladen schön samtig-zart werden. Das Öl nicht zu heiß werden lassen.
5. Das Kartoffelmehl in 1–2 EL der Brühe auflösen und mit dem Salz in die Brühe rühren.
6. Die Brühe zum Kochen bringen und dabei rühren, bis sie leicht sämig ist. Die Erbsen hineingeben, und wenn sie heiß sind, die Tomaten. Nun die fritierten Eiweißfladen dazugeben und kochen, bis sie (in Sekundenschnelle) heiß sind. Vom Feuer nehmen und vorsichtig in eine warme Schüssel löffeln.
7. Die grünen Erbsen, roten Tomaten und die weißen Eierfladen dekorativ anrichten, den Schinken darüberstreuen und servieren.

»Geräucherter« Fisch nach Schanghai-Art

上海燻魚

Ein beliebtes Vorgericht in Schanghai und in Restaurants des Nordens, obwohl seine traditionelle Bezeichnung »Geräucherter« Fisch schon immer irreführend war: Der Fisch wird nämlich nicht geräuchert, sondern mariniert, dann fritiert und in einer würzigen Sauce mit einem speziellen Essig serviert.

ZUTATEN

1 kg Filet vom Schellfisch oder Seehecht (in 2-cm-dicke Scheiben geschnitten)
Pflanzenöl zum Fritieren

FÜR DIE MARINADE

1 4 cm großes Stück frischer Ingwer (feingehackt)
3 EL helle Sojasauce
1 EL Reiswein oder halbtrockener Sherry

FÜR DIE SAUCE

700 ml kaltes Wasser
1 ganzer Sternanis
1 3 cm großes Stück Zimt
¼ einer ganzen getrockneten Tangerinenschale
1 TL schwarze Pfefferkörner
2 große Frühlingszwiebeln
4 frische Ingwerscheiben (3 mm dick)
3 EL Chinkiang- oder Rotweinessig
4–5 EL Zucker

Ausreichend für 8 Personen

1. Die Filets mit Küchenkrepp trockentupfen. Mit einer Gabel an einigen Stellen einstechen, damit die Marinade besser eindringen kann. Die Stücke auf eine große Platte legen.
2. *Marinieren:* Zunächst mit einer Knoblauchpresse den Saft von dem gehackten Ingwer über den Fisch träufeln. Die Sojasauce und den Reiswein darübertröpfeln und die Stücke wenden, damit sie gleichmäßig mariniert werden. Den Fisch 2 Stunden stehenlassen und währenddem noch einigemal wenden.
3. *Die Sauce zubereiten:* Das Wasser, Sternanis, Zimtstück, Tangerinenschale, Pfefferkörner, Frühlingszwiebel und den Ingwer in einen Topf geben. Zum Kochen bringen und den Sud bei kleiner Flamme offen in etwa 30 Minuten auf knapp ½ l einkochen. Durchsieben und die Brühe wieder in den Topf gießen. Essig und Zucker einrühren und beiseite stellen.
4. Den Fisch zum Abtropfen auf einen Rost legen.
5. Die Wok zur Hälfte mit Öl füllen und auf 200° erhitzen. Die Filets auf zweimal jeweils 15 Minuten fritieren, bis sie leicht braun, fest, aber nicht hart sind. Auf Küchenpapier abtropfen lassen.
6. Die Sauce wieder zum Kochen bringen und umrühren, damit sich der Zucker ganz auflöst. Nun den Fisch hineingeben und mit einer Kelle die kochende Brühe darüberlöffeln, falls die Sauce die Stücke nicht ganz bedeckt. Nach 3–4 Minuten vom Feuer nehmen und die Filets auf eine große Platte legen.
7. Die Sauce weiterkochen, bis sie von sirupartiger Konsistenz ist. Die Sauce über den Fisch löffeln, abkühlen lassen und zugedeckt einige Stunden oder über Nacht in den Kühlschrank stellen. Der Fisch wird kalt serviert.

Schweinsfüßchen mit Kandiszucker

氷糖元蹄

Die Köche der ostchinesischen Regionalküche sind Meister dieser Art von Gerichten. Haut und Fleisch werden so weich und zart, daß man sie mit den Stäbchen vom Knochen lösen kann. Kaufen Sie kleinere Stücke, da sie weniger fetten Fleischanteil haben. Am besten eignen sich die vom Vorderfuß.

ZUTATEN

1,5 kg Schweinsfüßchen
4 Scheiben frischer Ingwer
2–3 Frühlingszwiebeln (quer halbiert)
6 EL dunkle Sojasauce
3 EL Reiswein oder halbtrockener Sherry
25 g Kandiszucker

Mit 2 weiteren Gerichten ausreichend für 6 Personen

1. Die Beinstücke säubern und seitlich die Schwarte einschneiden, damit die Stücke ihre Form behalten und die Sauce besser eindringen kann.
2. Das Fleisch in einem Topf mit reichlich kaltem Wasser zum Kochen bringen. Nach 4–5 Minuten das Wasser mit dem sich gebildeten Schaum wegschütten. Notfalls den Schaum von den Fleischstücken abspülen.
3. Die Beinstücke wieder in den Topf geben. (Falls vorhanden, legen Sie ein Bambusgitter auf den Boden des Topfes. So kann das Fleisch am Boden des Topfes nicht festkleben.)

4. Ingwer, Frühlingszwiebeln, Sojasauce, Reiswein und Zucker dazugeben. 1 l Wasser eingießen und zum Kochen bringen. Die Hitze reduzieren und zugedeckt 1 Stunde köcheln. Ab und zu nachsehen, ob die Haut der Beinstücke nicht am Boden festklebt.
5. Die Stücke umdrehen und weitere 1½ Stunden kochen, dabei noch 2–3mal wenden. Die Brühe dürfte nun auf ca. ¼ l eingekocht sein.
6. Noch einige Minuten bei guter Hitze kochen und dabei die Sauce über die Beinstücke löffeln. Sie muß nun dick und glasig sein.
7. Die Beinstücke auf einer vorgewärmten Platte anrichten. Ingwer und Frühlingszwiebeln aus der Sauce nehmen. Die Sauce über das Fleisch löffeln und servieren.

Acht-Juwelen-Bohnenquark

王太守八寶豆腐

Im 18. Jahrhundert schrieb der Dichter und Beamte Yüan Mei ein Kochbuch mit dem Titel »Sui-Yüan-Rezepte«, – eine einmalige Hinterlassenschaft eines chinesischen Gelehrten aus jener Zeit. In dem Rezept, das er »Präfekt Wang's Acht-Juwelen-Bohnenquark« nannte, umreißt er auch die Spur der Herkunft des Gerichts, die in der Küche des Kaiserhofs endet. Das Gericht besteht aus vielen verborgenen Zutaten, die im Munde zerschmelzend das Gefühl eines nußartigen Bissens vermitteln.

ZUTATEN

4 eingeweichte chinesische Pilze (s. Seite 39)
2 Kuchen Bohnenquark (abgetropft)
3 Eiweiß
¾ TL Salz
15 g Schmalz
1½ EL Kartoffelmehl
2 EL Sahne
2 EL flüssiges Schmalz oder
3 EL Erdnuß- oder Maiskeimöl
7 EL Kraftbrühe (s. Seite 225)
50 g gekochte Hühnerbrust (feingehackt)
25 g Walnüsse (blanchiert und feingehackt)
25 g Mandeln (blanchiert und feingehackt)
50 g Schinken (feingehackt)
2 TL Hühnerschmalz oder Sesamöl

Mit 3–4 weiteren Gerichten ausreichend für 6 Personen

1. Die eingeweichten Pilze leicht ausdrücken und feinhacken.
2. Den Bohnenquark zu einer Paste zerdrücken und rühren. Je glatter das Püree, desto besser wird das Gericht.
3. Die Hälfte des Eiweißes und das Salz zum Bohnenquark geben und schlagen, bis es gut vermischt ist. Das restliche Eiweiß, Schmalz, Kartoffelmehl und Sahne dazugeben und steifschlagen. Die Hälfte der Brühe unterrühren.
4. Die Wok stark erhitzen, das flüssige Schmalz oder das Öl hineingeben und schwenken. Gleichzeitig die Bohnenquarkmischung und die restliche Brühe in die Wok gießen. Unter ständigem Rühren etwa 1 Minute kochen, bis die Masse eine Elfenbeinfarbe angenommen hat. Die Hitze reduzieren, falls die Masse braun zu werden droht. Die Pilze, Hühnerfleisch, Walnüsse, Mandeln und die Hälfte des Schinkens darunterheben und wieder schwach aufkochen lassen.
5. In einer tiefen Schüssel anrichten, das Hühnerschmalz oder das Sesamöl darüber verteilen und mit dem restlichen Schinken bestreuen. Heiß servieren.

Gebratener Yangtschou-Reis

揚州炒飯

Das aus Yangtschou im östlichen China stammende und dort sehr populäre Gericht ist bei den Kantonesen inzwischen genauso beliebt wie in der Gegend seines Ursprungs. Auch über die Grenzen Chinas hinaus ist es sehr bekannt und geschätzt. Garnelen oder Shrimps werden immer dazu verwendet. Im Süden nimmt man statt des Schinkens gerne das kantonesische Char-siu-Schweinefleisch (s. Seite 134).

ZUTATEN

250 g frische oder tiefgefrorene rohe Garnelen ohne Schale
8 EL Erdnuß- oder Maiskeimöl
2 Knoblauchzehen (feingehackt)
1 EL Reiswein oder halbtrockener Sherry
2 Eier
je eine Prise Salz und Pfeffer
800 g gekochter Reis (mindestens 3–4 Stunden vorher zubereitet, s. Seite 170)
4 Frühlingszwiebeln (in feine Ringe geschnitten, weiße und grüne Teile getrennt)
200 g gekochter Schinken (kleingewürfelt)
250 g grüne Erbsen
1½ EL dunkle Sojasauce
2–3 EL klare Brühe

FÜR DIE MARINADE

eine Prise Salz
1½ TL Maisstärke
½ Eiweiß

Als Hauptmahlzeit ausreichend für 4 Personen

1. Gefrorene Garnelen langsam auftauen. Darm entfernen (s. Seite 39), trockentupfen und in 2 cm große Stücke schneiden.
2. *Marinieren:* Salz, Kartoffelmehl und Eiweiß verrühren und gut unter die Garnelen mischen, damit sie gleichmäßig von der Marinade umhüllt sind. Zugedeckt mindestens 3 Stunden oder über Nacht in den Kühlschrank stellen.
3. Die Wok stark erhitzen, 2 EL des Öls hineingeben und herumschwenken. Den Knoblauch anbraten, dann die Garnelen dazugeben. 30–40 Sekunden pfannenbraten, bis sie Farbe angenommen haben. Seitlich den Reiswein eintröpfeln, kurz durchmischen und vom Feuer nehmen. Die Wok spülen und ausreiben.
4. Die Eier mit 1 EL des Öls und etwas Salz leicht schlagen. Eine Bratpfanne erhitzen und 1 EL des Öls darin schwenken.
5. Die Hälfte der Eimasse hineingießen und beidseitig wie ein Omelett backen. In feine Streifen schneiden.
6. Den Reis zerbröseln. Falls frische Erbsen verwendet werden, diese blanchieren, mit kaltem Wasser abschrecken und abtropfen lassen.
7. Die Wok wieder stark erhitzen, das restliche Öl hineingeben und schwenken. Die weißen Frühlingszwiebeln anbraten, dann die restliche Eimasse hineingießen und sofort den Reis dazugeben. Das am Wok-Boden angebackene Ei mit der Spatel lösen, gründlich durchmischen und dabei noch etwaige Reisklumpen zerdrücken. Das Ei muß gut mit dem Reis vermischt sein.
8. Wenn der Reis erhitzt ist, den Schinken, die Erbsen und die Garnelen darunterheben. Die Sojasauce und die Brühe dazumischen.
9. Die Hälfte der Eierstreifen und die grünen Frühlingszwiebeln unterheben und auf einer heißen Platte anrichten. Mit den restlichen Eierstreifen garnieren und servieren.

EIN VEGETARISCHES MENÜ

Regenbogen-Salat

七彩沙律

Diese farbenfrohe Platte mit angebratenem Gemüse gewinnt noch an Reiz durch die feine Sauce aus Sesampaste und Essig. Das Gericht kann im voraus zubereitet werden und verliert auch über Nacht im Kühlschrank kaum etwas von seiner knusprigen Struktur.

ZUTATEN

6 getrocknete chinesische Pilze (eingeweicht, s. Seite 39)
350 g Salatgurke (längs halbiert, Samen ausgeschabt)
1½ TL Salz
250 g Karotten (geputzt)
1 rote Paprikaschote (längs halbiert, Samen entfernt)
5 EL Erdnuß- oder Maiskeimöl
7 Frühlingszwiebeln (längs halbiert und in 5 cm lange Stücke geschnitten, grüne und weiße Teile getrennt)
200 g Bohnensprossen
1 Ei (leicht geschlagen)

FÜR DIE SALATSAUCE

2 EL Sesampaste
2 TL Wasser
4–5 TL Reis- oder Weißweinessig
je eine Prise Salz und Pfeffer

Mit 2–3 weiteren Gerichten ausreichend für 4–6 Personen

1. Die Pilze leicht ausdrücken und in feine dünne Streifen schneiden.
2. Die Gurke in dünne Scheiben schneiden, mit dem Salz vermischen und 15–20 Minuten stehenlassen, damit sie Wasser zieht. Gut abtropfen lassen.
3. Die Karotten ebenfalls in dünne Scheiben schneiden oder hobeln, mit 1 TL Salz mischen und 15–30 Minuten ziehen lassen. Gut abtropfen lassen.
4. Die Paprikaschote in feine dünne Streifen schneiden.
5. *Die Salatsauce zubereiten:* Die Sesampaste mit der Hälfte des Wassers in einer Richtung verrühren, wobei sie dicker wird. Den Rest des Wassers einrühren, dabei wird sie wieder dünner. Den Essig tropfenweise unterrühren, dann das Salz und den Pfeffer.
6. Die Wok stark erhitzen. 4 EL des Öls hineingeben und schwenken. Die weißen Frühlingszwiebeln anbraten, dann die Pilze und die Paprika daruntermischen und kurz pfannenbraten. Nun die Karotten und die Bohnensprossen dazugeben. Mit der Wok-Spatel alles gut durchheben und 2 Minuten pfannenbraten. Das Gemüse sollte noch schön knackig sein. Die grünen Frühlingszwiebeln dazumischen, vom Feuer nehmen und zum Abkühlen auf eine Platte schütten. Falls sich Wasser gebildet hat, abtropfen lassen.
7. Eine große Bratpfanne erhitzen, 1 EL Öl hineingeben und herumschwenken. Das geschlagene Ei hineingießen und durch Kippen der Pfanne verlaufen lassen. Beidseitig nicht zu fest ausbacken. Das Omelett in Streifen von 5 cm Länge und 5 mm Breite schneiden.
8. Wenn das pfannengebratene Gemüse abgekühlt ist, die Gurke darunterheben. Dann die Sauce darübergießen und durchmischen. Mit den Eierstreifen garnieren.
9. Im Kühlschrank zugedeckt kalt werden lassen. Der Salat kann jedoch auch mit Raumtemperatur serviert werden.

Lohans Entzücken, ein buddhistisches vegetarisches Gericht

羅漢齋

Die Lohan (Arhat), getreu der allgemeinen buddhistischen Prinzipien, waren auch bekannt als die »Zerstörer der Leidenschaften«. Folglich wird bei diesem Gericht auf die sonst üblichen Beigaben von Ingwer, Knoblauch und Frühlingszwiebeln verzichtet. Nach buddhistischer Auffassung erwecken diese Zutaten die Leidenschaften, die wiederum den Eintritt ins Nirwana erschweren, dem Reich des absoluten Friedens und der Segnungen.

ZUTATEN

- 10 g Wolkenohren (eingeweicht, s. Seite 39)
- 15 g Goldnadeln (eingeweicht, s. Seite 39)
- 12 getrocknete chinesische Pilze (in 350 ml kochendem Wasser eingeweicht, s. Seite 39)
- 15 g Haarseegras
- 3 EL Erdnuß- oder Maiskeimöl
- 100 g Bambussprossen aus der Dose
- 100 g Ginkgonüsse aus der Dose
- 20 fritierte Mehlklöße (s. Seite 156)
- eine Prise Salz
- 1½ TL Zucker
- 3 EL helle Sojasauce
- 2 TL Sesamöl

FÜR DEN SUD

- 1 knapper Liter Wasser
- 2 Scheiben frischer Ingwer
- 2 TL Reiswein
- 2 TL Erdnuß- oder Maiskeimöl

Mit 2 anderen Gerichten ausreichend für 4 Personen

1. Die Wolkenohren und die Goldnadeln leicht ausdrücken. Das Einweichwasser der Wolkenohren beiseite stellen.
2. Das Haarseegras 10 Minuten in kaltem oder lauwarmem Wasser einweichen, damit es elastisch wird. In einer großen Schüssel gründlich durchspülen. Dabei das Wasser mehrmals wechseln und etwaige Verunreinigungen und Sand, der sich am Boden der Schüssel sammelt, entfernen.
3. *Den Sud zubereiten:* Den knappen Liter Wasser mit dem Ingwer, Reiswein und Öl zum Kochen bringen. Das Seegras 5 Minuten darin kochen. Durch ein feines Sieb abgießen und den Ingwer entfernen.
4. Die Wok stark erhitzen, 1 EL Öl hineingeben und schwenken. Die Wolkenohren und die Goldnadeln 30 Sekunden anbraten. Herausnehmen und auf einer warmen Platte beiseite stellen.
5. Das restliche Öl in die Wok geben und herumschwenken. Die Pilze und Bambussprossen 30 Sekunden pfannenbraten.
6. Die Wolkenohren und Goldnadeln dazugeben, dann das Seegras, die Ginkgonüsse und die Mehlklöße darunterheben. Das Pilzwasser dazugießen, Salz, Zucker und Sojasauce einrühren. Zugedeckt bei schwacher Hitze 10–15 Minuten köcheln, bis die meiste Flüssigkeit verdampft ist.
7. Auf einer vorgewärmten Platte anrichten, mit dem Sesamöl beträufeln und servieren.

Pfannengebratene Bohnensprossen

清炒芽菜

Die proteinreichen Sprossen der Mungobohne können gekocht oder als Salat gegessen werden. Die Chinesen kochen sie immer, wenn auch nur ganz kurz, damit sie schön knackig bleiben.

ZUTATEN

300–400 g Bohnensprossen
2–3 EL Erdnuß- oder Maiskeimöl
2–4 Frühlingszwiebeln (in 2-cm-Stücke geschnitten, weiße und grüne Teile getrennt)
2–3 dünne Scheiben frischer Ingwer
eine Prise Salz
2–3 TL helle Sojasauce oder 1–2 EL Austernsauce

Mit 2 anderen Gerichten ausreichend für 2–3 Personen

1. Wenn die Bohnensprossen im Kühlschrank aufbewahrt werden müssen, erst kurz vor Gebrauch waschen.
2. Die Wok stark erhitzen, das Öl hineingeben und schwenken. Die weißen Frühlingszwiebeln anbraten, dann den Ingwer daruntermischen. Die Bohnensprossen dazugeben und unter ständigem Wenden bei guter Hitze 2–3 Minuten pfannenbraten. Das Salz darüberstreuen und die grünen Frühlingszwiebeln darunterheben. Die Bohnensprossen haben bis dahin wenig Saft ausgeschwitzt und sind folglich noch fest und knackig.
3. Auf einer warmen Platte anrichten, die Soja- oder Austernsauce darüberträufeln und servieren.

Anmerkung: Die Bohnensprossen keinesfalls zu lange kochen, sonst werden sie weich und unansehnlich. Man kann sie auch nicht einfrieren, denn beim Wiederaufwärmen verlieren sie völlig ihren knackigen »Biß«.

Variante: Pfannengebratener Salat.
500–700 g Eisbergsalat säubern und die Blätter in Stücke zerpflücken. Dann wie die Bohnensprossen zubereiten. Mit 2 weiteren Gerichten ausreichend für 4 Personen.

Bohnenquark in Sojasauce

醬油豆腐

Rötliche Bohnenquark-Würfel, angerichtet mit appetitlichen weißen und zartgrünen Frühlingszwiebeln. Der erste Schritt entscheidet über das Gelingen des Gerichts.

ZUTATEN

4 Kuchen Bohnenquark
2–3 EL Erdnuß- oder Maiskeimöl
5–6 Frühlingszwiebeln (in kleine Ringe geschnitten, weiße und grüne Teile getrennt)

FÜR DIE SAUCE

je eine Prise Salz und Zucker
1 EL dunkle Sojasauce oder Austernsauce
1 EL helle Sojasauce
1 TL Reiswein oder halbtrockener Sherry

Mit 2 anderen Gerichten ausreichend für 4 Personen

1. Die Bohnenquark-Kuchen in eine Schüssel legen, mit heißem Wasser bedecken und 15 Minuten stehenlassen, damit sie fest werden.
2. Die Kuchen herausnehmen und jeden in 32 Würfel schneiden. Die Würfel in einem Sieb abtropfen lassen. Vorsichtig damit umgehen, damit sie nicht brechen.
3. *Die Sauce vorbereiten:* Salz, Zucker, die Sojasaucen und den Reiswein mischen.
4. Die Wok stark erhitzen, das Öl hineingeben und schwenken. Die weißen Frühlingszwiebeln anbraten, dann den Bohnenquark dazugeben und vorsichtig mischen und mit der Spatel wenden.
5. Nach 1 Minute Pfannenbraten die Sauce eingießen, wieder vorsichtig mischen und bei kleiner Hitze eine weitere Minute kochen.
6. Die grünen Frühlingszwiebeln darunterheben, alles auf einer warmen Platte anrichten und servieren.

Spinat in Bohnenkäse-Sauce

腐乳椒絲炒菠菜

Auch ohne den Bohnen-»Käse«, der dem Gericht einen exotischen Geschmack verleiht, würde der Spinat – lediglich mit etwas Knoblauch gebraten und leicht gesalzen – sehr gut schmecken.

ZUTATEN

500 g Spinat (geputzt)
1,5 l Wasser
1 TL Salz
5 EL Erdnuß- oder Maiskeimöl
3 Kuchen Bohnenkäse mit Chili
4–5 Knoblauchzehen (feingehackt)
eine Prise Zucker
½ frische rote oder grüne Chilischote (Samen entfernt, in Scheibchen geschnitten)
2 TL Reiswein oder halbtrockener Sherry

Mit 2 weiteren Gerichten ausreichend für 3–4 Personen

1. Harte Blattstiele des Spinats entfernen.
2. Das Wasser in einen Topf geben und zum Kochen bringen. Das Salz und 1 EL des Öls dazugeben und den Spinat 1 Minute blanchieren. Abgießen und sofort mit kaltem Wasser abschrecken. Gut abtropfen lassen und beiseite stellen. Dies kann Stunden vorher gemacht werden, ohne daß der Spinat seine frische Farbe verliert.
3. Den Bohnenkäse in einer Schüssel mit etwas Flüssigkeit aus der Dose zerdrücken und mit dem Zucker verrühren.
4. Die Wok stark erhitzen, 4 EL des Öls hineingeben und herumschwenken. Den Knoblauch, Bohnenkäse und die Chilischote in die Wok geben und durchmischen. Seitlich den Reiswein einträufeln. 1–2 Minuten wenden und rühren, damit die Sauce gleichmäßig absorbiert wird. Wenn dies zu schnell geschieht, die Hitze etwas reduzieren. Vom Feuer nehmen, auf einer vorgewärmten Platte anrichten und heiß servieren.

Gebratene Broccoli mit chinesischen Pilzen

冬菇芥蘭花

Für den Nichtvegetarier schmeckt auch dieses Gericht köstlich, wenn Austernsauce statt der Sojasauce verwendet wird.

ZUTATEN

12 getrocknete chinesische Pilze (eingeweicht, s. Seite 39)
350 g Broccoli
3 EL Erdnuß- oder Maiskeimöl
1 dünne Scheibe frischer Ingwer
4 Frühlingszwiebeln (in 3-cm-Stücke geschnitten, weiße und grüne Teile getrennt)
je eine Prise Salz und Zucker

FÜR DIE SAUCE

1 TL Kartoffelmehl
6 EL des Pilz-Einweichwassers
1 EL dunkle Sojasauce oder 2 EL Austernsauce

Mit 2 weiteren Gerichten ausreichend für 4 Personen

1. Die gewaschenen Pilze in ½ l Wasser 30 Minuten köcheln. Abkühlen lassen und die harten Stiele wegschneiden. Die Pilze leicht ausdrücken. Das Einweichwasser beiseite stellen.
2. Die Broccoli putzen, harte Strunkenden entfernen und in mundgerechte Stücke teilen.
3. *Die Sauce vorbereiten:* Das Kartoffelmehl in den 6 EL Pilz-Einweichwasser auflösen und die Soja- oder Austernsauce dazumischen.
4. Die Wok stark erhitzen, das Öl hineingeben und schwenken. Den Ingwer und die weißen Frühlingszwiebeln unter raschem Wenden kurz anbraten, dann die Pilze dazugeben. Wieder kurz anbraten, mit der Spatel unterheben und nun die Broccoli dazugeben. 30 Sekunden pfannenrühren, 7 EL des Pilzwassers darübergießen und mit Salz und Zukker abschmecken. Bei kleiner Hitze zugedeckt 6 Minuten kochen.
5. Nachprüfen, ob die Broccoli gar sind, sie sollten noch Biß haben.
6. Die angerührte Sauce darüberträufeln und rühren, bis sie gebunden hat. Die grünen Frühlingszwiebeln darunterheben, dann vom Feuer nehmen und auf einer vorgewärmten Platte anrichten.
7. Die Pilzkappen dekorativ auf den Broccoli anordnen und sofort servieren.

EIN GEMISCHTES MENÜ

Getrocknete Austern und Haarseegras

蠔豉髮菜、好市發財

Die Chinesen haben eine Vorliebe für Wortspiele, für die sich ihre Sprache mit den unterschiedlichen Ton-Nuancen auch ganz besonders eignet. Das Mandarin, die offizielle Staatssprache, hat vier verschieden hohe Silbentöne, das Kantonesische im Süden mindestens sieben. So kann ein und dieselbe Wortaussprache zwei oder gar drei verschiedene Bedeutungen haben, je nachdem, in welcher Tonhöhe das Wort ausgesprochen wird. Der Name dieses Gerichts ist ein klassisches Beispiel für kantonesische Wortspielerei. Getrocknete Austern und Haarseegras klingt in Kantonesisch fast wie die chinesische Neujahrsgratulation »Gute Taten und Wohlstand«, oder »Gute Geschäfte und Wohlstand«. Deshalb muß bei den Südchinesen dieses Gericht Teil eines Festmenüs der ersten zwei Wochen des neuen Jahres sein.

ZUTATEN

24 getrocknete Austern
15 g Haarseegras
16 getrocknete chinesische Pilze (in 0,35 l kochendem Wasser eingeweicht, s. Seite 39)
350 g gerösteter Schweinebauch (s. Seite 146)
2–3 EL Erdnuß- oder Maiskeimöl
1–2 Knoblauchzehen (diagonal in dünne Scheiben geschnitten)
4–6 Scheibchen frischer Ingwer
6 Frühlingszwiebeln (nur die weißen Teile, in 3-cm-Stücke geschnitten
1 EL Reiswein oder halbtrockener Sherry
0,6 l Flüssigkeit (Einweichwasser der Austern und Pilze und klare Brühe)
2 EL Austernsauce
1 EL helle Sojasauce
eine Prise Zucker
2 EL Kartoffelmehl (in 8 EL Wasser aufgelöst)

FÜR DIE ZUBEREITUNG DES SEEGRASES

½ l Wasser
2 dicke Scheiben frischer Ingwer
2 TL Reiswein oder halbtrockener Sherry
2 TL Erdnuß- oder Maiskeimöl

Mit 4–5 weiteren Gerichten ausreichend für 8 Personen

1. Die getrockneten Austern waschen und mit den Fingern abreiben, um etwaige Verunreinigungen zu entfernen. In eine Schüssel geben und mit kochendem Wasser bedecken. 3–4 Stunden oder über Nacht stehenlassen, damit sie wieder weich werden. Die harten Muskeln entfernen. Das Einweichwasser beiseite stellen.
2. Das Seegras in eine große Schüssel geben und in reichlich kaltem oder lauwarmem Wasser 10 Minuten einweichen, damit es elastisch wird. Ausdrücken und Verunreinigungen und Sand entfernen. Das Wasser abgießen, erneuern und das Haarseegras gut durchspülen. Den Vorgang so lange wiederholen, bis das Haarseegras saubergespült ist.
3. *Die Vorbereitung des Seegrases:* Den Liter Wasser mit dem Ingwer, Reiswein und dem Öl zum Kochen bringen. Das Seegras 5 Minuten darin kochen. Durch ein feines Sieb abgießen, die Ingwerstücke entfernen.
4. Die eingeweichten Pilze leicht ausdrücken, das Einweichwasser beiseite stellen.
5. Den Schweinebauch in mundgerechte, rechteckige Stücke (etwa so groß wie die Austern) schneiden.
6. Die Wok stark erhitzen, das Öl hineingeben und schwenken. Den Knoblauch rasch anbraten, dann den Ingwer und schließlich die weißen Frühlingszwiebeln. Gut durchmischen, dann das Fleisch, die Austern und die Pilze dazugeben. 1 Minute unter ständigem Wenden pfannenbraten, bis alles durcherhitzt ist. Den Reiswein seitlich einträufeln. Die Flüssigkeit dazugießen, dann die Austernsauce, Sojasauce und den Zucker darunterrühren. Zum Kochen bringen und zugedeckt bei kleiner Hitze 30–45 Minuten köcheln.
7. In die Mitte des Wok-Inhalts eine Höhlung machen und das Seegras hineingeben. Weitere 15 Minuten köcheln. Eventuell noch etwas Flüssigkeit nachgießen. Am Ende der Garzeit sollte noch etwa ¼ l Sauce vorhanden sein.
8. Mit einer Siebkelle die festen Zutaten aus der Wok nehmen und auf einer vorgewärmten Platte anrichten. Das ganze Bündel Seegras in der Mitte der Platte aufhäufen, damit jeder das Glückwunschsymbol erkennt.
9. Das aufgelöste Kartoffelmehl in die in der Wok verbliebenen Sauce einrühren. Weiter köcheln, bis die Sauce dick geworden ist. Über das angerichtete Essen löffeln und heiß servieren.

Löwenköpfe

獅子頭

Das aus Yangtschou in der Provinz Kiangsu stammende Gericht (Fleischklößchen, umgeben von Kohlblättern) ähnelt – mit etwas Phantasie – einem Löwenkopf mit Mähne.

ZUTATEN

500 g Chinakohl
8 Wasserkastanien aus der Dose
500 g durchwachsenes Schweinefleisch
3 EL Wasser
eine Prise Salz
2 EL dunkle Sojasauce
1 EL Reiswein oder halbtrockener Sherry
1 TL brauner Zucker
2½ EL Maisstärke
2½ EL Wasser
3 EL Erdnuß- oder Maiskeimöl
0,3 l klare Brühe
2–3 TL Kartoffelmehl

Mit 3 anderen Gerichten ausreichend für 6 Personen

1. Den Kohl säubern und die Blätter quer in 5 cm breite Streifen schneiden. Die unteren Blattteile mit dem Strunk von den oberen trennen.
2. Die Wasserkastanien feinhacken.
3. Das Schweinefleisch von Hand feinhacken. In eine Schüssel geben und, in einer Richtung rührend, das Wasser löffelweise dazugeben, bis der Fleischteig glatt und beinahe gelatineartig geworden ist. Das Fleisch mit den Händen zu einem Ballen formen und 20- bis 30mal in die Schüssel werfen. Dies gibt dem Fleisch die für das Gericht erforderliche Konsistenz.
4. Salz, Sojasauce, Reiswein und Zucker unter das Fleisch mischen, dann die Wasserkastanien dazugeben. Die Fleischmischung in 4 gleich große Portionen teilen und diese zu ovalen, abgeflachten Bällchen – den »Löwenköpfen« – formen.
5. Die Stärke mit dem Wasser verrühren und die Fleischklöße in dieser Paste wälzen, bis sie rundum bedeckt sind.
6. Die Wok stark erhitzen, das Öl hineingeben, und wenn es raucht, 2 der Fleischklöße hineingeben. Auf jeder Seite 2 Minuten bräunen. Auf eine heiße Platte geben und die beiden anderen Kloßchen braten. Das Öl in der Wok lassen.
7. Die unteren Kohlteile mit den Strünken in die Wok geben und 30 Sekunden pfannenbraten, dann die oberen Teile hinzufügen und eine weitere Minute pfannenbraten. Der Kohl ist dann halb gar.
8. Die Hälfte des Kohls auf dem Boden einer Kasserolle verteilen, die »Löwenköpfe« darauflegen und mit dem restlichen Kohl bedecken. Das Öl aus der Wok dazugießen und dann die Brühe.
9. Zum restlichen Garen gibt es zwei Möglichkeiten: Die »Löwenköpfe« in der Kasserolle zugedeckt 2 Stunden bei schwacher Hitze ziehen lassen. Oder die Kasserolle in den vorgeheizten Ofen stellen, 20 Minuten bei 180° schmoren lassen und weitere 2 Stunden bei 170° fertig garen.
10. Zum Servieren legt man einen Teil der Kohlblätter auf eine vorgewärmte Platte, legt die Fleischklöße darauf und drapiert sie mit dem übrigen Kohl. So entsteht die Illusion von Löwenköpfen mit der sie umgebenden Mähne. Die Sauce wird nun noch mit angerührtem Kartoffelmehl eingedickt und über die »Löwenköpfe« gelöffelt.

Einfach gekochtes Gemüse

白灼時菜

Im Süden wird Gemüse gern auch einfach gekocht und delikat gewürzt serviert. Hier ein Beispiel.

ZUTATEN

1 TL Salz
4 EL Erdnuß- oder Maiskeimöl
2 EL Austernsauce oder 1½ EL Sojasauce
500 g chinesischer Blütenkohl oder Broccoli (geputzt)

Mit 3 weiteren Gerichten ausreichend für 6 Personen

1. 1½ l Wasser in einem Topf zum Kochen bringen. Salz und 1½ EL des Öls dazugeben.
2. Den Kohl hineingeben, wieder zum Sieden bringen und 30–60 Sekunden kochen. Das Gemüse soll zart, aber noch knackig sein. In einen Durchschlag schütten.
3. Das Gemüse auf eine vorgewärmte Platte geben, den Rest des Öls und die Austern- oder Sojasauce darüberträufeln und heiß servieren.

Papierdünne Lammscheiben mit Frühlingszwiebeln

葱爆羊肉

Dies ist eines der berühmten Peking-Gerichte. Die Frühlingszwiebeln sind eine unerläßliche Zutat für das Aroma und den köstlichen Geschmack des Lammgerichts.

ZUTATEN

350 g Lammfilet
3–4 EL Erdnuß- oder Maiskeimöl
2 Knoblauchzehen (in dünne Scheibchen geschnitten)
250 g Frühlingszwiebeln (in lange feine Streifen geschnitten)
Sesamöl

FÜR DIE MARINADE

2 TL helle Sojasauce
2 TL Reiswein oder halbtrockener Sherry

FÜR DIE SAUCE

je eine Prise Salz und Zucker
2 TL dunkle Sojasauce
2 TL Reiswein oder halbtrockener Sherry
1 TL Sesamöl

Mit 2 weiteren Gerichten ausreichend für 4 Personen

1. Das Lammfleisch in papierdünne Scheiben schneiden. (Dies gelingt am besten, wenn man das Fleisch 1–2 Stunden anfriert.) Anschließend trockentupfen.
2. *Marinieren:* Die Sojasauce und den Reiswein mit dem Fleisch mischen und 15–30 Minuten stehenlassen.
3. *Die Sauce vorbereiten:* Salz, Zucker, Sojasauce, Reiswein und Öl in einer Tasse mischen und beiseite stellen.
4. Die Wok stark erhitzen, das Öl hineingeben und schwenken. Den Knoblauch rasch anbraten, das Fleisch dazugeben und 20–30 Sekunden pfannenbraten. Die Sauce hineinrühren, dann die Frühlingszwiebeln daruntermischen. Unter Wenden und Rühren pfannenbraten, bis das Fleisch gar und die meiste Sauce absorbiert ist. Das Gericht sollte kaum noch Flüssigkeit enthalten.
5. Auf einer warmen Platte anrichten, mit dem Sesamöl beträufeln und sofort heiß servieren.

Yu-Ling's scharf gewürztes Huhn

麻辣子雞

Chiang Yu-ling, meine Freundin und Mandarin-Lehrerin, selbst eine hervorragende Köchin nordchinesischer Gerichte, hat regen Anteil an dem Entstehen dieses Buches genommen und einige Informationen dazu beigesteuert. Dieses Rezept stammt von ihr.

ZUTATEN

500 g Hühnerbrust ohne Haut und Knochen
Erdnuß- oder Maiskeimöl
1 TL Szetschuanpfeffer
2 große Knoblauchzehen (in Scheibchen geschnitten)
4 dünne Scheiben frischer Ingwer
1 große Frühlingszwiebel (in 4-cm-Stücke geschnitten)
2–3 frische grüne Peperoni (ca. 7 cm lang, diagonal in Streifen geschnitten)
1 EL Reiswein oder halbtrockener Sherry
je eine Prise Salz und Zucker
½ TL gerösteter und gemahlener Szetschuanpfeffer
½ TL Maisstärke (in 2 EL Wasser aufgelöst)
1 TL Sesamöl

FÜR DIE MARINADE

je eine Prise Salz und weißer Pfeffer
1 TL Maisstärke
½ Eiweiß (leicht geschlagen)

Mit 2 weiteren Gerichten ausreichend für 4 Personen

1. Das Hühnerfleisch in mundgerechte Würfel schneiden.
2. *Marinieren:* Salz, Pfeffer, Stärke und Eiweiß mit dem Fleisch – in einer Richtung rührend – sorgfältig vermischen und 20–30 Minuten stehenlassen.
3. Die Wok halb mit Öl füllen und auf 110° (also mittelstark) erhitzen. Das Fleisch 1 Minute »durch das Öl gehen lassen«, dabei zusammenklebende Stücke trennen. Das Fleisch mit einer Siebkelle herausnehmen und beiseite stellen. Es sollte nun eine helle Farbe angenommen haben und beinahe gar sein.
4. Das Öl bis auf 2 EL zur Wiederverwendung umfüllen und die Wok wieder mittelstark erhitzen. Den Szetschuanpfeffer bei mittlerer Hitze 1 Minute bräunen, dann mit einer Siebkelle herausnehmen und wegwerfen.
5. Bei stärkerer Hitze den Knoblauch, Ingwer und die Frühlingszwiebeln braten, bis sie Farbe annehmen und ihr Aroma entfaltet haben. Mit einer Siebkelle herausnehmen und wegwerfen.

6. Die Hitze reduzieren, die Peperoni in die Wok geben und 1 Minute braten. Darauf achten, daß sie nicht anbrennen. Herausnehmen und beiseite stellen.

7. Bei guter Hitze das Hühnerfleisch hineingeben und etwa 30 Sekunden pfannenbraten. Den Reiswein seitlich einträufeln. Salz, Zucker und den gemahlenen Szetschuanpfeffer einstreuen. Die angerührte Stärke darübertröpfeln und rühren, bis die Sauce dick ist. Die Peperoni wieder dazugeben und 10 Sekunden mit einer Spatel wenden und mischen. Nun das Sesamöl darübertröpfeln, auf einer warmen Platte anrichten und sofort servieren.

Acht-Juwelen-Reispudding

八寶飯

Dieser Pudding der nordchinesischen Küche kann zu jeder Mahlzeit gereicht werden, insbesondere jedoch an Neujahr. »Acht Juwelen« ist eine Anspielung auf die buddhistischen acht Schätze, die das Leben beschützen und bereichern. Die Zutaten für die Garnierung können durch Nüsse oder andere getrocknete Früchte ersetzt werden.

ZUTATEN

350 g weißer Klebreis
¾ l Wasser
6 getrocknete rote chinesische Datteln
2 EL Mehl
275 g Rote-Bohnen-Paste
2 EL Erdnuß- oder Maiskeimöl
50 g Schmalz
3 EL Zucker
1 glasierte Kirsche
18 kleine Würfel kandierte Orangenschale
18 Sultaninen
18 Rosinen

FÜR DEN SIRUP

Entweder:
3 EL Zucker
¼ l Wasser
2 TL Maisstärke (in 2 EL Wasser aufgelöst)
Oder:
8 EL Ahornsirup

Ausreichend für 8 Personen

1. Den Reis durchspülen, bis das Wasser nicht mehr milchig ist. In ein Sieb gießen und abtropfen lassen. Nun in ein feuerfestes Gefäß geben, das Wasser dazugießen und 25 Minuten dämpfen (s. Seite 45).

2. In der Zwischenzeit die Datteln in heißem Wasser 15 Minuten einweichen. Seitlich aufschlitzen und den Stein entfernen, die Datteln aber ganz lassen.

3. *Die Bohnenpaste zubereiten:* Das Mehl mit der Rote-Bohnen-Paste verrühren. Die Wok mittelstark erhitzen, das Öl hineingeben und die Bohnenpaste unter ständigem Rühren 5 Minuten kochen. Sie ist nun so dick, daß sie nachher nicht durch den Reis sickern kann. Vom Feuer nehmen und abkühlen lassen.

4. Eine feuerfeste Glasform von mindestens 1,5 l Inhalt mit einem Teil des Schmalzes einfetten.

5. Das restliche Schmalz und den Zucker unter den Reis mischen.

6. Mit den getrockneten Früchten auf dem Boden der Glasform ein dekoratives Muster auslegen. Die Kirsche in die Mitte setzen.

7. Damit das ausgelegte Früchtemuster nicht verrutschen kann, setzt man vorsichtig eine Schicht Reis darauf und drückt ihn leicht fest. In die Mitte gibt man nun die Bohnenpaste. Darauf füllt man mit dem restlichen Reis auf und streicht ihn an der Oberfläche glatt. Bis zum Rand sollten noch 2–3 cm Platz sein, damit der Reis beim Dämpfen nicht überquillt.

8. Die Glasform in den Dämpfer stellen und etwa 1¼ Stunde dämpfen. Gelegentlich den Wasserstand im Dämpfer kontrollieren.

9. Etwa 15 Minuten bevor der Reispudding gar ist, den Sirup zubereiten. Das Wasser mit dem Zucker langsam zum Kochen bringen. Wenn der Zucker aufgelöst ist, tropfenweise die angerührte Stärke einrühren. Den nun dicken Sirup in einem vorgewärmten Schälchen warm stellen. Bei Verwendung von Ahornsirup, der besonders gut zu Reispudding paßt, braucht dieser nur erhitzt werden.

10. Die Glasform aus dem Dämpfer nehmen und den Reispudding auf eine Platte stürzen. Den Sirup darüberlöffeln und servieren.

SPEZIALREZEPTE

Brühe

上湯

Es gibt viele Möglichkeiten, eine Brühe zuzubereiten. Chinesische Köche sind jedoch der Auffassung, daß man das beste und ausgeglichenste Resultat durch langes Köcheln von Huhn, Schweinefleisch und Schinken erzielt. Ursprünglich nahm man dazu noch Abalone, aber seit dieses Muschelfleisch so teuer geworden ist, verzichtet man darauf. In der chinesischen Küche unterscheidet man zwischen dem »ersten Sud« und dem »zweiten Sud«. Man kann die beiden Arten etwa mit der hier üblichen Kraftbrühe und der klaren Brühe vergleichen, auch wenn die Zubereitungsart und vor allem die Zutaten verschieden sind.
Es taucht immer wieder die Frage auf, ob man Brühwürfel oder dergleichen verwenden soll. Ich rate, dies nur im Notfall zu tun. Selbst zubereitete Brühe hält mindestens eine Woche im Kühlschrank, und wenn man sie ab und zu aufkocht, sogar noch etwas länger. Die beste Methode ist wohl, die Brühe in kleinen Portionen einzufrieren, um sie bei Bedarf verfügbar zu haben.

KRAFTBRÜHE AUF CHINESISCHE ART

ZUTATEN

700 g Hühnerschenkel, -schlegel und -hälse
700 g mageres Schweinefleisch
700 g Schinken ohne Schwarte (auch leicht geräucherter ist geeignet)

Ergibt 1¾ l Brühe

1. Sämtliches Fleisch mit gut 2¾ l Wasser zum Kochen bringen. Den Schaum abschöpfen, bis die Brühe klar ist.
2. Halb zugedeckt bei schwacher Hitze 3 Stunden köcheln. Die Brühe ist nun auf etwa 1¾ l reduziert. Durchsieben und kühl aufbewahren.

Anmerkung: Das Fleisch ist noch nicht so ausgelaugt, daß man es nicht mehr essen könnte. Falls es nicht weiter für die Zubereitung des »zweiten Suds« verwendet wird, kann man es ohne weiteres mit Dips servieren.

KLARE BRÜHE

ZUTATEN

Das Fleisch der oben beschriebenen Kraftbrühe
Salz zum Abschmecken

Ergibt etwa 1 l Brühe

1. Die Zutaten mit 2–2¼ l Wasser zum Kochen bringen. Halb zugedeckt bei kleiner Hitze 1½–2 Stunden köcheln. Die Brühe ist dann auf etwa 1 l eingekocht.
2. Die Brühe durchsieben und kühl aufbewahren.

Alternative: Eine andere Zubereitungsmethode: 2 kg Schweineknochen, Schälrippchen, Geflügelkarkassen, Hühnerklein und die harten, abgeschnittenen Stiele der chinesischen Pilze mit 4 l Wasser zum Kochen bringen und auf 2½ l für Kraftbrühe einkochen. Mit der gleichen Wassermenge setzt man die bereits einmal gekochten Zutaten für die klare Brühe an und kocht sie wie oben angegeben.

Scharfes Chili-Öl

辣油

Dieses Würzöl gibt es auch fertig zu kaufen, ich ziehe jedoch die Würze des hausgemachten vor.

ZUTATEN

12 etwa 7 cm lange getrocknete rote Chilischoten oder 24 kleinere
¼ l Erdnuß- oder Maiskeimöl

1. De Schoten aufschlitzen und die Samen entfernen. Feinhacken und in ein verschließbares Glas geben.
2. Das Öl erhitzen, bis es raucht, dann sofort vom Feuer nehmen und 3–4 Minuten abkühlen lassen.
3. Das Öl in das Glas gießen. Die Chiliflocken schwimmen zunächst an der Oberfläche, sinken aber mit der Zeit auf den Boden. Die Schärfe der Mischung stellt sich sofort ein und nimmt nach Tagen noch zu. Kühl gelagert, hält das Öl über Monate.

四川辣椒醬

Szetschuan-Chili-Paste

ZUTATEN

Getrocknete rote Chilischoten
Gelbe-Bohnen-Paste

1. Die Chilischoten in einem Mixer zerkleinern oder in einem Mörser zerreiben.
2. Chilischoten und Bohnenpaste in einer Schüssel mischen (Verhältnis: 1 EL Chili, 2 EL Bohnen-Paste). Für jemanden aus Szetschuan wäre diese Mischung zu mild, für andere wiederum zu scharf. Richten Sie das Mischungsverhältnis nach Ihrem persönlichen Geschmack. In einem verschlossenen Glas hält die Paste – kühl gelagert – Monate.

甜麵醬

Süße Bohnensauce

ZUTATEN

1 EL Wasser
9 EL Zucker
9 EL Gelbe-Bohnen-Sauce
1 EL Erdnuß- oder Maiskeimöl

Wasser, Zucker, Bohnensauce und Öl erhitzen und bei kleiner Flamme 3–4 Minuten unter ständigem Rühren köcheln, bis der Zucker aufgelöst ist. Die Mischung abkühlen lassen und bei Raumtemperatur servieren.

鹵味

Meistersauce

Die Zubereitung und Verwendung dieser aromatischen Sauce ist in ganz China gebräuchlich. Rohes oder vorgekochtes Fleisch, Geflügel oder Innereien werden in der Sauce gekocht, wobei das Fleisch Aroma der Sauce aufnimmt und umgekehrt der Geschmack der Sauce durch das darin gegarte Fleisch intensiviert wird. Die für die Sauce verwendeten Gewürze variieren je nach Gegend und individuellem Geschmack. Jeder hat sein wohlbehütetes persönliches Rezept. Am häufigsten werden benutzt: Sternanis, Szetschuanpfeffer, Fenchelsamen, Zimt, Ingwer und Lakritze. In China kann man die fertige Gewürzmischung in Kräuter-Apotheken kaufen, auch hier tauchen sie bereits in Spezialgeschäften auf. In dem Rezept habe ich noch Tangerinenschalen mit aufgenommen. Wenn die Sauce richtig aufbewahrt und ab und zu aufgekocht wird, hält sie praktisch unbegrenzt.

ZUTATEN

12 ganze Sternanis
1 Zimtstange (12–15 g)
1 Kardamom
1 TL Nelken
3 EL Fenchelsamen
4 EL Szetschuanpfeffer
5 g Lakritze
25 g getrocknete Ingwerwurzel
3 l Wasser
50 g frischer Ingwer (ungeschält gequetscht)
2–3 große Stücke Tangerinenschale
2 EL Meersalz
knapp ½ l dunkle Sojasauce
3½ EL helle Sojasauce
150 g Kandiszucker
12 EL Reiswein oder halbtrockener Sherry
2 EL Mei-kuei-lu-Wein oder Gin

1. Falls vorhanden, die Gewürze in einen Leinenbeutel geben.
2. Das Wasser in einen großen Topf gießen, den Beutel mit den Gewürzen, den Tangerinenschalen und dem frischen Ingwer hineinhängen. Zum Kochen bringen und zugedeckt bei kleiner Flamme 15 Minuten köcheln.
3. Das Meersalz, Sojasaucen, Zucker, Reiswein und den Wein (oder Gin) hineingeben und weiter köcheln, bis sich der Zucker aufgelöst hat. Die fertige Sauce durchsieben; sie kann als Sud zum Garen von Fleisch verwendet werden.

Anmerkung: Nach wiederholter Verwendung wird die Sauce allmählich einkochen. Man kann sie zunächst mit heißem Wasser während des Kochvorgangs strecken. Wenn das Gewürzaroma nachgelassen hat und der Fleischgeschmack dominiert, sollte man frisch zubereitete Sauce nachfüllen. Die Sauce nach jedem Gebrauch durchsieben.

Erläuterungen zu wichtigen Zutaten

Bohnen und Bohnenprodukte

Bohnen, gelbe, in Salzsauce
Ganze gelbe Sojabohnen, fermentiert mit Salz, Weizenmehl und Zucker. Man verwendet sie wie die fermentierten schwarzen Bohnen zum Würzen von Fleisch und Gemüse. Sie werden in Gläsern verkauft und sollten, einmal geöffnet, im Kühlschrank aufbewahrt werden.

Bohnen, rote, Adzuki-Bohnen
(Phaseolus angularis)
Aus China stammend, werden sie neuerdings auch in Europa und Amerika angebaut. In der chinesischen Küche verwendet man sie meist als Dessert.

Bohnen, schwarze fermentierte
Ganze Sojabohnen, konserviert in Salz und Ingwer. Obwohl scharf und rezent im Geschmack, verleihen sie – mit Knoblauch und in Öl gebraten – den Hauptzutaten eines Gerichts ein köstliches Aroma. Es gibt sie in einer Lake in Dosen, die getrockneten sind jedoch am besten. Kühl und trocken gelagert halten sie Monate.

Bohnenpaste, scharfe
Sehr scharfe und würzige Paste aus Sojabohnen, Chili, Zucker und Salz. Unentbehrlich für das doppelt gegarte Szetschuan-Schweinefleisch (s. Seite 126). In geschlossenen Gläsern hält die Paste im Kühlschrank sehr lange.

Bohnenquark, Tofu, Bean curd, frisch
Weißes, puddingartiges Produkt, hergestellt aus gemahlenen Sojabohnen. Eine häufige und wichtige Zutat in der chinesischen Küche, spielt sie dort dieselbe Rolle wie hier die Milchprodukte. Die feingemahlenen Sojabohnen werden mit Wasser versetzt und durch ein Tuch gesiebt. Die abgelaufene »Milch« wird gekocht und durch Zugabe von Gips zu einer creme- oder puddingartigen Masse eingedickt. Der Quark wird darauf in Behältern beschwert, um die Molke herauszupressen. Er wird gewöhnlich in 7 × 7 cm großen und 3 cm dicken Kuchen verkauft. Frischer Bohnenquark kann in Wasser bis zu 3 Tagen im Kühlschrank aufbewahrt werden, wenn das Wasser täglich gewechselt wird. Bohnenquark ist reich an Protein.

Bohnenquark-Blätter
Dünne getrocknete Bohnenquark-Blätter, etwa 15 × 45 cm. Sie werden gewöhnlich gefaltet verkauft und müssen mit Wasser besprüht oder eingeweicht werden, damit man sie auseinanderfalten und biegen kann. Trocken und kühl aufbewahren.

Bohnenkäse, rot, fermentiert
Diese rote, pikant und »käsig« schmeckende Bohnenquark-Art ist mit Salz, rotem Reis und Reiswein fermentiert und darf bei uns, da sie nicht aus Milch hergestellt ist, strenggenommen eigentlich nicht als »Käse« bezeichnet werden. Sie wird zum Würzen von Fleisch, Geflügel und vegetarischen Gerichten verwendet. Die Würfel sind in Gläsern oder Steinguttöpfen mit Deckel zu kaufen und sind auch nach dem Öffnen monatelang im Kühlschrank haltbar.

Bohnenkäse, weiß, fermentiert
Dieser elfenbeinfarbene fermentierte Bohnenquark in Würfelform enthält manchmal Chili (Cayennepfeffer). Man verwendet ihn zum Würzen gewisser Gemüsesorten, er wird aber auch als Beilage zu Reis oder Reisbrei gegessen. Er wird in Gläsern oder Töpfen verkauft und hält monatelang im Kühlschrank.

Bohnenquark-Puffer
Frischer Bohnenquark, der fritiert wird, bis er goldbraun und luftig-locker ist (s. Seite 152). Eine Woche im Kühlschrank haltbar.

Bohnensauce, süße
Hergestellt aus Gelbe-Bohnen-Sauce und Zucker, wird sie neben der Hoisin-Sauce vorwiegend als Dip zur Peking-Ente verwendet.

Gelbe-Bohnen-Sauce
Nußbraunes Püree aus fermentierten gelben Sojabohnen, Weizenmehl, Salz und Wasser. In Dosen auf dem Markt, ist sie eine wichtige Würzzutat in der China-Küche aller Regionen. Geschlossen im Kühlschrank aufbewahren.

Rote-Bohnen-Paste
Dicke, rotbraune Paste aus pürierten und gezuckerten roten Bohnen. Wird meist als Füllung für Gebäck verwendet.

Sojabohnenquark s. **Bohnenquark**

Sojakäse s. **Bohnenkäse**

Szetschuan-Chilipaste, Chilipaste
Scharfe Paste aus Gelbe-Bohnen-Sauce und getrockneten roten Chilischoten. Sie ist die Grundlage zu der berühmten Szetschuan-Fischaroma-Sauce. In einem geschlossenen Glas hält sie, kühl gelagert, Monate. Es ist zu empfehlen, auf die Oberfläche der Paste im Glas etwas Öl zu gießen.

Getreide, Nudeln und Teigwaren

Band-Reisnudeln
Dünne große Fladen aus einem flüssigen Teig von Reismehl und Wasser werden zunächst gedämpft und dann gerollt in 1 cm breite Bandnudeln geschnitten. Band-Reisnudeln gibt es frisch und getrocknet. Die getrockneten müssen vor dem Weitergaren gekocht und zum Abtropfen in einen Durchschlag gegeben werden. Die getrockneten Nudeln halten zwar länger, die frischen sind jedoch bei weitem besser, besonders zum Braten, doch müssen sie innerhalb von 2 Tagen verbraucht werden, sonst verlieren sie ihre zarte Struktur.

Buchweizennudeln
Sehr dünne, beigefarbene Bandnudeln aus Buchweizenmehl, Weizenmehl und Wasser. Sie sind bei den Nordchinesen sehr beliebt und in Fachgeschäften getrocknet erhältlich.

Eiernudeln, frisch oder getrocknet
Diese in China sehr verbreiteten Allzwecknudeln werden aus Weizenmehl, Eiern und Wasser hergestellt. Es gibt sie in zwei Formen: dünne Fadennudeln und breite Bandnudeln. Frische Nudeln halten eine Woche im Kühlschrank. Getrocknete Nudeln, meist zu kleinen Bündeln gepreßt, halten, gut verpackt, Monate. Chinesische Nudeln können durch einheimische Produkte ersetzt werden. Der Unterschied ist lediglich, daß die chinesischen Nudeln, bedingt durch die Mehlsorte, elastischer sind.

Frühlingsrollen-Hüllen
Es gibt zwei Arten: die kantonesischen, die glatt wie Nudelteig sind, und die Schanghai-Variante, die dünn und transparent wie Reispapier sind. Die Blätter werden frisch oder tiefgefroren in Päckchen verkauft und lassen sich aufgetaut leicht trennen. In diesem Buch wird die Schanghai-Sorte verwendet.

Glasnudeln, Glasvermicelli
Die aus gemahlenen Mungobohnen hergestellten Nudeln werden in geschnürten Bündeln verkauft. Hart wie Draht in trockenem Zustand, müssen sie vor Gebrauch eingeweicht werden. Sie sind weniger ein Grundnahrungsmittel, sondern werden vorwiegend als Beilage verwendet. Sie nehmen den Geschmack der anderen Zutaten an und haben gegart eine schlüpfrige Struktur. Trocken aufbewahrt, sind sie unbegrenzt haltbar.

Klebreis, weißer ***(Oryza sativa spp.)***
Ein polierter Reis, der beim Kochen klebrig wird. Bei den Chinesen wird er hauptsächlich verwendet als Vorspeise (s. Pfannengebratener Klebreis, Seite 172), als Pudding (s. Acht-Juwelen-Reispudding, Seite 224) und als Füllung (s. Ente, gefüllt mit Klebreis, Seite 112). In geschlossenem Behälter ist er Monate haltbar.

Langkornreis ***(Oryza sativa spp.)***
Die länglichen Körner sind geschält und poliert. Nach heutigen Kenntnissen bauen die Chinesen diesen Reis schon seit dem 12. Jahrhundert v. Chr. an. Der Reis ist bis heute das wichtigste Grundnahrungsmittel in China geblieben. In geschlossenem Behälter ist er Monate haltbar.

Reisnudeln
Drahtartige, weiße Nudeln aus Reismehl, ähnlich den Glasnudeln, jedoch nicht transparent. Sie sind getrocknet und zu Bündeln geschnürt auf dem Markt und müssen nur eingeweicht und kurz gekocht werden. In geschlossenem Behälter halten sie Monate.

Tientsin Fen-pai
Getrocknete, transparente und spröde runde Fladen von etwa 25 cm Durchmesser aus gemahlenen Mungobohnen. Aufgeweicht haben sie eine schlüpfrige Struktur. Sie werden in Päckchen verkauft und halten trokken gelagert Monate.

U-Dong-Nudeln
Etwa 3 mm breite, weißliche Nudeln aus Weizenmehl und Wasser. Die aus Japan und Korea stammenden Nudeln ähneln in ihrer Struktur den nordchinesischen Produkten.

Won-tan-Hüllen
Sie werden aus dem gleichen Teig hergestellt wie Eiernudeln (Weizenmehl, Eier und Wasser). Die Teigblätter von 8 cm Durchmesser werden meist frisch verkauft und können eingefroren werden.

Yi-Nudeln, Yifu-Nudeln
Eiernudeln, die zu einem runden Kranz geflochten sind und bereits fritiert verkauft werden. Kühl gelagert, sind sie etwa 2 Wochen haltbar, werden dann aber mit der Zeit ranzig.

Getrocknete Produkte

Abalone *(Haliotis tuberculata)*
Die Meeresschneckenart ist hier nur in Dosen zu haben, ist also bereits gekocht. Das elfenbeinfarbene Fleisch kann kalt oder warm gegessen werden. Es darf als warmes Gericht nur kurz gekocht oder besser lediglich erhitzt werden. Überkocht wird das Fleisch gummiartig zäh. Der Saft in der Dose wird als Grundlage für Saucen verwendet.

Agar-Agar
Eine Gelatine, die aus einer getrockneten Seegrasart gewonnen wird. Sie wird in Bündeln verkauft und dient vorwiegend als Bindemittel. Da Agar-Agar sehr hitzebeständig ist, muß es langsam in kochendem Wasser aufgelöst werden. Verschlossen kann es an einem kühlen, trockenen Platz aufbewahrt werden, **nicht** jedoch im Kühlschrank.

Austern *(Crassostrea gigas)*
Diese braunen, rechteckigen und ziemlich festen Austern sind gesalzen und luftgetrocknet. Als Delikatesse betrachtet, verleihen sie Fleisch und geschmacksarmen Zutaten ein »geräuchertes« Aroma. Da sie sehr teuer sind, sollte man beim Kauf prüfen, ob sie keinen Schimmel angesetzt haben. Im Kühlschrank halten sie sehr lange.

Datteln, getrocknete rote
(Ziziphus jujuba)
Gedörrte rote dattelähnliche Frucht des Jujuba-Strauchs von pflaumenähnlichem Geschmack.

Fisch-Jelly s. **Qualle, eßbare**

Garnelen s. **Shrimps**

Goldnadeln, Lilienknospen
(Hemerocallis fulva)
Die getrockneten Knospen der Tigerlilie, die im nördlichen China massenhaft wächst. Wegen ihrer Form und Farbe nennt man die etwa 7 cm langen Blütenknospen Goldnadeln. Sie absorbieren das Aroma der zusammen mit ihnen gegarten Zutaten und sind von feiner, leichter Struktur. In geschlossenem Behälter halten sie unbegrenzt.

Haifischflossen
Die Flossen von mehreren Haifischarten, die in der Sonne getrocknet werden. Haifischflossen werden in vielen Ländern Asiens und Südamerikas produziert. Die beste Qualität kommt von den Philippinen (»Manila Gelb«), ist aber auch sehr teuer und benötigt 4 Tage zur Zubereitung. Die in den Rezepten dieses Buches verwendeten Haifischflossen sind teilweise schon vorbereitet, vorgekocht und wieder getrocknet, einschließlich der Knorpeln und einiger »Flossennadeln«. Haifischflossen haben keinen Eigengeschmack, zusammen mit anderen Zutaten in einer Kraftbrühe sind sie jedoch unvergleichlich. Abgesehen von dem hohen Nährwert, betrachten die Chinesen Haifischflossengerichte als gastronomischen Höhepunkt einer Mahlzeit. Sie sind an kühlem Ort in geschlossenem Behälter aufzubewahren.

Holzohren *(Auricularia polytricha)*
Wie die Wolkenohren wird dieser eßbare Pilz in Westchina in großen Mengen kultiviert. Holzohren sind größer als Wolkenohren, derber in der Struktur, oben schwarz und unten fast weiß und erfordern eine längere Garzeit als Wolkenohren. Sie werden hauptsächlich in Suppen verwendet. In einer geschlossenen Dose aufbewahren.

Kandiszucker
Ein auch hier allgemein bekannter, in großen Stücken auskristallisierter Rohrzucker, der oft in ungereinigter Form, d.h. als brauner Rohkandis angeboten wird. Als Ersatz kann auch grober Weißzucker verwendet werden. Trocken und in einem fest verschließbaren Behälter aufbewahrt, ist er unbegrenzt haltbar.

Kartoffelmehl
Es wird verwendet wie Stärke, gibt jedoch Saucen einen feineren, transparenteren Glanz als Maisstärke. Zum Binden von Saucen benötigt man etwa ⅔ der für Maisstärke erforderlichen Menge. Tapioka- und Pfeilwurzelstärke werden ebenfalls als Bindemittel verwendet.

Kokosnußcreme
Konzentrierte Kokosmilch in fester Form, sieht aus wie ein Stück Seife. Im Kühlschrank ist sie monatelang haltbar.

Lilienknospen s. **Goldnadeln**

Maisstärke
Wird aus reifen Maiskörnern gewonnen und dient in der chinesischen Küche vorwiegend zum Marinieren und Binden von Saucen.

Meduse s. **Qualle**

Muscheln *(Amusium pleuronectes)*
Gelbliche, etwa 10–15 g schwere, luftgetrocknete Kammuscheln. Zart süß von Geschmack, geben sie ihr feines Aroma an die anderen Zutaten ab. Sie werden auch als Hauptzutat für anspruchsvollere Gerichte verwendet, wie z.B. für Muschelsuppe (s. Seite 59). Kühl aufbewahrt, halten sie in einem geschlossenen Behälter sehr lange.

Pilze, chinesische schwarze, Shiitakepilze *(Lentinus edodes)*
Eßbare Baumpilze, die als Zutat den Gerichten Aroma und Struktur verleihen. Sie variieren in Qualität und Preis. Die besten sind die mit blumenartigen Musterungen auf der Kappe (Fa-gu in Kantonesisch, Hua-ku in Mandarin), also »blumige« schwarze Pilze. Die zweitbeste Qualität ist die mit einem dicken Hut, aber ohne Muster, und dann kommen schließlich die mit den dünnen Kappen. Gewöhnlich bekommt man sie gemischt abgepackt. Sie sind in geschlossenem Behälter sehr lange haltbar.

Qualle, Meduse, eßbare
(Rhopilema esculenta)
Das beigefarbene, gummiartige Fleisch dieser Quallenart (hier häufig unter der Bezeichnung Geleefisch oder *Jellyfish* angeboten) wird getrocknet in zusammengefalteten runden Scheiben von etwa 34–40 cm Durchmesser verkauft. Zwischen den einzelnen Lagen ist grobkörniges Salz, das vor dem Einweichen abgeschüttelt wird. Die Einweichzeit beträgt 2–3 Tage. Das Fleisch wird auch schon in Streifen geschnitten angeboten. Getrocknet ist es unbegrenzt haltbar.

Schwalbennester
Es sind Nester einer Seeschwalbe der *Collocalia*-Art, die auf den Klippen der südostasiatischen Inseln lebt. Das Besondere dieser Nester ist, daß die Schwalben sie aus vorverdautem Seegras bauen. Die Fäden werden nach dem Erhärten transparent. Es gibt viele Qualitätsstufen. Die ganzen, unbeschädigten Nester sind sehr teuer und hier selten erhältlich. Es ist daher ratsam, die zerbrochenen Nester zu verwenden. Je heller die Farbe ist und je weniger Federn enthalten sind, desto besser die Qualität. Die in Päckchen erhältlichen Nester sind meist bereits vorgereinigt, so daß der Arbeitsaufwand für das Säubern nicht zu groß ist.

Shrimps
Kleine, geschälte Garnelen, gesalzen und sonnengetrocknet. Sie werden als Würzbeigabe zu Gemüse, Fleisch und vor allem auch für Füllungen verwendet. Nehmen Sie solche von frischer, rosa Farbe. An kühlem Ort verschlossen aufbewahren.

Strohpilze *(Volvariella volvacea)*
Kleine Pilze mit kegelförmigen Kappen, die in Reisfeldern auf Reisstroh kultiviert werden. Die Dosenware, meist aus Taiwan, sollte man vor Verwendung mit Wasser durchspülen. Strohpilze werden mehr wegen ihrer Struktur als ihres Geschmacks verwendet. Die getrockneten Strohpilze sind geschmacklich etwas kräftiger. Dosenware nach dem Öffnen baldigst verbrauchen.

Tangerinenschale
Dunkelbraune, harte und brüchige getrocknete Schale der Tangerine. Sie wird häufig in Verbindung mit Sternanis und Szetschuanpfeffer als Würze verwendet. Kühl gelagert unbegrenzt haltbar.

Wasserkastanienmehl
Ein graues Mehl aus gemahlenen Wasserkastanien. Es wird als Bindemittel für scharf gewürzte Gerichte und Süßspeisen verwendet.

Wolkenohren *(Auricularia auricula)*
Eßbare Baumpilze, die in großen Mengen in den westlichen Provinzen Szetschuan, Honan und Yünnan gezüchtet werden. Getrocknet sind sie dünn und spröde, aufgeweicht quellen sie beträchtlich auf. Sie sind delikater und feiner als Baumohren, nehmen das Aroma der anderen Zutaten auf und bereichern die Strukturvielfalt innerhalb eines Gerichts. Sie müssen gut gespült werden, um anhaftenden Sand zu entfernen, und die harten knopfartigen Stiele müssen weggeschnitten werden. Getrocknet sind sie unbegrenzt haltbar.

Würste, chinesische
Luftgetrocknete Schweinswürste oder Würste aus Schweinefleisch und Entenleber, etwa 15 cm lang. Die Schweinswürste sind etwas heller in der Farbe, die mit Schweinefleisch und Entenleber dunkler. Beide Sorten müssen gekocht werden. In geschlossenem Behälter halten sie im Kühlschrank monatelang. Sie werden zur Zeit noch nicht bei uns angeboten und müssen durch Kabanossi oder eine ähnliche Wurstsorte ersetzt werden.

Öl und Fett

Chiliöl
Ein einfach herzustellendes, scharfes Öl, bei dem getrocknete rote Chilischoten in erhitztes Öl getaucht werden (s. Seite 225). Es wird für scharfe Gerichte und zum Nachwürzen verwendet. Man kann es fertig kaufen, das hausgemachte Produkt ist jedoch besser.

Erdnußöl
Vor der Einführung von Erdnüssen in China im 16. Jahrhundert wurden dort andere Pflanzenöle, vorwiegend Rapsöl, zum Kochen verwendet. Heute ist Erdnußöl mit seinem feinen, nußartigen Geschmack zum wichtigsten Fett in der China-Küche geworden. Zum Fritieren kann natürlich jedes andere geschmacksneutrale Pflanzenöl, das hier auf dem Markt ist, verwendet werden.

Hühnerfett
Schmalz aus dem schieren Fett von Hühnern, das durch langsames Braten der fetten Stücke (vorwiegend um den Sterz) gewonnen wird. In der chinesischen Küche wird es zur Geschmacksverbesserung von verschiedenen Gemüsegerichten verwendet.

Maiskeimöl
Leichtes, aus Zuckermais gewonnenes geschmacksneutrales Öl mit mehrfach ungesättigten Fettsäuren. Obwohl es nicht den nußartigen Geschmack des Erdnußöls hat, ist es ein guter Ersatz.

Schweineschmalz
Früher zählte es in der chinesischen Küche wegen seines spezifischen Geschmacks zu den Edlen unter den Fetten. Heute wird es wegen seines hohen Anteils an gesättigten Fettsäuren auch in China allmählich von den Pflanzenölen verdrängt. Schweineschmalz ist im Kühlschrank einige Monate haltbar.

Sesamöl
Dickflüssiges, bernsteinfarbenes Öl, das aus geröstetem Sesamsamen gewonnen wird. Das kaltgepreßte Sesamöl aus dem Nahen und Mittleren Osten sollte **nicht** als Ersatz genommen werden. Chinesisches Sesamöl wird wegen seines ausgeprägten Aromas nicht allgemein in der Küche verwendet, sondern nur zum Marinieren und Würzen von Gerichten kurz vor dem Servieren. Kühl aufbewahrt, hält es sehr lange.

Saucen

Austernsauce
Die nußbraune Sauce wird hergestellt aus Austernextrakt, Weizenmehl, Stärke, Klebreis, Salz und Zukker und ist weniger geschmacksintensiv als Sojasauce. Der feinsüße und leicht fleischige Geschmack, den sie auf andere Zutaten überträgt, sei es als Dip für Fleisch, Geflügel und Gemüse oder als Zutat für Saucen, hat sie zu einem Favoriten der Kantonesen gemacht. Austernsauce in Flaschen kann an einem kühlen Platz aufbewahrt werden. Austernsauce in Dosen sollte man nach dem Öffnen in eine Flasche umfüllen.

Chilisauce
Diese pikante, orangerote Sauce wird hergestellt aus frischen Chilieschoten, Essig, Salz und Pflaumen. Man nimmt sie sowohl zum Würzen als auch als Dip für knusprige Speisen. Kühl aufbewahren.

Fischsauce
Goldbraune, transparente Sauce, hergestellt aus Fischextrakt, Salz und Wasser. Sie gibt anderen Zutaten mehr Aroma und Geschmack als man vermuten könnte, wenn man sie versucht. Kühl gelagert, hält sie sehr lange.

Hoisin-Sauce
Rotbraune, dicke, süße und zugleich leicht scharfe Sauce aus Sojabohnen, Weizenmehl, Salz, Zucker, Essig, Knoblauch, Chilischoten und Sesamöl. Sie wird sowohl als Dip wie auch zum Kochen und Marinieren verwendet. Im Kühlschrank ist sie fast unbegrenzt haltbar.

Sesamsauce, Sesampaste
Dicke, aromatische Paste aus gemahlenem Sesamsamen. Vor Gebrauch muß man sie gut durchrühren, da sich die festen Bestandteile setzen. Die zu verwendende Portion muß zuvor mit etwas Öl oder Wasser verdünnt werden. Tahinipaste sollte man **nicht** als Ersatz nehmen, dann schon eher Erdnußbutter.

Shrimpsauce, Shrimppaste
Sie wird hergestellt aus in einer Lake fermentierten getrockneten, gemahlenen Garnelen. Es gibt zwei Sorten: ein rosafarbenes Püree und eine festere, salzigere Paste. In den Rezepten dieses Buches wird das Püree verwendet. Beide Sorten müssen vor Gebrauch mit etwas Wasser verdünnt werden. Sie bereichern den Geschmack weniger aromatischer Meeresfrüchte, wie z.B. Tintenfisch. Gewöhnlich wird die Paste oder Sauce in Gläsern verkauft. Sie ist kühl aufbewahrt fast unbegrenzt haltbar.

Sojasauce
Sie wird aus fermentierten Sojabohnen, Weizen oder Gerste, Salz, Zukker und Hefe hergestellt und ist das älteste Würzmittel der chinesischen Küche. Als vielseitige Würze wird sie in den Küchen aller Regionen Chinas verwendet. Es gibt zwei Grundsorten: Die dicke oder **dunkle** Sojasauce und die dünne oder **helle** Sojasauce. Beide Arten werden zum Kochen und als Dipsauce verwendet. Meist nimmt man sie zusammen mit Salz zum Würzen, und es bleibt letzten Endes dem Fingerspitzengefühl des Kochs überlassen, wieviel er von jedem nimmt. Die dunkle Sojasauce ist dickflüssiger als die helle und süß. Sie gibt den Hauptzutaten einen rötlichen Ton und wird viel für das »Rotkochen« und für Meistersaucen verwendet. Auch als Dip wird sie der hellen Sauce vorgezogen. Die helle Sojasauce ist dünnflüssiger, von hellerem Braun und salziger.

Wein und Essig

Chinkiang-Essig
Ein dickflüssiges, dunkelbraunes Produkt aus Chinkiang in der Provinz Kiangsu. Er ist nicht sehr sauer, hat jedoch ein ganz spezifisches Aroma. Er wird zum Kochen und als Dip verwendet. Kühl aufbewahrt, hält er fast unbegrenzt. Wenn Sie statt dessen Rotweinessig verwenden, nehmen Sie weniger oder fügen mehr Zucker hinzu.

Kao-Liang
Ein klarer, starker Schnaps, der aus einer in Nordostchina angebauten Hirseart, dem Kao-liang, gebrannt wird. Die Chinesen trinken ihn gelegentlich zum Essen. Er wird in Harbin seit 1930 hergestellt. Als Ersatz kann man Wodka verwenden.

Mei-Kuei-Lu-Schnaps
Ein Kao-Liang-Schnaps, dem die Blütenblätter einer bestimmten Rosenart zugesetzt sind, was ihm ein einmaliges Aroma verleiht. Man verwendet ihn für Marinaden und Meistersaucen. Gin oder Wodka können zur Not als Ersatz genommen werden.

Moutai-Schnaps
Der Name dieses Weins geht zurück auf die Brennerei, die 1704 in dem Städtchen Moutai in der Provinz Kweitschou gegründet wurde. Das Besondere an diesem starken Schnaps ist nicht der Weizen und die Hirse, aus dem er gebrannt wird, sondern das Wasser einer bestimmten Quelle, das für die Maische verwendet wird. Heute ist es eines der bekanntesten Bankett-Getränke. Der Schnaps wird in kleinen Mengen kredenzt.

Reiswein s. Shaohsing-Wein

Roter Essig
Dieser rote Essig hat ebenfalls wenig Säure. Er wird als Dip für gebratene Nudeln oder in der Haifischflossen-Suppe verwendet und soll verdauungsfördernd sein.

Reisweinessig
Auch dieser klare Essig ist nicht sehr scharf. Er wird zum Kochen und für Pickles verwendet und ist unbegrenzt haltbar. Als Ersatz kann Weißweinessig oder Cidre (Apfelwein) verwendet werden.

Shaohsing-(bzw. Shaohxing-)Wein, Reiswein
Seinen Namen verdankt der Shaohsing-Wein der Stadt in der Provinz Tschekiang, wo er hergestellt wird. Dieser goldgelbe Reiswein gehört zu den ältesten Spirituosen Chinas. Seine Berühmtheit hat er auch dem Wasser des Chien-Sees zu verdanken, das für die Herstellung der Maische aus Klebreis und Hefe verwendet wird. Es gibt zahlreiche Marken und Qualitäten hinsichtlich Alkoholgehalt (15–20%) und Alter, oft in sehr dekorative Flaschen oder Krüge abgefüllt. Die Chinesen trinken ihn gewöhnlich angewärmt zum Essen, weil er so besser schmecken soll. Er wird in kleinen Mengen in Marinaden und Saucen verwendet und kann durch halbtrockenen Sherry ersetzt werden.

Kräuter und Gewürze

Chilischoten, getrocknete rote *(Capsicum frutescens)*
Diese teuflisch scharfen Beerenfrüchte einer tropischen *Capsicum*-Art sind eine unentbehrliche Würze in der Szetschuan- und Honan-Küche. Die schärfsten Bestandteile sind die Samen und die inneren Scheidewände. Wer es nicht so scharf mag, nimmt weniger oder verwendet die nicht ganz so scharfen Peperoni. In einem fest verschließbaren Behälter sind Chilies unbegrenzt haltbar.

Frühlingszwiebel *(Allium cepa)*
Die junge Zwiebelpflanze mit einer länglichen weißen Knolle und röhrenförmigen grünen Blättern (dem Lauch). »Weiße Teile« in den Rezeptangaben bezieht sich auf den festen weißen (größeren) Teil der Pflanze, »grüne Teile« auf den Lauchanteil. Die Wurzelfäden werden abgeschnitten. Frühlingszwiebeln, die in China bis in die Han-Zeit nachgewiesen sind, stellen neben Ingwer und Knoblauch die dritte Grundwürze der chinesischen Küche dar.

Fünfgewürzpulver
Das goldbraune Pulver ist eine Mischung aus fünf oder auch sechs Gewürzen. Die vier Grundgewürze sind Sternanis, Cassiarinde, Nelken und Fenchel. Hinzu kommen Szetschuanpfeffer oder Ingwer und Kardamom. Verwendet wird das nach Lakritze duftende Fünfgewürzpulver sehr sparsam, hauptsächlich in Marinaden für Fleisch, Geflügel und Fisch. Es muß wie alle Gewürze gut verschlossen aufbewahrt werden.

Gewürzmischung für Meistersauce
Die Mischung besteht im allgemeinen aus Sternanis, Szetschuanpfeffer (Fagara), Zimt, Ingwer, Fenchelsamen, Nelken, Kardamom und Lakritze.

Ingwerpulver
Getrocknete und feingemahlene Ingwerwurzel. Das Pulver kann **nicht** als Ersatz für frische Ingwerwurzel verwendet werden.

Ingwerwurzel, frische *(Zingiber officinale)*
Die grünlich-gelbe Knolle der Ingwerpflanze wird hauptsächlich zum Marinieren von Fisch verwendet und nimmt ihm den allzu penetranten Fischgeruch. Die ostasiatische Ingwerknolle ist schärfer als die afrikanische, die hier hauptsächlich angeboten wird. Nehmen Sie frische Knollen mit glatter Haut, sie halten im Plastikbeutel sehr lange im Kühlschrank.

Kassiarinde *(Cinnamomum cassia)*
Die getrocknete Rinde des Kassiabaums wird für die Meistersauce verwendet und ist Bestandteil des Fünf-

gewürzpulvers. Stangenzimt kann als Ersatz verwendet werden.

Knoblauch *(Allium sativum)*
Ein wohlbekanntes mehrjähriges Zwiebelgewächs und – wie Frühlingszwiebeln und Ingwer – fester Bestandteil der chinesischen Küche, besonders der des Nordens.

Koriander, Cilantro *(Coriandrum sativum)*
Petersilienähnliches Küchenkraut, das wie Petersilie verwendet wird, aber ganz anders schmeckt. Das stark duftende Kraut wird besonders in der nordchinesischen Küche zum Garnieren und Würzen verwendet.

Schalotte *(Allium ascalonicum)*
Kleine, feste Zwiebel, milder im Geschmack als spanische Zwiebeln.

Sesamsamen, weißer *(Sesamum indicum)*
Kleine abgeflachte Samen der Sesampflanze. Verschlossen unbegrenzt haltbar (s. auch Sesamöl, Sesampaste).

Sternanis *(Illicium verum)*
Die getrockneten Früchte des in China beheimateten Sternanisbaumes sind hellbraun und haben die Form eines achtzackigen Sterns. Das Gewürz wird in der gesamten China-Küche verwendet, hauptsächlich zum Würzen von Fleisch und Geflügel. Verschlossen ist der nach Lakritze duftende Sternanis unbegrenzt haltbar.

Szetschuanpfeffer *(Xanthoxylum piperitum)*
Kleine rotbraune Hülsen mit Samenkorn, ganz (also mit Hülsen) oder nur als Samen erhältlich, der im Aroma stärker ist. Das Aroma weicht vom schwarzen Pfeffer ab und ist weniger scharf, dafür in seiner Art intensiver.

Szetschuanpfefferkörner, geröstet und gemahlen
Am besten röstet man die ganzen Hülsen selbst in einer trockenen Wok (also ohne Öl) und zerreibt sie dann im Mörser. So hat der Pfeffer ein anderes Aroma als der normale schwarze oder weiße Pfeffer.

Gemüse

Bambussprossen *(Dendrocalamus latiflorus)*
Die jungen Schößlinge verschiedener Bambusarten, die in China speziell für den Verzehr kultiviert werden. Die von November bis Januar geernteten sind die Winterbambussprossen, die folgenden (bis April) die Frühlingsbambussprossen. Frische Sprossen gibt es hier bislang noch nicht, nur Dosenware, die vor Gebrauch abgespült werden sollte. Nicht verbrauchte Sprossen gibt man in ein Schüsselchen mit Wasser, das jeden Tag gewechselt wird. Sie sind dann bis zu 3 Wochen im Kühlschrank haltbar.

Blütenkohl, Chinesischer, Gemüseherz, Choi-sum *(Brassica parachinensis)*
Diese Kohlart ist gekennzeichnet durch lange Blattstiele und gelbe Blüten. Mit seinem zarten Geschmack ist er besonders in Südchina sehr beliebt. Er wird in der Saison in guten Ostasien-Geschäften aus Holland importiert angeboten. Man serviert ihn meist nur kräftig blanchiert oder pfannengebraten.

Bohnensprossen *(Phaseolus aureus)*
Zarte Sprossen der Mungobohne, einige Zentimeter lang. Die proteinreichen Bohnensprossen müssen weiß und fest sein, gelbliche und schlaffe sind unbrauchbar, da sie sowohl an Geschmack als auch an Nährwert verloren haben. Man kann sie roh als Salat reichen, der Chinese jedoch ißt sie kurz gekocht, aber noch knackig. Frische Bohnensprossen kann man höchstens 3 Tage im Kühlschrank aufbewahren. Kaufen Sie keine Dosenware, der Inhalt ist total zerkocht.

Broccoli, chinesischer *(Brassica alboglabra)*
Die chinesischen Broccoli haben ovale, blaugrüne Blätter und weiße Blüten. Der Stengel ist von ausgeprägtem, spargelähnlichem Geschmack. Er ist gut mit unserem einheimischen zu ersetzen.

Chinakohl, Selleriekohl, Pekingkohl, Tientsinkohl *(Brassica pekinensis)*
Schlanke, zylindrische bis gedrungene hellgrüne Kohlköpfe mit kräuseligen Blättern. Dieses aus Nordchina stammende und mittlerweile auch bei uns weit verbreitete Gemüse ist sehr mild und eignet sich ebensogut zum Pfannenbraten wie zum Schmoren oder als Suppeneinlage. Im Kühlschrank hält Chinakohl je nach Frische der Ware bis zu 3 Wochen.

Gemüseherz s. **Blütenkohl, Chinesischer**

Ginkgonüsse *(Ginkgo biloba)*
Der ursprünglich in China beheimatete und dort als heilig geltende Ginkgobaum hat sich über ganz Mittel- und Südostasien verbreitet. Die Kerne der von Fruchtfleisch eingeschlossenen Nüsse trocknen leicht aus oder verderben. Deshalb gibt es hier bislang nur Dosenware. Die zarten, milden Kerne werden bevorzugt für vegetarische Gerichte verwendet. Den Inhalt angebrochener Dosen in eine Schale mit Wasser umfüllen und im Kühlschrank aufbewahren.

Haarseegras, Kuhhaar-Seegras *(Borgia fuscopurpurea)*
Dieses schwarze, haar- und moosartige Produkt aus Hupeh und Schensi wird getrocknet verkauft und muß vor Verwendung aufgeweicht werden. Selbst völlig ohne Geschmack, absorbiert es das Aroma der anderen Zutaten und wird vorwiegend wegen seiner schlüpfrigen und elastischen Struktur verwendet. In einem verschlossenen Behälter ist es unbegrenzt haltbar.

Kohl, Chinesischer, Chinesischer Blätterkohl, Bok-choy, Bai-tsai *(Brassica chinensis)*
Kräftige weiß-grüne Stengel mit zarten glatten dunkelgrünen Blättern. Der Blätterkohl ähnelt dem hiesigen Weißkohl, bevor er Köpfe bildet. Als Ersatz kann eine kräftige Schnittkohlsorte verwendet werden.

Maiskölbchen, Babymais, Babycorn *(Zea mays)*
Die zarten jungen Kolben des Zuckermais, gewöhnlich in Dosen angeboten. Verwendet werden sie vorwiegend für vegetarische Gerichte, mitunter auch in Verbindung mit Fleisch.

Rot-im-Schnee, Kohl-Pickles *(Brassica juncea var. multiceps)*
Eine Senfkohlart mit roter Wurzel und Stielansatz, die sehr widerstandsfähig ist und bereits im Vorfrühling durch den letzten Schnee sprießt, daher der Name. Das knackige Gemüse wird in Lake konserviert und ist in Dosen auf dem Markt. Verwendet wird es in Suppen und als Beilage zu Schweinefleisch.

Schnittlauch, chinesischer *(Allium tuberosum)*
Er ähnelt dem hier angepflanzten, ist jedoch etwas stärker im Geschmack und hat keine röhrenförmigen, sondern flache Blätter. Er ist ohne weiteres durch den hiesigen zu ersetzen.

Seegras s. **Haarseegras**

Senfgrün, Senfkohl *(Brassica juncea)*
Es gibt sehr viele Senfkohlarten, die allerdings nur in chinesischen Läden angeboten werden. Manche schmekken etwas bitter und werden nur für Pickles verwendet. Eine häufig anzutreffende Art mit grünen Stielen und großen, ovalen, gerippten Blättern entwickelt einen ganz spezifischen Geschmack, wenn sie einfach blanchiert oder als Suppengewürz verwendet wird. Als Ersatz können Endivien verwendet werden.

Szetschuan-Gemüse *(Brassica juncea var. tsatsai)*
Es wird hergestellt aus den Knoten an den Stielen einer bestimmten, in Szetschuan angebauten Senfkohlart. Es wird erst gesalzen, damit es Wasser zieht, dann ausgedrückt und mit feingemahlenen Chilis angesetzt. Das Gemüse muß vor Verwendung abgespült werden. Scharf würzig und salzig, überträgt es seinen Geschmack auf andere Zutaten und bereichert die Gerichte durch seine knackige Struktur. Es ist in Dosen auf dem Markt. Den restlichen Inhalt angebrochener Dosen muß man umfüllen, er hält dann sehr lange im Kühlschrank.

Taro *(Colocasia antiquorum)*
Ein Wurzelgemüse mit dunkelbrauner Haut und grauem oder rötlichem Fleisch, das bei frischer Ware sehr fest sein muß. Gekocht, meist zusammen mit Ente oder fettem Schweinefleisch, ist es etwas schleimig. Die Wurzel kann bis zu einer Woche im Kühlschrank aufbewahrt werden.

Wasserkastanien *(Eleocharis tuberosa)*
Es sind die Knollen einer schilfartigen Wasserpflanze, die in sumpfigen Tümpeln und Feldern kultiviert wird. Wasserkastanien sind von einer harten, mahagonifarbenen Haut umgeben, das Fleisch ist weiß, nußartig fest und von feinem, leicht süßlichem Geschmack. Die frischen Knollen können auch roh gegessen werden. Hier gibt es sie nur in Dosen, und sie schmecken nicht so fein wie die frischen. Sehr beliebt in Gemüse- und Fleischgerichten, Füllungen und Fleischbällchen. Mit Wasser bedeckt halten sie eine Woche im Kühlschrank.

Wintermelone *(Benincasa hispida)*
Ein wachsartiger Kürbis mit weißem Fruchtfleisch, der bis zu 50 kg wiegen kann. Er wird in China deshalb auch in Stücken nach Gewicht verkauft. Das Fruchtfleisch, häufig in Suppen mit Fleisch verwendet, wird beim Kochen glasig. Eine ganze Wintermelone hält an einem kühlen Platz 2–3 Monate, geschnittene Stücke kann man im Kühlschrank bis zu einer Woche aufbewahren. Wintermelonen werden in der Saison in guten Ostasiengeschäften aus Holland importiert angeboten. Als Ersatz kann man Gemüsekürbis verwenden.

Zuckererbsen *(Pisum sativum)*
Es ist die Kulturform der Saaterbse, deren junge Schoten in der chinesischen Küche während der Saison sehr häufig verwendet werden. Man nennt sie in China auch »Schnee-Erbsen«, weil sie manchmal geerntet werden, wenn noch der letzte Schnee liegt. Im Kühlschrank im Plastikbeutel eine Woche haltbar.

BEZUGSQUELLENNACHWEIS

Das Angebot an fernöstlichen Lebensmitteln und Gewürzen hat sich in den letzten Jahren erfreulich erweitert, nicht zuletzt wegen der steigenden Nachfrage. Außer Kaufhäusern, Supermärkten und Delikatessenläden, die ein umfangreiches und vielseitiges Sortiment anbieten, haben sich eine ganze Reihe von Spezialgeschäften etabliert, die häufig auch von Ostasiaten geführt werden. Folgende Geschäfte sind auf ostasiatische Zutaten spezialisiert, einige senden Ihnen das Gewünschte auch zu. Natürlich kann die Auflistung nicht lückenlos sein, sondern lediglich eine Auswahl des derzeitigen Standes.

Für die in der Liste nicht vertretenen Städte ist ein Bezugsquellenverzeichnis für chinesische Spezialitäten zu beziehen über folgende Adresse:

Fa. Franz Hönekopp KG, Postfach 259, 4040 Neuß, Tel. 02101/17011.

Aachen	Toko Eurasia, Alexanderstr. 75
Berlin	Bam's Shop, Florastr. 18, Berlin 41 China-Shop, Wildfeldstr. 37, Berlin 30 Chines. Gewürzboutique, Kantstr. 134, Berlin 12 Insulinde, Krumme Str. 70, Berlin 12 Kiem-Laden, Kurfürstendamm 147, Berlin 31 Toko Tan, Bayreuther Str. 44, Berlin 30
Bonn	Asia-Shop, Thomas-Mann-Str. 33 Toko Senang Beli, Wurzerstr. 116, Bonn-Bad Godesberg
Braunschweig	Toko Bandung, Rebenring 5
Bremen	B. Grasshoff Nachf., Sögestr. 54
Düsseldorf	Asia-Laden, Bachstr. 156, Düsseldorf-Bilk China-Center, Immermannstr. 40 China Import, Immermannstr. 34 Deutsche Nippon-Kan, Oststr. 57 und Barbarossaplatz 2, Düsseldorf-Oberkassel
Frankfurt/M.	Deutsche Nippon-Kan, Sandgasse 6 Drache, Kurt-Schumacher-Str. 2 Mandju, Sandgasse 6 Thai-Food, Klingerstr. 2–4
Hamburg	Kim-Food, Barmbecker Markt 37, Hamburg 37 Toko Makmur, Hofweg 46, Hamburg 76 Typhoon Trade Center, Millerntorplatz 1, Hamburg 4
Hannover	China-Shop, Andreastr. 7 Ostasiatica, Raschplatz 1 L
Heidelberg	China-Emporium, Rohrbacherstr. 6
Kassel	Lottermoser, Königstr. 9
Karlsruhe	Schindele, Waldstr. 75
Kiel	Hohwue, Holstenstr. 80
Köln	Florentino Perono, Amsterdamer Str. 75, Köln 60
Mainz	Toko Djaja, Raimundistr. 3a
Mannheim	China-Emporium, E 2/9–10
München	A. Dallmayer, Dienerstr. 15, München 2 Feinkost Käfer, Prinzregentenstr. 73, München 80 Nguyen-Khac, Schrobenhauser Str. 36, München 21 Taiping-Shop, Gabelsberger Str. 17, München 2 Mai Ling, Westenrieder Str. 8a, München 2
Münster	Tropic Asien Importe, Spiekerhof 32
Nürnberg	I.K. Engelbrecht, Karolinenstr. 13
Osterode	Feinkost-Heinecke, Kornmarkt 11
Stuttgart	Bambussprosse, Marienstr. 11 Frey, Markthalle Ostasien-Handelsagentur, Im Geiger 33, Stuttgart 50 Tschang, Ludwigstr. 63

REGISTER

T

U

V

W

Z

DANKSAGUNG

Dorling Kindersley möchte sich an dieser Stelle bei folgenden Personen für die Hilfe bedanken, die sie bei der Produktion dieses Buches geleistet haben: Barbara Croxford für die vorbereitende Arbeit an den Rezepten; Chiang Yu-ling und Charlene Stolper für ihre Mitarbeit beim Fotografieren der Gerichte; Chiang Hsueh-lien und Kuo Kang Chen für ihre künstlerische Unterstützung und Penny Markham in ihrer Funktion als Stylistin.

Fotos: Paul Williams
Illustrationen: Jim Robins, Eugene Fleury
Reproduktion: Arnoldo Mondadori, Italy

Den im folgenden genannten Personen möchte ich hiermit danken, daß sie mich ermutigt und dabei unterstützt haben, mich berufsmäßig der Kochkunst zu verschreiben: Joanna Collingwood-Anstey, Felicity Bryan, Pamela Harlech, Nancy Royal, Alice Tessier und Caroline Waldegrave. Dank gebührt auch all denen, die Ideen und Material beigesteuert haben und mit denen ich die verschiedenen Aspekte dieses Buches erörtert habe: Alan Davidson, Hilda Ho, Catherine Hwang, Kester Kong, May Kong, Charlene Stolper, So Yan-lap, Agnes Tang, Chef Lam Yi-ling und Chef Woo Kwun. Zu besonderem Dank bin ich auch Chiang Yu-ling verpflichtet, die mir wertvolle Hinweise zur Peking- und Szetschuan-Küche gegeben hat. Und last but not least möchte ich mich bei den Redakteurinnen Barbara Crawford und Fiona MacIntyre und der Designerin, Sue Storey, für ihre redationelle und künsterische Arbeit an diesem Buch bedanken.

Yan-kit So
1984